교회사에 나타난 성령의 역사

교회갱신은 어떻게 일어나는가?

교회사에 나타난
성령의 역사

하워드 A. 스나이더 지음

명성훈 옮김

Sign of the Spirit
copyright © of the English version by Howard Snyder.
This edition License by special permission of Wipf and Stock Publishers
www.wipfandstock.com

Korean Translation Copyright © 2010
by Jung-Yeon Publishing Co, Seoul, Korea

이 책의 한국어판 저작권은 Wipf & Stock Publishers와
독점 계약한 도서출판 정연에 있습니다.

신 저작권법에 의하여 한국 내에서 보호를 받는 저작물이므로
무단전재와 무단복제를 금합니다.

Sign of the Spirit
Howard A. Snyder

차례

프롤로그 •9

제1장 최초의 카리스마 운동 •13

제2장 교회갱신운동에 관한 연구 •31

제3장 경건주의_ 아른트, 스페너, 프랑케 •75

제4장 모라비안주의_ 진첸도르프 •133

제5장 메서디즘_ 웨슬리 •199

제6장 교회갱신운동의 원동력 •271

제7장 교회갱신 신학을 향하여 •295

제8장 다(多)차원적인 교회갱신운동 •315

제9장 교회갱신을 위한 전략 •331

주 •355

일러두기

- 원문의 "charisma"는 원래의 뜻이 가지고 있는 풍성한 의미를 살리기 위해 카리스마 또는 은사로 문맥에 따라 혼용하여 표기했다.
- 원문의 "Methodism"은 대체로 감리교로 번역되지만 본서에서는 원래의 뜻을 최대한 살리기 위해 메소디즘으로, 신자를 의미할 때는 메소디스트로 표기했다.

■ 프롤로그

> "사람마다 두려워하는데 사도들로 인하여 기사와 표적이 많이 나타나니"
> (행 2:43).

표적과 기사는 초대교회의 경험 가운데 가장 중요한 부분이었다. 이것은 사도행전이 증언하고 있는 바다. 교회 역사 초기에 하나님은 "표적들과 기사들과 여러 가지 능력과 및 자기 뜻을 따라 성령의 나눠주신 것으로써"(히 2:4) 역사하셨다.

우리는 이처럼 역동적으로 역사를 이루어 가는 하나님께 감사드리면서 동시에 "너희가 서로 사랑하면, 이로써 모든 사람이 너희가 내 제자인줄 알리라"는 예수님의 말씀도 기억해야 한다(요 13:35). 성령의 능력으로 나타난 표적들 가운데 가장 놀라운 것은 다름 아니라, 예수님의 사랑을 널리 드러냄으로써 로마제국 전역에 복음을 전파했던 그리스도 공동체였다.

하나님은 당신의 거룩한 영으로 그리스도 공동체를 만드시고, 당신의 백성들이 신실함을 잃을 때에도 동일한 영으로 그들을 새롭게 하셨다. 이러한 초대교회의 이야기는 교회사 전체를 통해 줄곧 재연되어 왔다. 본서는 교회 안에서 일어난 이러한 교회갱신과 부흥 이야기들을 다루면서 하나님이 교회를 어떻게 새롭게 하시며, 또 어떻게 재편해 나아가시는지를 보여주기 위해 집필되었다.

교회부흥을 다룬 책들은 많다. 그리고 과거의 위대한 교회부흥에 관한 이야기들은 많은 사람들에 의해 귀가 닳도록 전해져 왔다. 하지만 교회갱신운동의 내적인 역동성에 관한 중요하지만 잘 알려지지 않은 이야기들이 아직 남아 있다.

이 책은 교회사에 있었던 이러한 여러 갱신운동들에 관해 면밀히 살펴본다. 먼저 우리는 교회갱신운동의 흐름을 개관하고 그 운동을 주도했던 지도자들이 교회를 어떻게 이해하였는가에 주목할 것이다. 또한 각각의 운동이 지니고 있는 내적인 역동성을 검토해 보고 접합점을 찾아 오늘날의 교회갱신운동에 그것들이 여전히 적합한지 여부를 판단할 것이다. 나아가 이러한 갱신운동들이 역사의 흐름에 어떻게 적응했는지를 살펴봄으로써 교회에 대한 우리들 자신의 경험의 토대로 삼고자 한다.

우리는 먼저 최초의 '카리스마 운동'이라고 할 수 있는 몬타니즘(Montanism)에 대해 간략하게 살펴볼 것이다. 다음으로는 종교개혁 이후에 일어난 세 가지 주요 운동, 독일의 경건주의(Pietism), 모라비안주의(Moravianism) 그리고 메서디즘(Methodism)에 관해 면밀히 살펴보면서 교회갱신운동들의 흐름과 특성, 각각의 운동이 서로 어떻게 긴밀하게 연결되어 교회갱신을 가져 왔는지를 배우고자 한다.

교회를 흔들어 깨우신 하나님의 교회갱신의 역사를 이해하기 위해 초기 수도원 운동와 갱신운동들, 왈도파나 초기 프란시스칸 수도원, 오늘날의 교회갱신운동이나 부흥운동 등 교회사에 나타난 운동을 검토할 수도 있다. 하지만 우리는 광대한 교회의 역사 가운데 갱신이라는 주제에 분명한 빛을 던져줄 뿐 아니라, 오늘날의 교회에 대하여 직접적이고 실천적인 통찰을 제공해 줄 수 있는 경건주의, 모라비안주의, 메서디즘.

이렇게 세 운동을 집중적으로 검토해 교회에 새 생명을 주시고 부흥을 일으키시는 하나님의 방법을 살펴볼 것이다.

경건주의와 모라비안주의 그리고 메서디즘은 역사적인 연관성뿐 아니라 많은 공통점을 가지고 있다. 이 운동들은 17-18세기 유럽 사회의 흐름 속에 나타난 운동이다. 청교도 역시 거리가 멀기는 하지만 얀세니즘(Jansenism), 정적주의(Quietism), 유대 하시디즘(Jewish Hasidism) 그리고 예수회(Jesuits) 몇몇 종파들처럼 교회사의 거대한 흐름 가운데 나타난 교회갱신운동이었다.[1] 경건주의 신학 연구의 거장 데일 브라운(Dale Brown)은 "몇 가지 점에서 얀세니즘과 로마 가톨릭의 관계는 경건주의와 루터파의 관계와 같다."고 말하며, "'하시디즘'이란 말은 '경건주의'와 같은 뜻의 히브리어다."라고 지적한다.[2] 한편 교회사가 존 맥니일(John T. McNeill)은 『현대 기독교 운동』(Modern Christian Movements)이라는 책에서 다음과 같이 기술한다. "청교도주의, 경건주의, 복음주의에는 동일한 유전자가 흐르고 있을 뿐 아니라, 구래 기독교 역사에서 일어난 새로운 교회 각성운동에는 일종의 가족 유사성 같은 것이 있다. 그들은 청교도 시대로부터 원자시대에 이르기까지, 각 시대의 공통적인 문화적 분위기를 갖고 있다."[3]

이 책이 그러한 문화적 분위기의 의미나 내용을 밝히는 것을 목적으로 하고 있지 않지만, '교회갱신의 신학'을 구성하려고 할 때에는 그것을 반드시 염두에 두어야 한다. 본서는, 교회 역사상 모든 갱신운동이 다른 운동들과 어떠한 형태로든 연관되어 있으며, 성령이 사회-문화적 역동성과 함께 역사 속에서 함께 작용해 왔다는 사실을 보여 줄 것이다.

우리는 몬타니즘에 대한 간략한 고찰로부터 논의를 시작해, 교회가 그 초창기부터 갱신이라는 문제에 어떻게 대처해 나아갔는가를 살펴볼 것이다. 또한 교회 역사 자체가 갱신의 역사임을 밝히고, 교회부흥에 관한 이론들로부터 종파·교회 유형론에 이르는 교회갱신운동에 대한 일곱 가지 견해 또는 해석 방법을 검토할 것이다.

그리고 나서 우리는 관심의 초점을 경건주의, 모라비안주의 그리고 초기 메서디즘으로 돌리고, 마지막으로 교회갱신운동에 대한 전반적인 이해와 생명력 있는 그리스도의 교회를 만드는 데 필요한 교훈들을 도출해 낼 것이다. 내가 가장 자주 받곤 하는 질문 가운데 하나가 "어떻게 해야 교회를 갱신할 수 있는가?"인데, 나는 이 책의 마지막 장에서 이 질문에 대한 답을 제시하려고 했다.

이 책은 원래 노트르담 대학교에 제출한 나의 박사학위 논문과 나의 책 『혁신적 교회갱신과 웨슬리』(*The Radical Wesley and Patterns for Church Renewal*)에 기초한 것이다. 메서디즘을 다룬 본서의 5장 내용 중 상당 부분이 앞의 책과 중복이 되지만 많은 부분 개정을 가했다. 8장은 복음주의적 목회 잡지인 「리더십」(Leadership)에 "영원한 갱신"이라는 제목으로 게재된 바 있다.

이 책을 통해 많은 이들이 교회사의 핵심적인 갱신운동들을 이해하게 됨으로써 우리 앞에 새로운 세계가 활짝 열리게 되기를 진정으로 소망한다.

제1장

최초의 카리스마 운동

제1장

스물두 살의 나이는 투기장의 이슬로 사라지기에는 너무나 아까운 나이였다. 그녀가 죽으면 그녀의 갓난 아들은 어떻게 될 것인가? 그녀의 부친은 그녀에게 마음을 바꾸라고 간청했다. 그러자 그녀가 대답했다. "아버지, 저는 제가 그리스도인이라는 걸 부인할 수 없어요."

때는 주후 203년 이른 봄이었다. 로마제국의 대도시 가운데 하나인 북아프리카의 카르타고는 날로 수가 늘어만 가는 그리스도인들을 박해하느라 온통 소란에 휩싸여 있었다. 한 세기 반만에 제국 전역에 불길처럼 번져 나가던 기독교가 이제 본격적으로 박해를 받게 된 것이다. 세베루스 황제는 기독교로의 개종을 금지시켰으며, 그에 따라 스물두 살의 비비아 페르페투아는 기독교 신앙을 고백하고 순교자가 되었던 것이다. 교양 있고 유서 깊은 가문 출신의 그녀는 예수 그리스도에 대한 신앙을 지키기 위해 목숨을 바치기로 결심했다. 그녀는 귀여운 갓난 아들과 간략하지만 그리스도인의 순교에 관한 기록 가운데 가장 아름다운 고전 가운데 하나가 된 일기장 한 권을 남겼다.[1] 그렇지 않았더라면 우리는 그녀에 관하여 전혀 알지 못했을 것이다.

페르페투아는 그리스도인으로서 당시 교회를 휩쓴 최초의 카리스마 운동에 참여했던 것 같다. '새 예언'이라 불린 이 운동은 삼십여 년 전 프리기아라는 로마 벽지에서 시작되었다. 이 운동은 특히 예언의 은사를 내려 주는 보혜사 성령의 역사를 강조했다. 「사도행전」 2장 17절을 인용하는 것으로 시작되는 『페르페투아의 수난』(The Passion of St. Perpetua)는 다음과 같이 이어진다. "우리는 약속을 받은 바 예언과 새로운 환상을 똑같이 존중하며, 성령께서 베풀어 주시는 다른 모든 능력들은 교회를 위한 것이라고 생각한다. 우리의 주님은 우리들 각자에게 부여된 은사들을 관장하시기 위해 성령을 교회에 보내 주셨다."[2]

페르페투아가 다른 신자들과 더불어 체포되어 감옥에 갇힌 것은 그리스도인이 된 지 얼마되지 않아서였다. 그녀는 아마도 그녀의 집 노예였을 펠리키타스와 레보카투스 그리고 사투르니누스와 세쿤둘루스라는 두 청년과 함께 갇혀 있었다. 페르페투아는 임신 중이었는데, 순교 직전에 감옥 안에서 아이를 분만하였다. 페르페투아는 판결이 확정되기까지 그녀의 갓난 아들에게 감옥 안에서 젖을 먹일 수 있었다. 그러는 동안 페르페투아와 그 밖에 다른 사람들을 그리스도께로 인도하고 양육했던 사투루스라는 남자가 그들과 운명을 함께 하기로 결심하고 그들의 무리에 합류했다.

어느 날 아침 페르페투아와 다른 사람들은 공개재판을 받기 위해 투기장으로 끌려 나갔다. 군중들은 그 광경을 보기 위해 몰려들었다. 그녀의 부친은 그녀의 아기를 안고 그녀에게 이렇게 애원했다. "애야, 이 아이가 불쌍하지도 않니?" 로마 관원 힐라리온이 그녀에게 말했다. "너는 네 아버지의 흰 머리를 더욱 희게 만들고, 아기의 장래는 생각지도 않는구나. 황제를 위해 고집을 버리도록 하라." 그러나 그녀는 자신은 그리스도인으로서 결코 신앙을 부인할 수는 없다고 말했다. 그녀와 그녀의 친구들에게 투기장에서 야수들에게 던져지는 극형이 선고되었다.

며칠 후 페르페투아와 펠리키타수 그리고 다른 사람들은 그들의 신앙 때문에 원형극장에 끌려가 처형을 당하게 되었다. "페르페투아는 군중들의 시선을 압도하듯 빛나는 눈초리로, 하나님의 연인이자 그리스도의 신부답게 가벼운 걸음걸이로 따라 들어왔다."[3] 순교자들은 당시 처형당하는 사람들에게 입히는 옷, 즉 남자들에게는 농업의 신인 새턴 사제들의 옷과 여자들에게는 풍요의 여신 세레스 사제들의 옷 입기를 완강히 거부했다.

곰과 표범 그리고 멧돼지들이 사투루스와 사투르니누스에게 차례로 풀렸다. 사투르스에게 표범이 달려들었고 페르페투아와 펠리키타스는 성난 황소의 뿔에 이리저리 받혔다. 페르페투아는 사람들에게 이렇게 말했다. "믿음 안에 굳게 서서 서로 사랑하십시오. 시련 때문에 넘어지는 일이 있어서는 안 됩니다." 피비린내 나는 광경 뒤에 살아남은 사람들은 검투사들에 의해 목숨을 잃었다 『페르페투아의 수난』은 다음과 같은 말로 끝난다. "그들은 평강을 비는 의식으로, 순교를 하기 전에 이미 서로 입맞춤을 나눈 터였다. 움직일 수 없는 다른 사람들은 침묵 속에 칼을 맞았다. 사투루스는 가장 먼저 자신의 영혼을 바쳤다. 페르페투아가 본 환상대로라면, 천상에서 그분이 그를 기다리고 있을 것이기 때문이다. 그녀는 잠시 슬픔을 맛보기라도 한듯 가느다란 신음소리를 내다가, 손을 덜덜 떨며 서 있던 검투사의 검에 목숨을 맡겼다. 자신이 선택한 것이 아니라면, 그토록 고상한 성품을 지닌 여인이 그렇게 비참한 죽음을 당하는 일은 결코 없었을 것이다."[4]

정말 페르페투아와 그녀의 믿음의 동료들이 '새 예언' 운동의 일원이었었을까? 확실히 알 수는 없다. 이 문제와 관련하여 신학자 프레드릭 클로비터(Frederick Klawiter)는 이렇게 기술한다. "의심의 여지없이 그 기록은 '새 예언' 운동의 일원에 의한 것이다. 그리고 페르페투아와 사투루스는 그 운동의 고결한 순교자들에 속한다."[5] 이 문제에 대해 여전히 여러 견해가 있다.[6]

새 예언 운동의 발흥

여하튼 '새 예언' 운동이 페르페투아가 순교하기 전 수십 년 동안 로마제국 전역에 급속히 퍼져 나간 것은 사실이다. 사도 요한이 밧모섬에서 환상을 본 지 60~70년이 채 못 되어 그리스도 교회를 온 통 들뜨게 만들었던 최초의 갱신운동이 프리기아에서 일어났던 것이다. 이 운동은 갱신의 흐름이 처음으로 폭넓게 확산된 것이었으며, 제도화되어 가는 교회에 대한 최초의 심각한 도전이기도 했다.

개혁주의 교회사가 W. H. C. 프렌드(Frend)는 몬타니즘이 발흥한 정황을 다음과 같이 설명한다. "바울의 전도여행의 발자취를 따라 두 가지 유형의 사역 형태가 교회에서 발전하고 있었다. 특정지역에 거주하면서 행하는 사역과 순회(여행)하면서 행하는 사역이 그것이다. 각 지역의 그리스도 공동체들은 그 지역에 거주하는 지도자 또는 장로들은 물론, 정기적으로 그들을 방문하곤 하는 순회 설교자나 예언자들과도 친숙한 관계를 유지하고 있었다. 그들은 교회 일을 처리하고, 사람들을 가르치고, 의식을 집례하는 등 각각의 기능을 지닌 주교(장로와 감독)들로 구성된 사역 체제를 지니고 있었을 것이다."⁷ 그러다가 주교, 장로, 집사로 구성된 계층조직이 처음 두 세기 동안 여러 곳에서 유연한 집단 장로 체제로 발전되어 나아갔다. 어떤 면에서 '새 예언' 운동은 이러한 지도체제의 경직화에 대한 반발이자, 교회 안에 '직책'이라는 개념이 고정화되어 가는 현상에 대한 반발이었다.

또 다른 면에서 보자면, 이 운동은 초기 기독교 내부에 묵시적이고도 예언적인 분위기가 고조되고 있었다는 증거이자, 당시 극에 달했던 박해에 대한 반응이기도 했다. 프렌드는 "예언, 금욕주의, 순교 등 몬타니즘에 전형적으로 나타나는 이런 현상들은 모두 주후 2세기의 기독교 전통에 속한다."고 지적한다.⁸ 이는 특히 「요한복음」과 「요한계시록」이 존중되고 유대인들이 널리 퍼져 살고 있던 소아시아의 경우에 그렇다. 프렌드는 "몬타니즘 신학에 있어서의 보혜사 성령의 지위, 그들의 순교에 대한 열망, 천년왕국의 도래에 대한 소망 등은 순전히 요한에게 속한 것들이다"라고 지적한다.⁹

주후 170년 경 프리기아에는 세 명의 예언자, 몬타누스와 막시밀라(Maximilla)와 프리스킬라(Priscilla)가 나타나 성령으로부터 새로운 계시와 거룩한 도성의 임박한 도래에 관한 지식을 받아들일 것을 선포했다. 새로운 개종자로서 전에 시벨레에서 목회를 했던 것으로 전해지는 몬타누스는 요한이 본 천상의 예루살렘이 곧 프리기아 지방의 페푸자라는 마을에 도래해 이 시대를 끝내게 될 것이라고 말했다.¹⁰ 한편 여 예언자 프리스킬라는 이렇게 선포했다. "그리스도는 길고 빛나는 옷을 입은 여자의 모습으로 나를 찾아와 나에게 지혜를 주셨으며, 이곳이 거룩한 곳이고 이곳에 천상의 예루살렘이 임할 것임을 계시해 주셨다."¹¹ 성령의 역사와 은사에 초점을 맞추어 불붙은 이 운동은 스스로를 '새 예언'이라고 불렀다.(2백 년이 채 못되어 이 운동은 '몬타니즘'으로 널리 알려졌다.)

이 운동은 「요한계시록」처럼 박해와 시련들 속에서 태동되었다. 주후 175년 경 새 칙령에 의해 아시아 전역에 걸쳐 지방 관리직을 맡고 있는 그리스도인들에 대한 체포와 처형이 공표되었다. 이러한 "박해와 핍박의 상황은 '새 예언' 운동의 불길이 더욱 밝게 타오르게 하는 분위기를 조성했다."[12]

프렌드는 "새 예언의 메시지가 기쁜 마음으로 받아들여졌고, 예언자들은 천년왕국에 대하여 말했으며, 사람들은 집과 가족과 직업을 버리고 시골로 빠져 나갔다. 전쟁과 전쟁의 소문이 여기저기 예언되었고, 성령의 명령에 따라 금식과 절제로 준비되어야 하는 순교를 열망하는 사람들이 점차 늘어나게 되었다."고 지적한다.[13] 박해에 직면한 그 운동은 신자들에게 그리스도에 대한 신앙을 공개적으로 고백하고 순교를 기쁘게 받아들이라고 가르쳤다. 예언자들은 "침대에서 죽기를 바라지 말고, 예언자로서 죽기를 바라시오!"라고 설파했다.[14] 이 운동의 불길은 너무나 격렬해서 일부 그리스도인들로 하여금 「요한계시록」이 과연 하나님의 영감을 받아 기록된 것인지, 교회의 권위 있는 문헌으로서 받아들일 만한 가치가 있는 것인지에 대해 의문을 제기하게 만들 정도였다.

프렌드는 다음과 같이 덧붙이고 있다. "결국, 오랜 세월 동안 방대한 규모의 유대인 공동체들이 존속해 온 그 지방에서는 빌라델피아의 묵시적인 사고방식에 젖어 있는 교회의 영향력, 과격하고도 격렬한 종교적 현상, 프리기아의 몬타니즘 운동의 출현 같은 것들은 결코 놀라운 일이 아니었다. 오직 정통을 주장하는 성직자들만이 당황할 뿐이었다."[15]

'새 예언' 운동에 있어서는 여성들, 특히 여 예언자들의 활약이 뛰어났다. "몬타니즘 운동의 초기부터, 여성들은 초기 그리스도 교회에 있어서의 신앙고백과 순교를 통해 사역자로서의 지위가 허용되었을 가능성이 매우 높다."[16] 프렌드는 "여성들은 언제나 제도적인 종교의 대표자들로부터 박해를 받으면서도, 전통적으로 예언자로서의 역할을 담당해 왔다."고 지적한다.[17] 따라서 이 운동이 여성들로 하여금 예언의 은사를 자유롭게 사용하도록 한 것은 이 운동에 대한 외부의 반대를 고조시켰을 것이다. 주후 179년 경 임종을 앞둔 여 예언자 막시밀라는 이렇게 탄식했다. "나는 양들로부터 늑대로 몰리고 있다. 나는 결코 늑대가 아니다. 나는 말씀이요 영이요 능력이다."[18]

이 운동은 곧바로 다른 형태의 지도체제를 갖춘 교회로 조직되었다. 그들은 나름대로 예루살렘에 세워진 최초의 그리스도 공동체라고 생각되는 조직의 본을 따서 치밀하게 신자들의 공동체를 형성했다.[19] 몬타니즘의 신봉자들에 대해 비판적인 이들은 "그들은 단지 교회처럼 행동할 뿐 여러 지역에서 하나의 독립된 이단종파를 구성한다."고 비판한다.[20] 살라미스의 주교 에피파니우스(Epiphanius)는 몬타니즘의 발생 이후 약 2백 년간의 역사를 기술하는 가운데, 우리에게 그 운동에 관하여 좀 더 생생한 설명을 해 주고 있다. 그는 『이단종파들에 대한 처방』이라는 글에서 다음과 같이 기술한다.

이 종파의 구성원들은 퀸틸라(Quintilla)와 프리스킬라를 대단히 존경하며, 그들은 '여 예언자'라고 부른다. 여성들을 성직에 입문시키는 것을 정당화하기 위해 그들은 빌립의 딸들이 예언했던 사실을 지적한다. 그들의 모임에서는 흰 옷을 입고 손에 횃불을 든 일곱 처녀의 행진을 자주 볼 수 있다. 그 처녀들은 신비경에 빠져든 상태에서 인간이 처해 있는 비참한 상황을 한탄하거나 울부짖으며 회개를 하곤 한다. 그러면 다른 사람들도 그들과 함께 울부짖곤 한다. 그러나 그것이 전부는 아니다. 그들은 그들의 말처럼 성(性)에 관해 아무런 차별도 두지 않으므로, "그리스도 예수 안에서는 남자나 여자의 구별이 없다."는 바울의 말에 따라 여성 주교와 여성 장로를 두었다.[21]

새 예언 운동의 확산과 영향

이 새로운 운동은 급속히 성장하여, 프리기아를 거쳐 트라스와 고울 지방에까지 확산되었다. 비록 처음에는 그 운동의 주된 무대가 비교적 순박한 농촌지역 같은 곳이었으나, 주후 200년 경에는 로마나 카르타고 같은 로마의 주요 도시에 있는 교회들에게도 엄청난 영향을 미치게 되었다. 프렌드는 이렇게 기술한다. "몬타누스의 운동은 도시에 자리 잡은 제도화된 기독교 공동체들이 그들의 환경에 적응하고 나서 오랜 뒤까지, 제국의 농촌지역의 기독교가 급진적인 예언적 기대를 보존할 수 있으리라는 것을 보여 주었다. 그것은 또한 '프리기아 사람들'이라는, 한 지방을 중심으로 점차 확산되어 나아간 운동의 선례를 남겼다."[22]

북아프리카에서 '새 예언' 운동은 유명한 기독교 변증가인 터툴리안(Tertullian)과 연결된다. 그가 주후 206년 경 이 운동을 옹호하고 나섰기 때문이다. 터툴리안은 성령에 초점을 두면서 거룩과 규율을 강조하고 있는 이 운동에 매력을 느꼈던 것 같다. "터툴리안은 예수님이 약속하신 성령이 드러낼 새롭고도 더 큰 일이란 세속 사회 속의 교회와 그리스도인들에게 좀 더 엄격한 규범을 제시하는 것이라고 믿었다."[23] 프렌드는 "주후 207년 이후, 터툴리안은 이 운동을 성경과 동일한 권위를 지닌 것으로 언급하기 시작했다."[24]고 하면서, 다음과 같이 덧붙이고 있다. "북아프리카 교회가 순수성을 유지하면서 하나의 공동체로 존속할 수 있었던 것은 터툴리안 덕분이다."[25]

터툴리안은 『프락세아스에 대한 논박』(*Against Praxeas*)이라는 책에서 몬타누스, 막시밀라, 프리스카 등의 예언의 은사를 인정하고 그 새로운 운동을 축복해 주었던 로마 주교가 나중에 프락세아스라는 이단자에 의한 거짓 비난 때문에 태도를 바꾸었다는 점을 지적하였다. 터툴리안은 프락세아스가 아버지 하나님과 아들의 관계에 대한 이단적인 입장, 몬타니즘에 대한 적개심으로 로마의 아빠(로미 주교)를 여러 면에서 섬겼다고 비난했다. "그는 예언을 추방하고 이단적인 신앙을 이끌어 들였으며, 보혜사 성령을 거역하고 아버지를 십자가형에 처했다."[26]

'새 예언' 운동이 배척을 받은 이유 가운데 하나는, 그것이 예언과 신비경에 빠져드는 은사를 강조했기 때문이었다. 아스테리우스 우르바누스(Asterius Urbanus)라는 어느 반대자(아마 주교였을 것이다)는 이렇게 말했다. "폰투스(Pontus)의 교회는 이른바 이 '새 예언'(그러나 그것은 차라리 '거짓 예언'이라고 불리우는 편이 나을 것이다)이라는 것에 의해 소란스럽게 되었다." 이어서 그는 '신비경 속에서 하는 예언의 부적합성'에 대하여 언급했다.[27] 몬타니즘에 신비경에 빠져드는 은사와 환상이 나타나곤 했던 것은 분명하다. 터툴리안은 말년에 다음과 같이 기술했다. "계시의 은사를 받은 한 자매가 우리 가운데 있다. 그 자매는 교회에서 주일예배를 드릴 때, 성령 안에서 환상을 통해 그 은사를 체험하곤 한다."[28] "예배 순서가 끝나고 나면 그 자매는 지도자들에게 자기가 본 환상들을 이야기했다. 그러면 그들은 매우 신중하게 그녀가 받은 계시들을 검토하여, 그것이 진실인가의 여부를 판단하곤 했다."[29]

그렇다고 해서 터툴리안이 교회에서의 여성의 리더십을 전적으로 지지한 것은 아니었다. 그는 가르치는 사역 같은 모든 교회의 사역은 남자에게 맡겨져야 한다고 생각했다. 하지만 몬타니즘의 신봉자로서 그는 교회에서 예언자로서의 여성의 위치와 정당성을 기꺼이 인정했다.[30]

한편, '새 예언' 운동에 대한 반대의 물결이 점차 고조되어 주후 230년에는 이코니움(Iconium) 총회가 몬타니즘의 신봉자들에 의한 세례를 부인하는 결정을 내리게 된다. 이는 사실상 그 운동을 출교시킨 것이나 다름없는 조치였다. 하지만 "몬타니즘은 공식적인 교회 내부에 팽배하기 시작한 형식주의와 세속성에 대한 반발로서, 주로 비밀 지하운동으로 지속되었다."[31] 티아티라 교회는 거의 한 세기 동안이나 완전히 몬타니즘을 따르고 있었고,[32] 몬타니즘이 300년 이상 존속된 지역들도 있다.[33]

갱신운동으로서의 '새 예언' 운동

'새 예언' 운동이 교회에 실제로 미친 영향은 어떠한 것이었는가?

이 문제와 관련하여 프렌드는 다음과 같이 지적한다. "비록 잠시 동안 몬타니즘이 주교의 권위에 심각한 도전이 되기는 했으나…3세기 말에 이르러서 제도화된 위계질서 체제는 기독교 공동체에 대하여 그 어느 때보다 강력한 통제력을 행사하게 되었다."[34] 교회사가 헨리 채드윅(Henry Chadwick)은 다음과 같이 말한다. "교회에 대한 몬타니즘의 주된 영향은, 계시가 사도 시대로 종식되었다는 확신을 교회가 갖게 되었다는 것과 그 결과, 신약성경의 정경화 작업을 촉진시켰다는 것이다."[35] 데이비드 라이트(David Wright)는 몬타니즘 운동이 "열광적이기는 했으나 결코 이단적인 것은 아니었다."고 결론지으면서 다음과 같이 덧붙이고 있다. "교회는 그들을 제외시킴으로써 많은 것을 잃었다. 급진적이기는 했지만, 몬타니즘의 신봉자들은 성령께서 처음부터 교회 안에서 역사하고 계시며, '마지막 날'에 대한 더 큰 계시가 그들에게 약속되었음을 확신했다."[36] 저널리스트 폴 존슨(Paul Johnson)은 "몬타니즘의 신봉자들은 진지하고도 거룩하며 겸손하고도 절제하는 생활을 하는 사람들이었다."라고 주장한다.[37]

클라비터에 의하면 '새 예언' 운동이 거부된 것은 그것이 신학적으로 비정통적이었기 때문이 아니라, "그리스도인들이 공개적으로 추적당하는 급박한 상황 속에서 순교에 대하여 커다란 의미를 부여했기 때문이다. 당시의 교회는 순교를 비합리적이고도 자살적인 행위로서, 교회의 삶에 파괴적인 영향을 미치는 것으로 여기고 있었다. 따라서 자발적인 순교에 대한 적극적인 태도야말로 '새 예언' 운동을 그에 대한 교회 내부의 반대자들로부터 구분지어 주는 가장 큰 특징이라고 할 수 있었다."[38] 18세기 영국에서 일어난 메서디즘 갱신운동의 관점에서 존 웨슬리는 몬타누스야말로 '당시 지상에서 가장 위대한 사람들 가운데 하나'라고 선언했다. "몬타누스는 예언자의 성격을 띠고, 교회 안에 하나의 독립된 종파를 이루어 부패한 것들을 갱신하고 부족한 것들을 일구어 나가기 위해(어떠한 새로운 교리를 만드는 일 없이) 역사 속에 등장했다."[39]

'새 예언' 운동은 교회의 영적인 힘의 쇠퇴뿐 아니라, 신앙에 내재해 있는 약한 속성들을 고발하고, 새로운 삶과 신선한 활력을 불어넣어 주었다. 이 운동에서 우리는 교회를 뒤흔들어 놓았던 여러 갱신운동의 물결 가운데 첫 번째 것을 보게 된다. 그 물결 가운데 어떤 것들은 지엽적이고 제한적인 것이었으나, 어떤 것들은 교회에 깊고도 폭넓은 영향을 미쳤다. 각각의 운동은 나름대로의 특징을 지니고 있었다. 하지만 앞으로 살펴보게 될 것처럼, 우리는 그들에게 어떤 일정한 경향과 유형을 볼 수 있다.

어떤 사람들은 '새 예언' 운동이 교회에 유익보다는 해를 끼쳤다고 주장할지 모른다. 그 운동에 대한 반발로, 교회가 제도주의, 성직자 중심체제 그리고 카리스마적 능력에 의한 조직화 쪽으로 나아가게 되었기 때문이다. 하지만 우리는 오늘날 어떠한 갱신운동도 그 장래를 예측할 수 없다는 점을 깊이 인식할 필요가 있다. 그 운동의 전개나 영향이 사전에 결정되는 법은 없기 때문이다. 여하튼, 오순절 성령강림 사건 이후 1세기 반 동안 교회를 뒤흔들어 놓았던 한 갱신운동에 관하여 살펴보는 일은 분명 의미가 있다. 나아가 그 운동은 우리가 교회사를 좀 더 폭넓은 시야로 바라볼 때 반드시 검토하고 넘어가야 할 중요한 문제들을 제기한다.

교회갱신을 위한 교훈들

'새 예언' 운동 이야기는 교회의 본질과 교회갱신의 역학관계에 관한 통찰력을 제공함과 동시에 그에 관련된 몇 가지 의문점들을 제시한다. 또한 역사 속에서 그리고 지금도 반복해서 일어나는 몇 가지 이슈들을 보여준다. 우리는 다른 운동들에 있어서도 역시 거듭해서 일어나곤 하는 몬타니즘의 다음과 같은 특징들에 주목할 필요가 있다.

첫째, '새 예언' 운동의 바탕을 이룬 것은 교회갱신, 교회 역동성 회복 그리고 교회생활의 개선을 갈망하는 간절한 소망이었다. 이는 또한 모든 갱신운동의 공통된 동인(動因)이기도 하다. 오늘날 교회가 최초의 순수성과 능력을 상실해 가고 있으며 초대교회의 생명력을 회복해야 한다는 인식이 고조되고 있다. 이러한 생각은 종종 '원시주의'―초대(또는 원시)교회의 생명력을 회복해야 한다는 생각―라 불려 왔다.

둘째, 이 운동은 성령께서 언제든지 즉각적으로 그리고 '새로운 역사'를 일으키신다는 사실을 강조하였다. 우리는 오늘날에도 성령께서 새로운 방식으로 역사하고 계심을 보게 된다. 성경에 따르면 성령의 역사는 과거에도 중요했을 뿐 아니라 오늘날에 있어서도 역시 기대와 이상이 되고 있다.

셋째, 이와 관련하여 교회에는 제도와 은사 사이의 갈등이 일어나게 마련이다. 성령께서 현재 새로운 역사를 일으키고 계심이 인식될 때마다, 기존의 방식과의 긴장이 불가피하기 때문이다. 그럴 경우, '현상유지'가 문제 된다. 그것은 성령의 '새로운 역사'인가? 그렇다면 교회는 기존의 방식에 대하여 어떻게 판단해야 하는가?[40]

넷째, 교회 공동체가 세상을 등진 반문화 공동체라는 일반적인 우려가 있기는 하지만, 갱신운동들은 세상에 대한 철저한 참여와 세상과의 적극적인 관계 속으로 교회를 이끌어 간다.

다섯째, 여성들의 은사와 리더십에 대한 개방성을 포함하여, 전통적이지 않거나 안수 받지 않은 교회 지도자들에 관련된 문제. 교회는 안수 받지 못했지만 홀연히 지도자로서의 은사를 받게 된 사람들에 의해 인도되어 나아갈 때가 많다. 그리고 일반적인 교회보다 훨씬 더 자유롭고 제도적인 규제를 덜 받는 환경 속에서는 여성들이 괄목할만한 활동을 나타낼 때가 많다.

여섯째, 가난한 사람들 또는 사회경제적으로 불가촉민들에 대한 사역과 관련된 문제. 갱신운동은 항상 그런 것은 아니지만 대중들 또는 문맹자나 교양을 갖추지 못한 사람들의 운동일 경우가 많다. '새 예언' 운동은 전적으로 가난한 사람들의 운동은 아니었다. 하지만 그것은 '프리기아 사람들' 운동이었으며 또 그렇게 알려졌다. 당시 그 운동을 프리기아라는 지명과 연관시킨 것은 그것을 비하시키기 위한 목적에서였다. "프리기아 사람들은 어리석고, 촌스럽고, 비겁한 사람들로 알려져 있었다. 따라서 그 지명은 그러한 불명예스러운 속성들을 나타내는 말이었다."[41] 그 운동은 교양 있는 그리스도인들보다는 오히려 '민중들'에게 인기가 있었다.

일곱째, 새로운 운동의 힘과 역동성에 관련된 문제. 갱신운동이 지니고 있는 가장 큰 매력 가운데 하나는 그것이 보여주는 넘치는 생명력과 사람들을 지도자나 참여자로 이끌어 들이는 흡입력이다. 이는 사회학적으로도 커다란 의미를 지니고 있으며, 다음과 같은 신학적인 질문들을 제기한다. "이러한 힘과 능력은 하나님으로부터 나오는 것인가? 아니면 단순히 인간의 의지나 감정 또는 사회적인 역학관계에서 나오는 것인가? 그리고 우리는 그것을 어떻게 분별할 수 있는가?"

현재로서는 이 모든 문제들에 대한 정확한 답은 없다. 그것들은 역사와 해석의 문제로서 이후에 면밀히 검토하게 될 사항들이다.

역사를 통해 사람들은 교회갱신과 개혁 그리고 부흥에 대하여 지대한 관심과 아울러 간절한 소망을 품어 왔다. 진정한 갱신은 어떻게 이루어지는가? 우리는 어떻게 그것을 이해할 수 있는가? 특정 운동들에 대한 면밀한 분석에 앞서, 갱신 자체를 이해하고 해석하는 여러 가지 입장들을 다음 장에서 검토해 보도록 하자.

제 2장

교회갱신운동에 관한 연구

제2장

갱신운동은 끊임없이 교회를 뒤흔들어 왔으며, 몬타니즘은 장구한 갱신운동의 흐름 가운데 최초의 파도에 불과했다.

오늘날 우리는 카리스마적 갱신, 평신도 갱신, 신학적 갱신 또는 예배의 갱신 등에 관하여 말한다. 그런데 갱신 또는 부흥은, 사회적·문화적 운동이라는 좀 더 폭넓은 의미에서 관심의 대상이 되기도 한다. '갱신'이라는 용어가 다양하게 사용되고 있지만, 그것들은 모두 서로 관련을 맺고 있다. 왜냐하면 교회는 적어도 몇 가지 공통적인 특성을 갖고 영적인 변화를 경험한 사람들의 공동체이기 때문이다. 교회가 사회적·문화적 현상이라는 점은 부인할 수 없는 사실이다.

하지만 갱신의 대상이 교회인 이상, 거기서 일어나거나 앞으로 일어날 모든 갱신은 신학적인 고려 대상이다. 또한 교회는 역사 속에서 하나의 운동으로서 나타난 것이기 때문에 교회갱신은 역사적 고려의 대상이기도 하다. 따라서 교회갱신운동은 역사가들과 신학자들의 공통의 연구 대상이 되어야 한다. 비서트 후프트(W. A. Vissert Hooft)는 다음과 같이 기술했다.

우리에게는 사실상 교회갱신의 관점에서 집필된 교회사 연구가 없다. 이는 대단히 유감스러운 일이다. 왜냐하면 교회 자체의 역사에 대한 연구가 교회의 삶에 가장 크게 기여할 수 있는 바는 주님께서 심판과 갱신을 통해 어떻게 역사하시는가를 가르쳐 주는 것이기 때문이다. 만약 어느 교회 역사가가 우리에게 교회의 갱신에 관한 이야기를 들려준다면, 우리는 성령께서 어떻게 교회의 삶에 개입하시는지를 훨씬 더 분명히 알게 될 것이다. 그런 식의 역사 이야기는 기독교 교회를 특정지우는 비상한 갱신의 능력을 드러내 보여 줄 것이다. 비록 성령께서 역사 안에서 역사하고 계심을 입증할 수는 없다 하더라도, 그 이야기는 다음과 같은 도전적인 질문들을 반드시 제기할 것이다. 모든 것이 죽음을 향해 나아가고 있는 것 같은 상황 속에서 교회를 재생시킬 수 있는 원동력은 어디서 찾아야 할 것인가? 그러한 상황을 극복하려는 위대한 노력이 그토록 자주 교회의 갱신운동으로 연결되었던 이유는 과연 무엇일까?[1]

다음 장부터 우리는 17~18세기 유럽에서 일어난 세 가지 갱신운동—독일 경건주의, 모라비안주의 그리고 영국 메서디즘—에 관하여 상세히 살펴보게 될 것이다.

갱신운동에 따르는 문제들

경건주의, 모라비안주의 그리고 메서디즘은 모두 방대한 규모의 기존 교단 내부에서 일어난 운동이었다. 이런 운동들과 그 지도자들—필립 야콥 스페너(Philipp Jakob Spener)와 아우구스트 헤르만 프랑케(August

Hermann Francke), 니콜라우스 폰 진젠도르프(Nikolaus von Zinzendorf) 그리고 존 웨슬리(John Wesley)—은 처음부터 새로운 종파를 시작하려고 한 것이 아니라, 기존 교회를 갱신하는 것을 그 목표로 하고 있었다. 하지만 그들은 결국 분리된 종파가 되거나 그러한 방향으로 나아가려 하는 역동성에 불을 붙이는 역할을 하게 된다.

스페너, 프랑케, 진젠도르프 그리고 웨슬리 사이에는 직접적인 역사적 관련이 있으며, 신학과 실천면에서도 많은 상관관계와 공통점을 보이고 있다. 그리고 이러한 것들은 대체로 교회론에 속해 있다. 이 세 운동의 공통적인 특징은 '회심'의 강조, 격렬한 종교 체험, 긍휼과 규율, 거룩한 삶 강조, 성경 강조, 원시주의, 기존 교회에 대한 비판적 자세 그리고 종교적 이상주의 등을 들 수 있다.[2] 교회론의 관점에서 이 운동들이 지니고 있는 두 가지 특징이 특히 흥미로운데, 이것들은 갱신의 주체로서 이들 집단의 기능에 필수적인 것으로 보인다. 그러한 특징들은 먼저 기도를 위한 '좀 더 긴밀한 형태의 친교'와 성경공부를 강조하고 실천하는 것 그리고 안수 받지 못한 사람들이나 평신도들이라 할지라도 교회에서 지도력을 행사할 수 있도록 허용함으로써 '만인제사장' 개념을 구현—비록 분명한 말로 공표하지는 않을지라도—하는 것이다. 우리는 특히 이 두 가지 주제에 초점을 맞출 것이다.

지역적인 것이든지 지역을 초월한 것이든지 교회 내부에 긴밀히 조직된 갱신 공동체가 형성될 경우에는 기본적으로 교회론 문제가 제기된다. 왜냐하면 그것이 기존 교회 공동체의 정당성이나 영성을 거부하는 행위처럼 보이기 때문이다. 따라서 이 문제에 관하여 긴장과 논쟁이 일어나곤 한다. 그리고 그러한 갱신 공동체들이나 그러한 조직들은 교회의 인준을 받지 않은 지도력이 출현할 수 있는 토양이 되기 때문에 안수 받지 못한 '평신도'로서 지도자 역할을 행하는 것에 관한 문제가 함께 제기되곤 한다.

이러한 역학관계는 경건주의나 모라비안주의 그리고 메서디즘에서 매우 흥미롭게 나타나고 있다. 세 운동은 모두 사실상 '교회 안의 교회'(ecclesiola in ecclesia)이었다. 그 이유는 이 운동이 넓은 의미에서는 기존의 교회 내부에서 전개된 운동이었다는 점에서 그렇고, 좁은 의미에서는 지역 교구 내의 하부집단으로 존속했다는 점에서 그렇다. 그러면서도 그들은 각기 나름대로의 방식으로 조직화되었는데, 그러한 공동체 구조가 발전하면서 새로운 유형의 지도체제가 형성되었다. 스페너는 개혁의 수단으로서 '영적인 제사장직'(Spiritual priesthood)을 매우 강조했으며, 진젠도르프와 웨슬리는 우리가 앞으로 살펴보게 될 것처럼 다양한 종류의 '평신도' 사역을 허용하는 프로그램 또는 교회에 관한 정교한 이론을 지니고 있었다.

이러한 갱신운동들에 의해 야기된 문제들은 역사적이고 신학적인 것이었다. 역사적인 문제의 초점은 경건주의와 모라비안주의와 메서디즘에 있어서 '평신도' 지도력과 갱신 공동체들의 발전 그리고 그 세 운동 상호간의 관계에 맞추어진다. 한편 신학적으로는 교회와 교회갱신에 관한 신학에 있어서 안수 받지 못한 지도자들과 갱신 공동체들의 자리 그리고 그러한 현상의 정당성―성경적으로 평가하든, 사회학적으로 평가하든, 아니면 다른 어떤 기준에 의해 평가하든 간에―이 문제로 부각된다.[3]

갱신운동에 대한 정의

경건주의와 모라비안주의 그리고 초기 메서디즘은 여기서 '갱신' 또는 '쇄신' 운동으로 다루어진다. 비록 '갱신'이라는 용어가 정확한 것이라고 할 수는 없지만, '교회갱신'이라는 말은 우리가 일반적으로 나타내려 하는 의미에 가장 근접한다. 좀 더 구체적으로 말하자면, 나는 '갱신운동'이라는 말을, 사회학적으로 그리고 신학적으로 정의내릴 수 있는 종교적 집단 행동이라는 뜻으로 사용한다. 그런데 그것은 반드시 역사적인 기독교 내부에서 또는 그 연속선상에서 전개되거나 존속하는 것이어야 하며 추종자의 수나 신앙과 헌신의 강도, 공동체 구조의 갱신과 창조라는 점에서 기존의 교회에 상당한(기본적으로 측정 가능한) 영향을 끼치는 것이어야 한다. 걸라치(Gerlach)와 하인(Hine)은 '운동'을 "개인적·사회적인 변화의 추구라는 목표에 의해 이념적으로 동기가 부여되고 그 목표를 위해 조직되었으며, 그 목표를 위해 헌신하는 사람들의 모임." 또는 "자기들이 성장해 온 기존체제에 반대하는 영향력이 점차 확산되어 가면서 다른 사람들을 합류시키기 위해 적극적으로 활동하고 있는 사람들의 모임"으로 정의한다. 이와 관련하여 그들은 다음과 같은 다섯 가지 핵심적인 요소들을 지적한다.

- 서로 다양한 개인적·구조적·이념적 관련을 맺고 있다는 '다극화된 셀(cell) 조직.'
- 기존의 사회적 관계를 바탕으로 헌신적인 구성원들에 의해 일대일 방식으로 행해지는, 다른 사람들을 합류시키려는 노력.
- 기존의 질서를 벗어난 사람들로 하여금 그 운동과 그 운동의 행

동 양식에 일치시키려는 헌신적인 노력.
- 동기부여 및 통합의 기능을 지닌 확고한 이념.
- '반대 세력의 실재와 그에 대한 인식'[4]

이와 같은 정의는 우리가 앞으로 논의하고자 하는 운동에 매우 적합하다고 판단한다.

해석의 구조

우리는 갱신운동의 연구에 어떻게 접근해야 하는가? 그 작업은 다양한 시각에서 접근할 수 있다. 실제로 교회갱신운동은 다양한 시각에서 접근할 수 있다. 교회갱신운동을 보는 다양한 시각들은 일곱 가지 해석의 구조로 분류할 수 있다. 이 구조들에는 각기 다른 갱신 모델이 채택되거나 포함된다. 하지만 그 구조들 자체나 거기에 포함된 갱신 모델들이 반드시 상호배타적인 것은 아니다.

이같은 일곱 가지 시각은 다음과 같이 설명될 수 있다. (나는 여기서 과거와 현재의 여러 세대주의와 천년왕국에 관한 이론들은 제외시켰다. 그러한 이론들은 비역사적 구조를 바탕으로 한 것이므로 이 책의 주제와는 거리가 멀기 때문이다.)

'교회 안의 교회'

그리스도께 대한 신앙을 고백하지만 실제로는 각기 다른 헌신의 정도를 보이는 수많은 사람들로 구성된 '교회'(ecclesia)는, 긴밀한 친교와 영적인 성장이 이루어지는 장소로서 '교회 안의 교회' 또는 '작은 교회'(ecclesiola)를 필요로 한다. 이렇게 볼 때, '교회'와 '작은 교회'는 공동체에 영적인 건강과 활력을 불어 넣기 위한 규범적이면서 서로 보완적인 구조를 형성한다고 볼 수 있다.

구체적인 이론 또는 개념으로서의 '작은 교회'는 종교개혁가 마르틴 루터(Martin Luther)에까지 거슬러 올라간다. 『1526년의 독일 민중』(German Mass of 1526)이라는 책의 서문에서 루터는 '온갖 종류의 사람들이 모이는 공공장소에서'가 아니라 '은밀히' 모일 수 있는 '진정으로 복음적인 공동체'를 제안했다.

진지한 그리스도인이 되고자 하는 사람들과 손과 입으로 복음을 증거하려는 사람들은 각자의 이름을 서명해야 하며, 기도하고, 성경을 읽고, 세계와 성례전을 행하고, 그밖에 다른 기독교 사역을 행하기 위해 어느 집에선가 은밀한 모임을 가져야 한다. 그러한 모임을 통해 우리는 그리스도인으로서의 삶을 살지 않는 사람들을 알 수 있고, 그러한 사람들을 훈계하여 바로잡을 수 있으며, 때로는 「마태복음」 18장에 제시되어 있는 그리스도의 규칙에 따라 그들을 축출 또는 출교시킬 수 있다. 또 그 모임에서는 「고린도후서」 9장에서 바울이 예시하고 있는 바와 같이 사람들이 기꺼이 내는 헌금을 거두어 가난한 사람들을 구제할 수도 있다. 거기서는 찬양을 위해 정교하고도 힘든 노력을 요구하지 않는다. 그리고 세례와 성례전을 위한 단순하고도 간결한 질서를 세울 수 있을 것이며, 말씀과 기도와 사랑을 중심으로 모든 일들을 행할 수 있을 것이다. 그곳에 반드시 필요한 것은 신조에 관한 간단한 내용의 교리문답, 십계명 그리고 우리의 아버지 하나님 정도일 것이다.

간단히 말해서, 진지한 자세로 그리스도인이 되려는 사람들이 있을 때에는 손쉽게 규정이나 규칙을 마련할 수 있을 것이다. 하지만 나는 그것을 원하는 사람들을 별로 보지 못했기 때문에 회중들이나 모임을 규제하는 어떤 규칙도 제정할 생각이 없다. 그럼에도 불구하고 그렇게 해 주도록 요청을 받아 양심에 비추어 거절할 수 없을 때에는 기꺼이 내가 할 수 있는 몫을 담당할 것이다. 그리고 젊은이들을 훈계하고 다른 사람들을 믿음 속으로 인도하기 위해, 나는 말씀을 진정으로 사랑하는 그리스도인들이 서로를 발견하고 하나가 될 때까지 다른 사람들을 위한 공적인 봉사활동―설교를 포함하여―에 헌신할 작정이다. 왜냐하면 내가 나 자신의 필요에 의해서 어떤 집단을 구성하려 한다면, 그것은 하나의 종파로 변모할 것이기 때문이다.[5]

이상의 기술에서 우리는 루터가 그러한 생각을 실천에 옮기지 않는 이유는 물론이려니와 '교회 안의 교회'의 목적과 기능에 대한 거의 완벽한 설명을 발견하게 된다.

앞으로 살펴보겠지만, 스페너와 진젠도르프 역시 '교회 안의 교회'라는 개념을 사용했다. 스페너가 조직한 '경건한 모임'(collegia pietatis)은 대체로 '작은 교회'와 같은 것이었으며, 진젠도르프는 스페너의 사상과 '작은 교회' 개념을 기초로 하여 자신의 교회론을 발전시켰다.

유럽의 루터교에서는 루터 자신에 대한 문제와 관련하여 '교회 안의 교회' 개념이 상당한 주목을 받아 왔다. 게르하르트 힐버트(Gerhard

Hilbert)가 말하듯이, 문제는 "루터 자신이 교회와 그리스도 공동체의 구조, 형태에 관하여 어느 정도까지 생각했느냐?"하는 것이다.[6] 힐버트는 루터가 실제로 제도화된 교회와 자발적인 소규모 계약공동체 모두—그 가운데 어느 하나만을 원했다는 어떤 이들의 주장과는 달리—를 원했다고 결론 내린다. 루터는 국가교회를 받아들였으나, '교회 안의 교회'를 열망하고 있었다.[7] 루터는 '작은 교회'라는 개념을 현실적인 대안으로 보았다. "비록 그가 이 '이상'을 구체적으로 실현하지는 않았지만, 그 개념을 결코 거짓된 것이라고 생각하지 않았다."[8]

일반적으로, 루터교와 개혁파 신학자들은 루터의 복음적 계약공동체 개념을 정확히 이해하고 있는 것 같지 않다. 예를 들어, 디트리히 본회퍼(Dietrich Bonhoeffer)는 '작은 교회'의 개념에서 '커다란 위험성'을 보았다. 그것이 불가피하게 '교회 안의 교회'를 진정한 교회와 동일시하는 태도를 취하게 만든다는 것이 그 이유였다. "교회 안에 교회는 기존의 교회 공동체로부터 분리될 수 없으며, 그 자체가 그 공동체의 일부다. 그럼에도 불구하고 분리주의적인 입장을 고집한다면, 새로운 종파를 설립하는 결과를 초래할 것이다. 따라서 신중하게 일을 처리하는 편이 현명할 것이다."[9] 그러나 나중에 본회퍼는 나치 독일치하의 기독교 공동체를 체험하고 나서는, 1526년 루터가 취했던 입장과 매우 비슷한 입장을 취하게 된다.[10]

칼 바르트(Karl Barth)는 '작은 교회' 개념을 더욱 신랄히 비판했다.

설혹 우리가 교회 공동체의 복합적인 성격을 인식한 가운데 진정한 신자들의 '내부 집단'을 형성하려 하거나 '교회 안의 거룩한 교회'(*sancta ecclesia* in ecclesia)로서 다른 사람들과 더불어 공통의 목표를 추구하려 한다 할지라도, 결국 문제는 믿음이다. 분명히 루터는 때때로 그러한 생각에 몰두하곤 했을 것이다. 하지만 다행스럽게도 그는 그것을 조직적으로 발전시키지도, 실천에 옮기려 하지도 않았다. 왜냐하면 누가 이 '작은 교회'에 속할지를 결정할 수 있는 사람은 아무도 없었기 때문이다.[11]

바르트를 비롯한 여러 사람들이 우려한 바는 '교회 안의 교회'가 기존의 교회 안에서 진정한 교회로 이해되거나 그것을 의미하게 될지도 모르며, 그것은 터무니없는 일로써 오직 분열을 초래할 뿐이라는 것이었다. 이는 분명히 루터가 우려한 바이기도 하다. 하지만 교회에 생명력을 불어넣어 갱신을 이룩하려는 전략으로써의 '작은 교회'는 가라지로부터 밀을 골라내려는 시도라기보다는 교회 전체의 건강에 기여하려는 공동체의 규율과 화합을 이루는 수단으로 보아야 한다. '작은 교회'는 기독교 신앙에 대한 더욱 심오한 체험을 필요로 하는 신자들이 선택할 수 있는 자발적인 하부 공동체다. 그러한 '작은 교회'는 기독교 신앙에 대한 더욱 심오한 체험을 필요로 하는 신자들이 선택할 수 있는 자발적인 하부 공동체이다. 그러한 '작은 교회'가 실제로 분열이나 분파를 일으키지 않으면서 기능을 발휘할 수 있는지, 교회에서 두 가지 차원의 '제자도'를 허용하는 것이 정당화될 수 있을지의 여부가 '작은 교회' 접근법에 의해 제기되는 가장 중요한 문제점이다.

'작은 교회'의 개념을 로마 가톨릭 교회에 적용해 그 체제를 살펴보는 수단으로 삼을 수도 있다. 딘 켈리(Dean Kelley)는 도미니칸(Dominican) 수도사들이나 프란시스칸(Franciscan) 수도사들 그리고 예수회

같은 종단들을 '작은 교회'로 볼 수도 있다고 주장한다.

이러한 운동들은 여러 세기에 걸쳐 교회에 새로운 활력과 원기를 불어넣었던 '교회 안의 교회'들 가운데 가장 전형적인 것들이다. 로마 가톨릭 교회는 기존의 구조(교구와 교역자)와 함께 존속하면서도 대체로 독립적인 위치에 있는 종교적 공동체들을 통해 교회 전체의 유익을 위한 개혁운동을 구상하여 실천시킴에 있어 특별한 능력을 보였다. 이에 따라 지역 주교보다는 교황에게 직접 책임을 지는 이 '작은 교회'들은 교회의 다른 구성원들에게 본보기가 되기도 하고 비판의 대상이 되기도 했으며, 때로는 치열한 경쟁의식을 불러 일으키기도 했다. 그들은 자체의 엄격성―부과된 것이 아니라 새로이 주입된―에 의해 구성원들의 일반적인 헌신의 수준을 높여 놓았다. 하지만 그들은 때때로 주위 사람들의 질시와 반대에 부딪치기도 했다.[12]

'교회 안의 교회'라는 개념은 분명히 대륙의 경건주의와 초기 메서디즘의 갱신 전략의 일부로 매우 중요한 기능을 했다. 영국에서는 1675년 이후 성공회의 신도회와 메서디즘의 신도회가 사실상 '작은 교회'로서 기능했다. 이 개념은 오늘날에 있어도 여전히 유효한 개념이다. 남미의 가톨릭 교회의 기초공동체들(comunidades de base)은 대개 스스로를 '작은 교회'로 보고 있다.[13] 그리고 포드(J. M. Ford)는 이 개념을 오늘날 일고 있는 가톨릭 교회의 카리스마 운동에 나타나는 몇 가지 경향을 비판하는 발판으로 삼고 있다.[14]

종파·교회 유형론

널리 알려져 있는 이 종파·교회 유형론은 원래 막스 베버(Max Weber)와 에른스트 트뢸치(Ernst Troeltsch)의 이론으로부터 도출된 것이다. 이 유형론은 본질적으로 상이한 형태의 기독교 집단 현상에 대한 역사적·사회적 접근방법이다. 그것은 어느 교회든 고도로 배타적이고 헌신적이며 반제도적인 성격을 띤 종파 쪽으로 기울든가, 아니면 일반 사회와 다소 비슷한 조직을 지닌 제도화된 교회 쪽으로 기우는 경향이 있다는 전제를 바탕으로 한다. 이 유형론은 사람들의 자발적인 헌신을 일차적인 기준으로 하여 분명히 구별되는 두 가지 유형의 집단을 식별하고 분석하는 데 유용한 도구로 사용된다는 점에서 본 연구와 관련된다. 적어도 사회학적으로는 '작은 교회'와 종파 사이에 많은 공통점이 있고, 어떤 경우에는 그 둘이 일치하기도 한다. 한편, '교회'—그 안에 '작은 교회'가 있는 거대한 공동체로서의—는 종파·교회의 구분에서 교회 쪽으로 기우는 경향이 있다.

'작은 교회'를 규범적인 형태로 볼 때에는 '교회 안의 교회'와 종파·교회 개념 사이의 주요한 차이점이 즉시 드러나게 된다. 종파와 교회는 별개의 형태로 간주되든, 아니면 연속상에 있는 두 극단으로 간주되든 간에, 기독교 공동체의 상호배타적인 두 가지 유형을 가리킨다. 이와는 대조적으로, '작은 교회' 개념은 정의상 '종파'와 '교회'가 모두 규범적인 형태이며, 교회 내부에는 좀 더 긴밀하고 헌신적인 집단이 존재—모두의 건전한 상태를 위해서—해야 한다고 주장한다. 하지만 종파와 교회를 구별할 경우에는 실제로 그러한 공존 상태가 지속 될 수 있을 것인지에 대한 매우 심각한 문제가 제기된다. '작은 교회'와 '교회'는 자석의 양극처럼 필연적으로 상호배타적인가? 이러한 질문은 '작은 교회'의 개념이 원래 바람직하지 않다거나 실현 불가능한 것이라 하여 배척하는 사람들의 목소리를 더욱 높아지게 만든다.

종파·교회 유형론은 분석의 도구로서는 상당한 가치를 지니고 있지만, 여기서 우리의 연구를 위한 일차적인 해석의 구조로서는 적합하지 않다. 또한 이 유형론에서 사용되는 용어들의 정확한 의미가 아직도 확정되지 않고 있으며 특정 범주들에 대하여 학자들의 의견이 분분하다는 사실은 이 유형론이 심각한 문제들을 지니고 있음을 보여준다.

'신자들의 교회' 이론

또 하나의 해석의 구조가 기독교 공동체를 '신자들의 교회'(Beliver's Church)로 이해하는 사람들에게서 나타난다. 이 이론은 본질적으로 성경적·신학적·역사적 접근이다. 또한 이 이론은 콘스탄티누스주의(Constantinism)를 교회의 몰락으로 보고 신약이 제시하는 형태로 되돌아가야 한다고 주장하면서, 교회사를 '신자들의 교회'라는 관점에서 해석한다는 점에서 신학적·역사적이다.

'신자들의 교회'라는 입장은 재세례파(Anabaptism)와 급진개혁파(Radical Reformation)가 재발견되고 그들에 대한 동정적 입장에서 학문적인 연구가 진행됨에 따라 수십 년 전부터 각광을 받기 시작했다. 그러한 입장은 특히 프랭클린 리텔(Franklin Littell), 도날드 던바(Donald Durnbaugh), 존 하워드 요더(John Howard Yoder) 등에 의해 지지되었다.[15]

'신자들의 교회'를 정의하면서, 던바와 요더는 루터가 1526년에 참된 교회가 갖추어야 할 필수적인 요소들 가운데 하나로서 '진정으로 복음적인 공동체'를 거론했던 것을 인용하곤 한다. '신자들의 교회'는 "예수 그리스도께서 가신 길을 따르는 사람들로 구성된 계약과 규율의 공동체다. 그런 사람들 두세 명이 모였다가 주님의 일을 위해 즐거운 마음으로 다시 흩어지는 곳, 그곳이 바로 '신자들의 교회'다."[16]

일곱 가지 요소로 구성된 '신자들의 교회' 모델은 이 입장을 옹호하는 몇몇 사람들의 저술로부터 도출된 것이다.[17] 역사상 실제로 나타난 다양한 모습과는 달리, 하나의 모델 또는 유형으로서의 '신자들의 교회'는 기본적으로 다음과 같은 특징들을 나타내고 있다.

- 예수 그리스도께 대한 헌신을 기초로 한 자발적인 참여. 예수님에 대한 믿음의 필수적인 증거로서 그분께 대한 순종이 강조된다. 세례는 필수적인 것은 아니지만, 보통 순종의 징표로 받게 된다.
- 의식적으로 세상으로부터 성별된 삶을 살아가는, 규율과 교화와 상호협조의 공동체 또는 형제단(교회임을 분명히 보여주는 일차적인 징표).
- 모든 신자들의 의무인 기독교적인 사랑과 순종의 표현으로서 선행과 봉사와 증거와 생활. 따라서 특정 사역자 계층보다는 평신도들에 의해 행하여지는 사역이 강조된다.
- 권위의 유일한 근거인 성령과 말씀. 따라서 교회의 전통과 신조는 거부되거나 경시된다.
- 원시주의와 복원주의. 이는 초대교회의 규범적 성격을 믿으며 그때의 삶과 실천의 핵심적인 요소들을 회복해야 한다는 생각을 말한다. 교회의 타락에 대한 입장이 포함되어 있다.

- 교회 공동체와 그 구조에 대한 기능적이고 실용주의적인 접근.
- 그리스도의 몸으로서의 보편적인 교회에 대한 믿음. 따라서 특정의 가시적인 신앙 공동체는 그 일부에 지나지 않는다.

'신자들의 교회' 모델은 기존의 교회 내에서 행해지는 각종 갱신운동과 비슷한 성격을 띠고 있기 때문에 갱신운동의 연구에 있어서 즉각적인 관심의 대상이 된다. 예를 들어 '신자들의 교회'라는 관점은 우선 믿음으로 뭉쳐진 공동체로서 뚜렷이 부각되는 것을 강조하고, 제도 교회를 근본적으로 비판하며, 순종과 규율과 봉사의 공동체라는 차원에서 신자들의 일상적인 삶과 관행을 매우 중시한다. 이러한 특징들은 교회안의 개혁 집단들에게 있어서도 마찬가지다. 물론 그러한 개혁 집단들은 제도 교회를 탈퇴하여 '신자들의 교회'가 추구하는 노선에 완전히 동조해 나아갈 수도 있다는 주장이 가능하다. 한편 이와는 대조적으로, '신자들의 교회'가 지나치게 극단적인 입장을 취한 결과, 기존의 교회와 분리되거나 기존의 구조 안에 붙잡아 두는 경향이 있는 특정 역사적·문화적 상황에 대하여 문제를 제기한다. 이는 우리가 앞으로 비교·분석하게 될 세 가지 갱신운동에 있어서도 동일하게 해당되는 것으로, 특별한 주의를 필요로 하는 분야다.

'신자들의 교회'라는 입장은 역사적 제도 교회의 긍정적인 측면을 바로 보지 못하고, 분리적이고 분파적이며, 세상으로부터의 도피와 고립으로 이끌어 갈 가능성이 높다는 이유로 비판의 대상이 되어 왔다. 해석의 구조로서 이 입장이 앞서 소개한 두 개의 입장과 크게 다른 점은, 그것이 주로—전적으로는 아니라할지라도—'교회 안의 교회'와 종파·교회의 관점을 특징짓는 이중적인 측면 가운데 오직 한쪽 측면만을 강조한다는 것이다. 한편 '신자들의 교회'를 주장하는 사람들은 비록 자기들의 입장을 규범적인 것으로 보는 경향이 있기는 하지만, 그러한 입장만이 유일하고도 참된 것이라고 주장하지는 않는다.

부흥운동 이론

교회의 역사와 세상에 대한 하나님의 구속의 역사는 일련의 신적인 영감을 받은 종교적 부흥운동의 관점에서 이해될 수도 있다. 이러한 해석의 구조는 비록 학문적으로 덜 세련된 것이기는 하나, 오랜 세월 동안 교회에 의해 널리 채택되어 왔다.

일반적으로, 이 이론은 직접적인 하나님의 개입에 의해, 그러나 인간의 협조와 그분을 대신한 행동을 통해 교회가 주기적으로 부흥운동의 물결에 휩싸여 갱신된다고 주장한다. 그러한 부흥운동들은 공통의 특징들을 지닌 일정한 유형으로 구분될 수 있지만, 그 결과는 해석자에 따라 각기 다르게 나타난다. 부흥운동의 물결은 밀려오기도 하고 밀려나가기도 하며, 때로는 특정한 곳에서 소용돌이치기도 한다.

부흥운동은 특히 18세기로부터 오늘날까지, 주로 북미 교회와 밀접한 관련을 맺어 왔다.[18] 하지만 교회갱신을 보는 관점으로서의 부흥운동은 훨씬 더 폭넓게 적용될 수 있다. 예를 들어, 에드윈 오르(J. Edwin Orr)는 전 세계에 걸친 일련의 '복음적 각성'을 기술함에 있어 본질적으로 부흥운동의 관점을 적용했다.[19] 오르는 사실상 '부흥'이라는 말과 '각성'이라는 말을 동의어로 사용하고 있으며, '복음적 각성'이라는 말을 "그리스도의 교회와 그것에 관련된 공동체에 신약의 기독교를 부흥시키는 성령의 역사"라고 정의내리고 있다.[20] 이 때 그리스도인들이 행해야 할 일은 사도행전이 가르치고 있는 것들을 필수적으로 반복하는 것(특히 '다락방'식 기도와 오순절식 설교)이다. 그러한 일은 명목상의 그리스도인들이 모두 활력을 되찾고, 외부 사람들이 각성의 원동력인 성령께서 베풀어 주시는 신적인 역동성과 생생히 만나는 것으로 이어진다.[20] 그러한 부흥이 하나님께로부터 비롯된 것이라는 증거는 신약이 제시하고 있는 복음적인 메시지가 선포되고 신자들이 능력을 받고 죄인들이 회개를 하는 등 성경에 기록된 현상들이 다시금 재현됨으로써 나타나게 된다.[21] 오르에 의하면, 종교개혁 직전에 일어나 가속화되기 시작한 각성의 물결은 교회를 점차 사도시대의 형태로 되돌려 놓았다. 18세기 중반 무렵, 소위 '대각성 운동'이라 불릴 수 있는 운동이 뉴저지 주의 정착민들과 모라비아 이주민들 사이에서 거의 동시에 일어났다. 무려 50여 년 동안이나 지속된 '제1차 대각성 운동'은 1792년의 '제2차 대각성 운동' 그리고 1905년의 '제3차 대각성 운동'으로 이어졌다.[22] 오르에게 있어서 '복음적 각성'은 본질적으로 개신교적인 현상이었다.

  종교적 갱신운동을 주로하고 있는 인물들이 그러한 운동을 부흥신학으로 설명하려고 하는 것은 충분히 이해할 만하다. 우리는 특히 미국의 '대각성 운동'에서 주요한 역할을 했던 뉴잉글랜드의 신학자이자 부흥운동가인 조나단 에드워즈(Jonathan Edwards)를 생각할 수 있다. 에드워즈는 1734년에 시작된 뉴잉글랜드의 각성운동을 역사를 통해 하나님의 사역을 이해하는 열쇠로 보았다. 그는 『하나님의 놀라운 역사에 관한 신실한 이야기』(*Faithful Narrative of the Surprising Work of God*), 『성령의 역사와 그 특징들』(*The Distinguishing Marks of a Work of the Spirit of God*), 『뉴잉글랜드의 부흥에 대한 소고』(*Thoughts on the Revival in New England*) 등의 저서에서 하나님의 구속의 역사라는 폭넓은 시야로 이러한 대각성 운동을 이해하고 평가하려 했다.

에드워즈는 '역사라는 형태로 나타난 위대한 일'(내가 구속의 역사라 부르는 완전히 새로운 방식으로 나타난 신적인 구현)을 쓰려고 했으나, 이 계획은 1758년 그의 죽음으로 좌절되었다.[23] 하지만 그가 1739년에 행한 일련의 설교들이 『구속사』(*A History of the Work of Redemption*)라는 제목으로 출간되었는데 이 책은 에드워즈의 부흥운동에 대한 관점을 분명하게 보여준다. 역사학자 페리 밀러(Perry Miller)는 그 내용을 다음과 같이 요약한다.

『구속사』에서 에드워즈는 역사 전체의 모습을 아담의 타락으로부터 그리스도까지의 점진적 과정으로, 그리고 구세주가 오심으로써 방향 전환을 하고, 결국 이전에 준비되어 온 모든 일들이 완성되는 '마지막 단계'에 이르는 것으로 보았다. 하지만 그 과정에는 거센 역풍을 맞아 비틀거리기도 하고, 끊임없이 부침(浮沈)을 계속해야 하는 어려운 항로가 기다리고 있다. 시대의 긴장과 이완은 인간의 내부에서 일어나는 긴장과 이완처럼 상승과정과 하강과정이 있다. 하지만 그런 과정에서 줄곧 은혜가 싹튼다. 따라서 하강은 다음 차례의 더 큰 분발—전보다 더 나은 수준에서 일을 성취키 위한—을 위한 준비로 보아야 한다. 썰물과 밀물이 교차되는 가운데, 목표를 향하여 나아가게 된다.

비록 아담에서 그리스도까지, 그리고 결국 최후의 심판까지 궁극적인 역사 방향은 진보를 향하여 나아가고 있지만, 성령의 놀라운 역사에 의해 이루어져 왔다. 역사는 높낮이가 있는 '특별한 시기들'의 맥박을 통해 움직여 나아간다. 예언자들은 모두 부흥운동가였으며, 초기의 기독교는 일종의 부흥운동이었고, 종교개혁 역시 마찬가지였다. 때로는 힘의 축적을 위해 휴식을 취해야 할 시기도 있다. 하지만 일단 부흥의 물결이 일게 되면, 많은 사람들이 엄청난 변화를 겪게 된다.[24]

에드워즈는 이 드라마를 '하나님의 나라'—그리스도의 구속의 역사가 완성되는 역사의 마지막 때를 포함하여, 교회와 세계 속에 이루어지는 복음적인 상태—라는 관점에서 묘사한다.[25] "그리스도의 나라는 주로 네 가지의 커다란 사건 또는 세대—사도 시대의 그리스도의 출현, 콘스탄틴 황제 치하에서의 로마제국의 개종, 적그리스도의 멸망, 그리고 그리스도의 재림으로 성경에 묘사되고 있는 최후의 심판—을 통해 이룩된다."[26] 에드워즈에 의하면 "콘스탄틴 시대에 로마 제국이 개종함에 따라 세상에 영광스러운 영적인 부흥이 널리 퍼져 나아갔으며, 제국은 이교의 나라에서 가시적인 교회 국가로 바뀌어 갔다."[27]

에드워즈는 후천년설의 구조 위에서 이러한 생각들을 발전시켰으며, 교회의 천년시대가 자신의 시대에 동트기 시작했음을 암시했다. 하지만 그는 시대마다 진보와 쇠퇴의 시기가 있다고 함으로써, 각종 갱신운동이나 각성운동이 지닐 수도 있는 약점과 위험 그리고 피상적인 성격을 인정했다. 그러면서도 이러한 운동들이 하나님의 계획을 실현하기 위한 전략에서 필수적이고도 정당한 위치를 차지한다고 본 그의 생각에는 조금도 변화가 없었다.

에드워즈보다 한 세기 후, 개종한 변호사 찰스 피니(Charles G. Finney)는 폭넓은 영향력을 지닌 복음전도자로 북미 전역에 널리 알려졌다. 그의 성장과 그가 사용한 새로운 방법들('참회자의 좌석', '장시간의 집회' 등)은 그로 하여금 '근대 부흥운동의 아버지'라는 명성을 얻게 해 주었다. 피니는 1835년에 행한 일련의 설교(나중에『부흥에 관한 설교』(Lectures on Revivals of Religion)라는 제목으로 출간된 책)를 통해 에드워즈보다는 훨씬 좁은 관점에서 부흥운동이라는 현상을 분석했다. 그로부터 10년 후, 피니는 부흥운동에 관한 일련의 편지들을『오벌린의 복음전도자』(Oberlin Evangelist)이라는 책으로 묶어 1845년과 1846년에 출간했다. (이 편지들은 최근에『부흥운동에 관한 소고』(Reflections on Revival)라는 책으로 재출간되었다.)[28]

피니는 전반적인 구속신학의 구조 안에서 자신의 부흥운동에 관한 이론을 세운 것이 아니라, 교회의 진보를 위해 필수적인 운동으로서의 부흥운동을 촉진시키는 요인들을 세밀히 분석했다. 그는 "교회의 목표에 대한 의식이 너무나 불안정하다."고 하면서 다음과 같이 기술했다.

> 교회는 커다란 자극을 받지 않는 이상, 의무를 게을리 하면서 하나님의 영광을 드러내기 위해 아무 일도 하지 않으려 할 것이다. 세상 역시 마찬가지며, 천년왕국이 완전히 도달할 때까지 그러한 상태를 벗어나지 못할 것이다. 따라서 종교는 부흥운동을 통해 활성화될 필요가 있다. 교회는 거의 계몽되어 있지 않고 많은 역기능적인 요인들이 작용하고 있으므로 특별한 자극이 없이는 꾸준히 일해 나갈 수 없을 것이다. 따라서 주기적인 자극을 통해 교회를 계몽하고 역기능적인 요인들을 제거함으로써, 교회 전체로 하여금 항상 하나님께 순종하는 상태에 있게 해야 할 것이다.[29]

아르미니우스(Arminius)의 영향을 많이 받았던 피니는 부흥이 '기적'이 아니라 '추수와 마찬가지로 적절한 수단을 사용한 자연스런 결과'라고 주장했다.[30] 그러면서 그는 기도와 성령충만을 대단히 강조했다. 10년 후 좀 더 성숙한 사고를 하게 된 그는 하나님의 주권과 회중들의 정상적인 삶에 더 역점을 두었으며, 사회개혁을 반대하는 것은 교회의 부흥에 역행하는 처사라고 주장했다.[31]

에드워즈의 견해를 토대로 하여, 그러나 그보다는 개인적·집단적 차원에서 행해지는 교회부흥 운동의 전체 현상을 훨씬 더 폭넓은 시야에서 바라보면서, 리처드 러블리스(Richard Lovelace)는 1979년에 『영적인 삶의 역동성』(Dynamics of Spiritual Life)이라는 제목의 책을 출간했다. 그는 이 책에서 "교회 안의 상이한 집단들이 서로 불목(不睦)하는 것은 그리스도인으로서의 삶의 모델이 각기 다르기 때문"이라고 주장한다.[32] "그리스도인으로서의 삶의 양식은 매우 다양한 모습으로 나타날 수 있다. 하지만 그 내부에는 오직 하나, 그리스도 안에서 거듭난 삶만이 있다."[33] 영적인 삶과 갱신을 이해하는 데 필요한 '통일된 장(場)의 이론'을 제안하면서, 그는 그의 책이 필립 스페너의 저서 『경건한 열망』(Pia Desideria)을 새롭게 쓴 것이 되기를 희망한다고 말한다.[34]

러블리스는 하나님 나라의 궁극적인 승리에 이르기까지 갱신과 쇠퇴의 시기가 반복된다는 에드워즈의 견해를 더욱 발전시키려고 했다. 그는 주기적이고 지속적인 갱신 뿐 아니라 그러한 갱신의 전제 조건들에 대한 성경적인 모델들을 개략적으로 제시했다. 그는 지속적인 갱신의 '일차적인 요인들'로 칭의(稱義), 성화(聖化), 성령의 내주(內住) 그리고 영적인 전투에 임할 수 있는 능력을 꼽았다. 그리고 그 '두 번째 요인들'로 그는 선교에 대한 열정, 믿음의 기도, 신자들의 공동체, 확고한 신학, 주변 문화에 동화(同化)되지 않는 것 등을 제시했다.

　에드워즈, 피니, 오르 그리고 러블리스의 견해는 구체적인 내용 면에서나 이론의 정교함에 있어서 많은 차이를 보이고 있으나, 모두 주기적인 부흥운동의 발흥을 교회의 삶에서 정상적으로 그리고 기대해도 좋은 것으로 보고 있다는 점에서 부흥운동에 관한 이론이라는 공통성을 띠고 있다. 그들은 비록 사회개혁에 대한 강조 면에서 정도의 차이를 보이긴 하지만, 모두 진정한 부흥운동이야말로 사회개혁의 원동력이 된다고 주장한다는 점에서 일치한다. 에드워즈, 피니 그리고 러블리스는 그리스도인들이 하나님의 갱신의 역사에 일익을 담당한다는 생각으로 각종 사회개혁 운동에 적극적으로 참여하기를 권고한다.

　앞에서 논의한 해석의 구조들에 비하여 부흥운동에 관한 이론들은 교회의 정상적인 일상생활보다는 영적인 갱신의 극적이고 진귀한 측면들을 훨씬 더 강조하는 경향을 보인다. 이 이론들은 지역교회 회중들의 일상적인 삶이나 교회 구조에 관한 문제들은 대부분 간과하면서, 각 지역교회 신자들이 구체적인 상황으로부터가 아니라 다소 전반적이고 폭넓은 관점에서 초점을 맞추고 있는 '교회 안의 교회'라는 관점이나, 교회가 규율이 잘 잡힌 계약 공동체로서 가시적인 기능을 발휘해야 한다는 '신자들의 교회'라는 관점과는 대조를 이루고 있다. 이 부흥 이론은 또한 다른 견해들과는 달리, 교회의 삶과 갱신을 이해함에 있어 일종의 개인주의를 전제로 하는 경향을 보이고 있다. 이 모든 점에 있어서, 러블리스의 이론은 이전의 어느 부흥운동에 관한 이론보다 구체적이고도 균형이 잘 잡혀 있다.

'재활력화' 운동 이론

인류학자들의 '재활력화' 운동(revitalization movement)에 대한 논의로부터 상당히 특색있는 해석의 구조가 태어났다. 그러한 논의는 주로 1956년 앤소니 월러스(Anthony F. C. Wallace)가 쓴 「재활력화 운동」이라는 논문으로부터 싹터 나왔다.

월러스는 재활력화 운동을 '만족스러운 문화를 형성하기 위해 사회의 구성원들이 기울이는 조직적이고도 의식적인 노력'이라고 정의했다. 그것은 새로운 문화 체제로 전환시켜 주는 '특별한 종류의 문화변혁 현상'이다. 월러스는 고대 이집트 이크나톤(Ikhnaton)의 새로운 종교로부터 오늘날 아프리카인들과 북남미 인디언들 사이에서 일어나고 있는 종교적·문화적 운동에 이르기까지, 수백 가지 사례를 연구했다. 그는 특히 기독교의 기원과 초기 메서디즘을 이러한 운동들 가운데 포함시켰다.[35]

월러스는 인간 사회를 개인들의 소규모 집단으로부터 집단사이의 사회적 관계에 이르기까지 각종 하부체제들이 서로 밀접하게 관련되어 있는 '거대한 유기체'로 보았다. 그는 '미로'(迷路)라는 말을 사용하여 각 개인이 이러한 사회적 유기체에 적응해 나가는 방식을 설명한다. 미로라는 개념에는 환경 속에 있는 물리적 객체에 대한 인식뿐 아니라, 갈등을 최소화하기 위해 개인 혼자 또는 다른 사람들과 더불어 이 미로를 조정할 수 있는 방법에 대한 인식이 포함되어 있다.[36]

사람들은 어떠한 이유에서건 그들이 속한 사회에서 갈등을 체험하게 되면, 그 갈등을 참고 견디든가 아니면 위험을 무릅쓰고 미로와 거기에 관련된 사회체제를 변혁시키려고 한다. "갈등을 효과적으로 완화시키기 위해 미로와 현실체제에 변화를 일으키려는 노력이 바로 재활력화를 위한 노력이다. 그리고 그러한 노력이 여러 사람에 의해 결집되어 나타날 때, 우리는 그것을 '재활력화 운동'이라고 부른다."[37] 월러스는 이러한 포괄적인 범주 안에서 부흥운동, 원주민 운동, 그밖에 다른 운동들을 좀 더 세부적인 범주로 구분한다. 그는 모든 조직화된 종교들을 이같은 제활력화 운동의 유물로 볼 수도 있다고 한다.[38]

월러스는 다소 중복되기는 하지만 재활력화 과정에서 반드시 거치게 되는 단체들을 다음과 같이 다섯 가지로 구분하여 제시한다.

- 안정된 상태.
- 개인적으로 갈등을 체험하는 시기.
- 문화적 왜곡의 시기.
- 재활력화 시기.
- 새로운 안정의 시기.

재활력화가 진행되는 동안, 종교적 재활력화 운동은 적어도 다음과 같은 여석 가지 기능을 수행해야 한다.

- 미로의 재구성(이 때 '새로운 형태의 미로'를 제시하는 예언자적 인물의 지도력이 필요하다).
- 지도자에 의해 이러한 비전을 다른 사람들에게 널리 알리는 일.
- 세 개의 층, 예언자, 제자, 추종자 등으로 사람들을 조직화하는 일.
- 저항에 직면하여 그 운동을 주위 사람들의 성격과 문화적 양식에 적합하도록 수정하는 일.

- 문화를 변혁하는 일.
- 그 운동을 정착시켜 제도화하는 일.[39]

바로 여기서 우리는 이 이론과 종파·교회 유형론의 유사점을 발견할 수 있으며, 실제로 월러스의 분석 가운데 일부는 막스 베버가 처음으로 개진한 사상을 발전시킨 것이다.

윌리엄 맥루인(William G. Mcloughin)은 그의 책 『부흥, 각성 그리고 개혁』(Revivals, Awakening, and Reform)에서 "문화의 재활력화로서의 각성"이라는 주제를 다루는 가운데 월러스의 이론을 원용한다.[40] 그는 여기서 미국에서 네 차례(1730~1760년, 1800~1830년, 1890~1920년 그리고 1960년 이후)에 걸쳐 일어난 대각성 운동을 상세히 다룬다.

맥루인은 많은 사람들이 낡은 세계관으로부터 새로운 세계관으로 전환하는 것을 '사회적 변화를 위한 자연적이고 필수적인 국면'으로 보고 있다. 그러기 위해서는 비효율적이고 낡아빠진 세계관을 지니고 있는 사람들에게, 그들의 사고방식과 행동과 제도들을 그들이 살고 있는 세상에서 일어나는 변화를 좀 더 정확히 이해하게 해주고 그러한 변화에 적절히 대처해 나아갈 수 있게 해 주는 것으로 변화시켜야 한다는 사실을 일깨워 주는 일이 반드시 필요하다고 말한다.[41]

맥루인은 그러한 재활력화를 위한 각성에 대하여 연구하는 일은 종교인만이 아니라 역사가나 사회과학자들에게도 대단히 중요한 의미를 띤다고 한다. 왜냐하면 그러한 운동들을 통해서 사회의 모습이 변화하기 때문이다. "미국인들이 영국에 대한 충성을 거부하고, 노예제도를 폐지하고, 기업들을 규제하고, 노동조합을 강화하고, 여성과 흑인과 인디언 등 열악한 지위에 있는 소수 집단들이 권익을 옹호하고 있는 것은 바로 재활력화 운동의 새로운 지침들을 충실히 따른 결과다."⁴²

하지만 맥루인의 주요 논점은 그러한 각성의 심오한 사회적 의미에 집중되어 있다. 월러스가 의미하는 바 재활력화 운동은 사회를 근본적으로 새로운 궤도에 올려놓기보다는 사회의 방향감각과 목적을 새롭게 하는 데 필요한 에너지를 공급해 주는 것이라고 할 수 있다. "그 운동은 우리에게 문화적 생동력과 자신감을 회복시켜 줌은 물론 우리와 하나님 사이의 '계약'을 새로운 체험의 빛으로 바라보도록 한다. 그리고 우리 자신과 우리 이상, 그리고 하나님과의 계약에 대한 믿음을 유지하는 데 커다란 도움을 준다."⁴³ 간단히 말해서, 그러한 재활력화 운동은 갈등에 직면하여 그 자신을 새롭게 변화시켜 나가는 한 가지 수단인 것이다. 따라서 "미국의 부흥운동과 재활력화 운동의 기능을 이해하게 되면, 하나의 문명으로서의 미국의 힘과 의미를 이해하게 된다."⁴⁴

어떤 관점에서 보면, 월러스와 맥루인의 해석은 사회적 격변을 아주 자연스러운 현상으로 본다는 점에서 그리스도인들의 갱신 현상을 '세속화' 또는 '비신성화'시킨 것이라 할 수도 있다. 여기에 하나님이 개입할 여지는 전혀 없기 때문이다. 비슷한 운동들이 기독교적인 상황에 공통적으로 일어난다. 따라서, 갱신이 어떻게 일어나는가, 그리고 교회에서의 갱신이 어떻게 비기독교적인 상황에서 일어나는 비슷한 현상과 대비될 수 있는가에 대한 타당한 기술은 기독교 역사가나 신학자들의 몫이 된다.

이는 찰스 크래프트(Charles H. Kraft)가 그의 연구서 『문화 속의 기독교』(Christianity in Culture)⁴⁵에서 충분히 인정하고 있는 사실이다. 크래프트의 이 책은 기본적으로 타문화권에 대한 기독교 선교의 역동성 또는 그가 '기독교 종족신학'(Christian Ethnotheology)이라 부르는 것을 이해하려는 시도다. 크래프트는 기본적으로 월러스와 마찬가지 방식으로 재활력화 운동을 다루면서 그 분석을 인용하고 있으며, 타 문화권 선교에 있어서 그 운동의 중요성을 강조한다.[46] 그는 또한 어느 개인의 회심과 한 사회가 재활력화를 체험할 때 겪게 되는 과정 사이에는 상당한 유사성이 있음을 지적한다.[47]

종교적 재활력화 운동과 사회문화적 유형 사이의 유사성은 종교적 갱신운동과 '과학혁명'을 비교해 보면 더욱 분명히 이해할 수 있다. 크래프트는 재활력화 운동 현상은 토마스 쿤(Thomas Kuhn)이 말한 '과학혁명'과 동일한 성격을 지니고 있다고 지적한다.[48] 쿤은 과학혁명의 구조를 어떤 과학 공동체 내의 '발상의 전환'이라는 각도에서 설명한다. 그 공동체는 자기 자신과 그 일을 이해하는 기본적인 모델 또는 사고 방식의 변화를 통해 새로운 통찰력을 얻게 된다. "새로운 발상에 따라 사고를 전개하는 과학자들은 새로운 도구를 채택하고 새로운 장소에 눈길을 돌린다. 더욱 중요한 것은 혁명이 일어나고 있는 동안 그들이 기존의 장소에서 지금까지 사용해 오던 도구를 사용하면서도 전혀 다른 새로운 것들을 보게 된다는 사실이다."[49] 변화된 모델 또는 사고방식으로 인해 변혁된 발상은, 종교적 갱신을 통해 체험하게 되는 변화 또는 교회의 갱신운동(혹은 새로운 신학적 사조)에 수반되는 성경 내용에 대한 새로운 발상에 유비될 수 있다.

재활력화 운동이라는 해석의 구조가 지니고 있는 가치는, 그것이 여러 가지 문제들을 제기함은 물론 간과하기 쉬운 사실들을 적절히 지적한다는 것에 있다. 그것을 분석을 위한 유용한 수단을 제공할 뿐 아니라, 그 자체가 갱신운동 연구에 있어서 하나의 '발상의 전환'이다. 그것은 탐구자로 하여금 기존의 위치에서도 '새롭고도 진귀한 것들'을 보게 만들어 줄 수도 있다. 하나의 해석 구조로서, 이 관점은 기독교 갱신운동이 사회적 변화를 위한 모든 의미있는 운동의 폭넓은 역학관계에 참여할 것을 권고한다.

양식·집단 유형론

개신교 선교학자 랄프 윈터(Ralph D. Winter)는 '양식'(modadlity)이라는 말과 '집단'(sodality)이라는 말을 사용하여 교회에 있어서의 두 개의 규범적인 구조에 관한 이론을 개발했다.[50] 윈터의 정의에 의하면 '집단'은 기존의 교회(양식) 내부에 뚜렷이 존재하는 하부 공동체로서 대단히 선교지향적인 성격을 띠고 있다. 그는 중세에 설교를 행하던 종단들과 현대의 선교단체들을 그러한 '집단'의 본보기로 본다. 따라서 이는 '교회 안의 교회'나 종파·교회 유형론처럼 교회 안에 흔히—때로는 헌신의 정도 차이에 따라—나타나는 구조 또는 집단화의 이중성을 강조하는 언론에 속한다.

윈터는 이러한 두 개의 구조를 교회사 전체 뿐 아니라 신약에서도 발견할 수 있다고 믿고 있다. 우리가 보통 신약의 교회로 생각하는 것은 본질적으로 기독교 회당이었으며, 점차 작은 선교집단들(이 또한 유대교적 모델을 따른 것일지 모른다)의 참여로 선교활동이 보충되었다. 나중에 로마 문화 속에서는 이들이 각각 교구 교회와 수도원 종단으로 나타나

게 된다.[51]

윈터의 견해에 따르면, 선교집단(집단)와 회중(양식)은 전혀 다르다. 회중은 가족들을 포함한 모든 신자들로 구성되어 있으므로 광범위한 양육과 예배의 기능에 관심을 기울여야 하는 한편, '집단'은 특별한 임무를 중심으로 한 헌신적이고도 선별된 사람들로 구성되어 있다. "조직된 모임인 '집단'의 구성원이 되려면 '양식'의 구성원이 되는 것과는 별도로 성인으로서의 기혼자인지의 여부 등에 의해 제약을 받는 경우가 많다. 이렇게 볼 때 지역교회나 교단은 '양식'에 속하며, 선교집단이나 지역민들의 친교모임은 '집단'에 속한다."[52]

윈터는 중세에 로마 교회가 이룩한 '양식'과 '집단' 사이의 조화를 그 시대의 교회의 삶과 성장에서 가장 중요한 특징이자 오늘날에 이르기까지 로마 교회의 조직에 있어 가장 커다란 장점으로 보고 있다. 교회가 시작되고 나서 15세기 동안 교회가 갱신과 선교활동의 확장을 보인 것은 주로 가톨릭 '집단'들의 다양성과 활력 덕분이었다. 윈터는 종교개혁의 가장 큰 실수와 그 구조적인 약점은 수도원 제도에 대하여 '집단'구조를 허용치 않은 것이라고 한다. 하지만 그는 재세례파에 주목하면서 '신자들의 교회'를 '기독교 구조에 있어서 가장 중요한 실험'이라고 주장한다. "그것은 어떤 의미에서는 '양식'과 '집단'사이에 위치한다고 할 수 있다. 왜냐하면 '양식'(가족을 포함하는)의 구조를 지니고 있으면서도 적어도 초기에는 '집단' 특유의 선택 가능성과 활력을 나타내기 때문이다."[53]

찰스 멜리스(Charles J. Mellis)는 윈터의 유형론을 『헌신된 공동체』(Committed Communities)라는 저서에서 좀 더 심도 깊게 발전시켰다.[54] 그는 이 책에서 경건주의와 모라비안주의를 '집단'으로서 간략하게 검토하고 있으나, 메서디즘에 대해서는 언급하지 않는다.(그는 모라비안주의의 추종자들을 개신교 경건주의와 초기의 급진적인 기독교가 맺은 열매로 본다.) 그는 특히 최근 수십 년 간에 조직된 예수전도단(Youth With a Mission)나 OM선교단(Operation Mobilizaton) 같은 젊은이들을 지향한 개신교 선교집단들의 출현에 관심을 보이고 있다.

비록 사용하는 용어에 차이가 있기는 하지만, 최근 들어 상당수의 학자들이 이 모델에 관하여 많은 논의를 전개해 왔다. 고든 코스비(Gordon Cosby)는 워싱턴 시의 '세이비어 교회'에서 얻은 체험을 기초로 하여 '선교집단들'에 관하여 언급한다.[55] 도널드 블러쉬(Donald Bloesch)는 기독교 공동체들이 기존의 교회와 더불어 '두 가지 형태의 제자도'를 형성하고 있으며, 그것들이 모두 필요한 것이라고 본다.[56] 이와 관련하여 그는 디트리히 본회퍼가 제안한 '새로운 형태의 수도원주의'—예수를 따름에 있어서 오직 산상설교의 가르침만을 규범으로 삼아 타협 없이 살아가는 삶—에 관해 언급한다.[57]

만약 '작은 교회'를 단순히 경건한 성장 세포 이상의 것으로 본다면, 교회구조에 대한 양식·집단 접근방법은 '교회 안의 교회' 유형을 체계화 또는 정교화한 것이라 할 수 있을 것이다. 윈터와 멜리스는 양식·집단 유형을 일차적으로 선교사역에 적용하고 있지만, 구조적인 차원에서는 이 유형을 갱신운동에도 역시 마찬가지로 적용할 수 있다. 그래서 스티븐 클라크(Stephen B. Clark)는 그의 저서 『안수 받지 못한 지도자들과 갱신 공동체』(Unordained Elders and Renewal Communities)에서 이 문제를 진지하게 다루고 있다. 오늘날 전개되고 있는 가톨릭 교회의 카리스마 운동에 대해 기술하면서, 클라크는 가톨릭 수도원 전통에서 오늘날의 갱신 공동체들과 그 지도자들의 선례를 찾는다. 윈터와 멜리스 그리고 블러쉬처럼 클라크는 하부 공동체들이 교회에서 규범적 유형이며 또한 그렇게 되어야만 한다고 주장한다. 하지만 그의 관심은 어디까지나 선교활동보다는 좀 더 강렬하고도 효과적인 그리스도인의 삶을 지향하는 운동 쪽으로 기울어져 있다.[58] 그렇지만 이는 오직 관심의 초점의 차이일 뿐 결코 구조적인 차이는 아니다.

양식·집단 유형은 일차적으로 신학적 관점보다는 역사적·이론적 관점을 채택한다. 이는 주로 교회의 갱신과 선교에 대한 실용주의적 관심으로부터 싹터 나온 이론이다. '교회 안의 교회' 유형과 마찬가지로, 이 이론은 '양식'과 '집단' 모두를 규범적이며 상호보완적인 것으로 본다. 따라서 '종파'와 '교회'가 역동적·건설적 긴장관계 속에서 양립할 수 있다고 주장한다. '집단'은 결국 기존의 교회 안에서 '신자들의 교회'(와 종파)의 성격과 역동성을 유지하려는 시도라고 할 수 있다. 운동의 성격을 띠거나 운동으로 인해 생겨난 '집단'들은 위에서 논의한 것과 같은 의미에서의 '재활력화 운동'으로 볼 수 있다. 그리고 몇 가지 운동들, 특히 개신교 상황에서 일어난 운동들은 앞에서 논의한 것과 같은 의미에서 '부흥운동'으로 간주될 수 있을 것이다.

가톨릭·재세례파 유형론

기독교 전통에 나타난 갱신 집단들에 관한 연구에서, 클라크는 "갱신 공동체들은 언제나 자신들을 신약의 교회로 유형화하려는 경향을 보인다."고 한다.⁵⁹ 이어서 그는 "카리스마 운동으로부터 자라난 갱신 공동체들이 그와 비슷한 형태의 유형화를 시도할 때에는 종종 개신교의 '신자들의 교회'(재세례파 전통)를 따르고 있다는—또는 그 영향을 받았다는—비난을 받곤 한다."⁶⁰고 덧붙인다. 하지만 클라크는 그 은사 공동체들이 '신사들의 교회'보다는 초기의 금욕적인 공동체들에 더욱 가깝다고 주장한다.

갱신 공동체와 '신자들의 교회'를 비교하는 일은, 몇몇 학자들이 연구해 온 몇 가지 흥미로운 문제들을 제기한다. 여기서 가톨릭 교회의 갱신 공동체 또는 수도원 공동체를 '신자들의 교회'에 견준 것과 그러한 집단들의 기능, 역할은 로마 가톨릭 교회의 전통과 개신교 전통 각자와의 관계에서 매우 중요한 의미를 지닌다.

네 명의 로마 가톨릭 신학자들, 조세핀 포드, 로즈메리 류터(Rosemary Ruether), 제인 러셀(Jane Russell) 그리고 마이클 노박(Michael Novak)은 각기 자신의 방식으로 갱신 공동체들을 '신자들의 교회'에 견주는 것에 관련된 문제들을 제기한다. 포드는 부정적인 입장에서, 그것을 가톨릭 교회의 카리스마 운동을 비판하기 위한 수단으로 활용한다. 그녀는 카리스마 운동들 내부에는 두 가지 형태 또는 유형의 구조가 있다고 한다. 유사 교회적인 구조, 규율과 행정 체제, 가르침과 권면 등으로 특징되는 첫 번째 유형은 재세례파와 많은 유사성을 지니고 있다. 한편 '자유롭고 비구조적인' 두 번째 유형은 이와는 대조적으로, 로마 가톨릭 교회의 신학이나 관행에 완전히 융합되어 있으며 독립된 공동체 체험을 덜 강조한다.⁶¹ 포드는 첫 번째 유형이 재세례파나 급진적 개신교와의 유사성에 의해 보여 주는 것처럼 매우 위험한 분리적 경향을 띠고 있는 반면, 두 번째 유형이야말로 훨씬 참되고 정당한 것이라고 믿는다.

포드는 재세례파 공동체들과 진정한 하부 갱신 공동체들 사이의 기본적인 차이점을 그들의 제도 교회에 대한 태도와 관계를 기초로 파악한다. 그래서 두 번째 유형의 공동체들이 '초기의 프란시스칸 종단의 영성'에 유사한 반면, 첫 번째 유형의 공동체들은 재세례파와 비슷하고 보았다. 그녀는 가톨릭 갱신운동과 재세례파의 유사성을 부정적인 눈으로 보았던 것이다.(포드는 가톨릭 종단들이 대체로 시간이 흐름에 따라 점차 구조화되기 시작했다는 사실에 대하여는 언급하지 않고 있다.)

노박은 「재세례파와 로마 가톨릭 교회에서의 "교회"의 의미」(The Meaning of 'Church' in Anabaptism and Roman Catholicism)라는 글에서 매우 다른 입장을 취한다. 재세례파의 교회에 대한 이해가 로마 가톨릭 교회의 특별한 종교적 공동체에 대한 인식과 유사하다는 점을 지적하면서, 노박은 특히 초기 프란시스칸 수도사들에게 많은 관심을 기울이고 있다. "만약 우리가 잠시만이라도 로마 가톨릭 교회 내부에서 일어나는 여러 가지 형태의 삶을 보다 큰 체제 속에 존재하는 종파 또는 교파라는 관점에서 본다면, 복음적 재세례파의 경건과 프란시스코 수도사들의 경건 사이의 관계는 특히 인상적일 것이다."[62]

포드가 "성령 세례"를 신자들의 세례와 기능적으로 동의어라고 한 것처럼, 노박은 종교적 서약이 신자들의 세례와 기능적으로 같은 것이라고 본다. "자유로이 행한 종교적 서약에 충실한 삶을 살아가는 역동성은 신자들이 세례에 충실한 삶을 살아가는 역동성과 매우 비슷하다."[63] 노박은 이어서 교회에 대한 재세례파의 관점과 성직에 대한 가톨릭 교회의 관점 사이에는 몇 가지 비슷한 관점이 있다고 한다. "그러한 삶은 자유롭고도 자발적인 헌신의 삶이며, '좀 더 완전한 사람들'의 공동체를 형성케 해 준다. 규율이 잘 잡혀 있는 그러한 삶은 하나님의 뜻에 온전히 의지하는 경건한 믿음을 고취시킨다. 그것은 마치 십자가의 원리에 따라 세상을 버리고 사는 순교자의 삶과도 같은 것이다."[64] 노박은 다음과 같이 기술한다.

> 재세례파는 가톨릭의 수도원 영성이 속화(俗化)한 결과로 나타나게 된 현상이다. 그들에게 있어서는 '완전한 상태'의 초점이 서약에 의해 묶이고 담장에 의해 세상으로부터 격리된 수도원의 공동생활로부터, 신자들의 세례에 의해 묶이고 금령(禁令)에 의해 세상으로부터 분리된 평신도들의 공동체로 교체되었다. 그들의 진정한 뿌리는 죄의식이나 급진적 사회개혁 또는 의인(義認)에 대한 믿음이 아니라, 세상으로부터 물러나 하나님을 온전히 따르고 새롭고도 고상한 형태의 기독교적인 삶(가톨릭 교회의 성직에 해당함)으로 부르시는 부름에 응답하겠다는 열망이다.[65]

그러면서도 노박은 재세례파와 가톨릭 종단 사이의 두 가지 중요한 차이점을 지적한다. 첫째, 가톨릭 종단은 스스로를 교회라기보다 큰 공동체 안에서 특별한 형태의 기독교적 삶을 살아가고 있다고 보는 반면, 재세례파는 교회를 성인 신자들이 계약 공동체에 국한된 것으로 보는 경향이 있다. 둘째, 따라서 재세례파는 필연적으로 제2세대라는 문제에 부딪치게 되며 따라서 본래의 입장을 완화하여 타협적인 태도를 취할 위험이 있는 반면, 가톨릭 종단은 새로운 사람들이 자유로운 선택에 의해 외부로부터 참여하게 되므로 비교적 손쉽게 역동성과 원래의 입장을 유지해 나갈 수가 있다.[66] (하지만 우리는 가톨릭 종단의 역사를 살펴볼 때, 오직 이것만으로 그들이 세상과 타협하거나 활력을 잃어가는 것을 막는 데 충분하지 못했다는 점을 덧붙여야 한다.)

노박은 이러한 비교를 교회의 갱신이라는 면에서 논의하지 않을 뿐 아니라, 교회 또는 갱신 공동체의 삶에 대한 어떠한 유형론도 제시하지 않고 있다. 그의 일차적인 관심은 위에 열거한 차이점들을 지적하고, 거기서 어떤 역학관계를 탐구하며 어떤 면에서는 재세례파와 가톨릭 종단이 점차 융합되어 가고 있음을 밝히는 데 집중한다.(가톨릭 종단이 재세례파 쪽으로 기울었던 것은, 그들이 콘스탄티우스주의에 반대했기 때문이었다고 한다.) 하지만 그리스도인의 삶에 관한 이 두 가지 관점을 비교함으로써, 우리는 "교회갱신 문제에 좀 더 구체적으로 적용할 수 있는 가톨릭·재세례파 유형론을 얻을 수 있는 놀라운 방법을 기독교 체제에 끌어 들인다"고 한다.[67] 이러한 주제들은 모두 갱신 또는 갱신운동의 문제에 대하여 중요한 의미를 지니고 있다.

류터는「현대 가톨릭 교회에서 일어나고 있는 자유교회 운동」(The Free Church Movement in Contemporary Catholicism)이라는 글에서, 비록 역사적 재세례파를 명백히 지칭하지는 않으면서도 개념적으로 아주 비슷한 비교를 한다. 가톨릭 교회에서 일고 있는 갱신운동의 물결에 관하여 언급하면서, 류터는 '자유교회'와 제도 교회를 '서로 의존하는 관계에 있는 두 개의 극(極)'으로 묘사했다. 그녀는 이렇게 기술한다.

내가 사용하는 '자유교회'라는 말은 역사적 기독교 내부의 자유 공동체를 의미한다. 그것은 계층적 제도화가 교회의 본질에 속한다는 것을 부인하는 교회관에 바탕을 두고 있다. 교회란 본질적으로, 성직자와 평신도 사이의 성례전적인 구분이 폐지되고 성직자의 역할이 순전히 기능적이고 상황적인 것으로 된 신자들의 공동체다. 그 공동체는 신자들의 세례에 의한 계약, 즉 성인으로서의 자발적인 결단에 의해 형성된다. 나는 이러한 '신자들의 교회' 개념이야말로 진정한 교회의 개념이며, 참된 교회갱신이 일어날 때마다 항상 최전방에 다시금 출현하곤 하는 개념이라고 믿는다. 그것은 교회갱신의 전위부대이자 교회가 완전한 형태로 구현된 것이다.[68]

그렇지만 류터는 '자유교회'가 간단히 제도 교회를 대체할 수는 없으며, 제도 교회 역시 필요한 것이기는 하지만 이차적인 것이라고 한다. "그것은 복음을 계속해서 새로운 세대에게 전해 주는 전통으로서 교회의 메시지를 역사적으로 영속화하기 위해 필요하다." 이와는 대조적으로, '자유교회'는 자신을 영속화할 수 없으며, 만약 그렇게 하려고 한다면 또 하나의 제도로 변모해 갈 뿐이다.

따라서 그 두 가지 형태의 교회는 교회의 실존이라는 전체 맥락에서 '서로 의존하는 관계에 있는 두 개의 극'이라고 할 수 있다. 카리스마 공동체는 제도화의 시도를 포기하고 활기찬 영성이 지속되는 동안 스스로의 삶을 살아 나갈 때 가장 자유로운 모습을 띨 수 있다. 한편 역사적 교회는 '신자들의 교회'의 통찰력을 흡수하여 자체의 활력을 유지함은 물론 계속적인 갱신을 이루어 가야 한다. 하지만 그들은 '신자들의 교회'가 맺는 열매를 얻기 위해서는 그들이 지니고 있는 실험적인 정신을 꽃피우기 위해 필요하다고 느끼는 모든 자유를 기꺼이 인정해야만 한다. 또한 공동체들이 자발적으로 특별한 제도적 속박을 받지 않고 스스로의 재능을 계발하는 것을 허용해야 하며, 그러한 자유로운 공동체들과 더불어 항상 허심탄회한 의사소통을 유지함으로써 그들이 맺는 열매가 전체 교회에 공급될 수 있게 해야 한다. 이것이 바로 역사적 교회가 당연히 수행해야 할 임무다.[69]

그러나 류터는 인간과 교회의 타락 때문에 실제로 이러한 논리가 현실로 구현되기는 매우 어려운 일임을 인정한다. "그렇기 때문에 우리는 교회에서 갱신의 기운이 일어나는 것을 끊임없이 저지하고, 소외와 분열 상태로 떨어지게 된다." 류터의 주장에는 이러한 '자유교회'라는 개념을 충분히 고려하지 않는다면 성령의 갱신의 역사는 역사적 교회의 굴레를 벗어나 어떤 다른 곳에서 일어나게 되리라는 경고가 포함되어 있다.[70]

비록 류터가 역사적 재세례파와 관련하여 그녀의 유형론에서 '자유교회' 또는 '신자들의 교회'라는 측면을 분명히 밝혀내지는 않고 있지만, 그녀가 사용하는 용어들과 '서로 의존하는 관계에 있는 두 개의 극'이라는 말로 분석을 전개하는 방식을 고려할 때에 그녀의 이론은 가톨릭·재세례파 유형론에 포함되고도 남음이 있을 정도로 개념적인 유사성을 보이고 있다. 일반적으로, 그녀의 접근방법은 역사적이라기 보다는 개념적이고 이론적이다. 왜냐하면 실제로 교회 실존의 역사적 차원을 드러내는 것은 제도 교회임에도 불구하고, 그녀는 비역사적 개념으로 보이는 '자유교회'라는 개념을 통해 분석을 전개하고 있기 때문이다.[71] 구조적으로, 류터의 모델은 가톨릭 종단에 유사한 선교와 갱신을 위한 규범적 '집단' 구조들을 상정하고 있는 윈터나 멜리스의 이론과도 매우 흡사하다.

러셀은 「복음 공동체의 갱신」(Renewing the Gospel Community)이라는 학위 논문에서, 재세례파 모델을 통해 오늘날 가톨릭 갱신운동들을 평가하였다. 그러한 접근방법에 따르는 어려움을 인정하는 가운데, 그녀는 다음과 같이 결론짓고 있다. "가톨릭 교회와 재세례파를 비교함에 있어서 분류와 평가에 많은 문제가 있기는 하다. 하지만 만약 충분한 가치가 있음에도 불구하고 우리가 간과해 버렸을지도 모르는 오늘날의 운동들이 지니고 있는 어떤 특징들이 그러한 작업을 통해 밝혀질 수만 있다면, 그 작업은 유익한 것이 되고도 남음이 있을 것이다."[72] 그녀는 가톨릭 카리스마 운동, 남미의 기초공동체 그리고 두 개의 로마 가톨릭 자매단을 묘사하고 평가하는 데 이 접근법을 사용한다.

러셀은 포드나 노박처럼, 이러한 가톨릭 갱신운동들과 재세례파 사이에는 많은 '기능적 공통성'이 있다고 결론지으면서 이렇게 기술한다.

모든 가톨릭 운동에 공통되는 핵심적인 신념들―모든 갱신운동들은 기독교의 핵심인 예수 그리스도 및 그분과 우리들 사이의 관계를 중심으로 전개되어야 한다는 것, 기독교 교회에 완전히 헌신키 위해서는 성인으로서의 결단이 필요하다는 것, 교회는 무엇보다도 각종 사역을 통해 서로 사랑하고 봉사하는 형제·자매들의 공동체이어야 한다는 것 그리고 모든 그리스도인들과 기독교 공동체들은 목음을 전파할 사명을 지니고 있다는 것―은 기독교의 갱신에 대한 재세례파의 관점에서도 역시 마찬가지로 뚜렷이 나타나 있다. 이러한 신념들과 관련하여 재세례파와 가톨릭 갱신운동 사

이에는 단지 긴박성과 논조(論調)의 차이가 있을 뿐이다.[73]

그녀의 마지막 평가는 다음과 같다. "여기서 묘사하고 있는 가톨릭 교회, 즉 갱신과 개혁을 체험하고 있는 교회와 재세례파 사이에는 차이보다는 유사성이 더 많다."[74]

이상에서 소개한 학자들 가운데 그 누구도 가톨릭·재세례파 유형론 자체를 정교하게 전개하고 있지는 않다. 하지만 그들은 그러한 유형론을 발전시켜 경건주의와 모라비안주의, 그리고 메서디즘에 적용할 수 있는 가능성을 제시한다. 한편, 로마 가톨릭 교회와 급진적 개신교는 양극단을 이루면서 교회와 교회의 갱신에 대하여 정반대의 입장을 취하고 있는 것처럼 보인다. 하지만 로마 가톨릭 종단들과 급진적 개신교 종파들의 유사성은, 비슷한 역학관계가 각종 갱신운동—가톨릭 교회 내부에서 일어나는 것이든, 아니면 좀 더 혼란스럽고 분열된 개신교에서 일어나는 것이든—에 작용하고 있음을 나타낸다. 우리가 여기서 연구하고 있는 운동들을 가톨릭 교회와 재세례파 사이에 분극(分極)을 조정하려는 시도라고 볼 수도 있다. 그리고 그러한 분극 자체로도 연구와 평가에 매우 도움이 되는 틀을 제공한다. 어떤 갱신운동으로 하여금 기존의 교회 속에 남게 하거나, 아니면 그로부터 분리해 나가도록 만드는 역학관계에 관한 주요한 문제들이 바로 이러한 논의로부터 제기되기 때문이다.

갱신에 관한 이론으로 발전된 가톨릭·재세례파 유형론들은 '보편적' 교회—로마 가톨릭 교회이건 개신교회이건—앞에서 일어나는 각종 갱신운동이 재세례파 또는 '신자들의 교회' 모델의 특징과 역동성을 나타내는 경향이 있다고 주장한다. 이런 의미에서 이 유형론은 '신자들의 교회' 이론을 변형시킨 것이라고 할 수 있다. 한편 그것은 갱신 공동체와 '보편적' 교회 사이의 상호보완성을 인정한다는 면에서 '교회 안의 교회' 모델 및 양식·집단 모델과도 유사한 특징을 보이고 있다. 그러한 모델들과 마찬가지로, 이 유형론은 종파·교회 유형론이 제시하는 역학관계를 상호배타적인 것으로 보기보다는 상호보완적인 것으로 보는 경향이 있다.

갱신이라는 문제와 관련하여, 가톨릭·재세례파 유형론은 비교적 세련된 부흥운동에 관한 이론(예를 들어, 러블리스의 이론)과 조화를 이룰 수도 있으며, 오늘날의 부흥운동은 결코 특이한 것이 아니라 사회적·역사적 상화에 따라 다소 다른 형태로 나타나기는 하지만 교회사 속에서 반복적으로 일어나는 각종 갱신운동의 현대적인 유형에 불과하다는 주장을 펴나갈 수도 있다. 좀 더 넓은 시야에서 보면 '보편적' 교회 내부에서 일어나는 '재세례파'와 같은 유형의 운동들은 인류학적 의미에서 앞서 논의한 재활력화 운동 또는 모든 문화권에 공통적으로 일어나는 유사한 사회적·문화적 현상이 기독교적인 상황에서 일어난 것으로 볼 수도 있을 것이다.

요약

이상에서 논의한 일곱 가지 해석 구조는 경건주의와 모라비안주의 그리고 메서디즘을 연구함에 있어 적어도 세 가지 중요한 사항을 가르쳐 준다. 첫째, 역사 속에서 교회의 삶을 어떠한 각도에서 바라보든지 상승과 하락 그리고 갱신과 쇠퇴의 순환과정을 거치게 마련이다. 둘째, 이러한 논의들은 각종 갱신운동에 관하여 유사한 또는 기본적으로 동일한 유형들을 제시한다. 마지막으로, 이것들은 정적이고 직선적인 관점이 아니라 생생하고 역동적인 관점에서 교회사를 보는 것이 얼마나 중요한가를 강조한다.

이러한 관점에서는, 교회에서 일어나는 각종 갱신운동이 고립된 주변적인 현상이 아니라 교회의 참된 모습과 교회가 문화와 역사 속에서 행해야 할 기능 핵심부에 자리잡고 있음을 알게 될 것이다. 만약 월러스의 말대로 "모든 조직화된 종교가 안정된 문화 속에서 고정된 형태로 생존을 계속해 나아가는 옛 재활력화 운동의 유물"이라면,[75] 기독교에 있어서의 그러한 운동은 교회의 발생과 성장과 존속을 이해함에 있어 근본적인 중요성을 띠게 된다. 교회갱신운동과 일반 문화 속에서의 재활력화 운동 사이의 유사성을 감안할 때 교회가 거쳐야 할 이 과정에서 성령과 말씀의 진정한 역할은 과연 무엇인가 하는 것은, 앞으로 우리의 신학적 분석과 사고를 필요로 하는 중요한 문제들 가운데 하나가 될 것이다.

이 논의는 또한 역사적으로, 교회의 갱신이라는 관점 또는 갱신운동에 초점을 맞춘 관점에서 집필된 글들이 그토록 많지 않은 이유를 설명해 준다. 월러스는 문화와 종교에 있어서의 '안정된 상태'에 관하여 언급한다. 기독교에 있어서 이는 아마도 비교적 안정된 분위기 속에서 제도화 및 학문적인 교회화 작업이 진행되는 시기를 말할 것이다. 이러한 시기에는 교회와 교회사에 대한 규범적 또는 정통적인 이해가 지배적으로 나타나곤 한다.

어떤 저술이든, 거기에는 자연히 그것이 집필된 시대가 반영되기 마련이다. 따라서 '안정된 시기'에 집필된 교회사나 교회에는 교회에 대한 정적인 이해—교회의 거룩하고도 영원한 성격을 강조하고, 부흥 또는 갱신에 대해서는 거의 강조하지 않는—가 반영되기 십상이다. 그리고 갱신의 시기나 갱신운동은 역사상의 진정한 운동으로서가 아니라 하나의 예외적인 행동유형으로서 피상적으로 다루어지기 쉬우며, 결국은 교회의 '현상유지'를 정당화하기 위해 사용되는 '신화'의 일부가 되고 만다. 거기에 깔려 있는 가정은 교회의 현재 상태는 갱신의 정당하고도 논리적인 결과라는 것이다. 이러한 입장에서는 현상유지와 갱신운동에 대한 원래의 충동 사이의 진정한 가치가 인식되지 않거나 아니면 간과되기 마련이다.

만약 이와 같은 해석이 타당한 것이라면, 그것은 교회의 역사가 교회의 갱신이라는 관점에서 거의 집필되지 않았던 이유만이 아니라 요아킴(Joachim of Fiore)이나 고트프리드 아놀드(Gottfried Arnold) 같은 사람들의 역사적 해석이 제도 교회의 주변부와 갱신 또는 소요의 시기에 나타날 수밖에 없었던 이유를 설명해 준다.

이러한 이해는 또한 오늘날 우리에게 각종 갱신운동에 대하여 적절한 관심을 기울일 것을 요구한다. 왜냐하면 갱신운동은 원래 그 자체로 중요한 것이며, 우리는 역사적인 기독교 공동체들이 삶에 대한 지배적인 해석을 계속해서 수정해 나아갈 필요가 있기 때문이다.

이제 우리는 경건주의와 모라비안주의 그리고 메서디즘에 관한 이야기를 펼치면서 이상의 관찰 내용과 관점을 염두에 두어야 한다.

제3장

경건주의

_아른트, 스페너, 프랑케

우리의 이야기는 1600년대 초, 독일의 루터교 목사인 요한 아른트로부터 시작하여 1791년 존 웨슬리가 죽을 때까지, 약 두 세기 기간에 일어난 것이다. 우선 경건주의부터 추적해 보도록 하자.

요한 아른트와 경건주의의 시작

요한 아른트는 위대한 종교개혁가 마르틴 루터가 죽고나서 10년 후에 태어났다. 루터 말년에 이르러 루터교의 교리는 「아우구스부르그 신앙고백」(The Augsburg Confession)과 「아우구스부르그 신앙고백의 변호」(The Apology for the Augsburg Confession), 그리고 「슈말칼트 조항」(The Schmalcald Articles)에 의해 체계화되었다. 그리고 신성로마제국 내에서의 루터교의 법적인 지위를 보장했던 「아우구스부르그 강화」(The Peace of Augsburg)는 1555년, 아른트가 태어나던 해에 체결되었다.

이 시기는 유럽이 신학적으로나 정치적으로 몹시 불안정한 상태로, 신앙과 행위의 관계, 복음과 율법의 관계 그리고 칭의의 본질에 관한 교리적 논쟁이 수십 년 동안이나 격렬하게 진행되고 있었다. 이러한 논쟁은 루터교가 로마 가톨릭 교회나 칼빈주의에 대하여 스스로를 정의하기 위한 힘겨운 노력의 일부였다. 신학적 논쟁으로 치러야 했던 대가는 1580년부터 1680년까지 1백 년에 걸친 개신교 정통주의(Protestant Scholasticism)의 발흥이었다. 폭넓은 학식을 특징으로 하는 개신교 정통주의는 개인적인 경건에 대한 관심을 무시하지 않으면서도 아리스토텔레스의 영향을 받은 고대 스콜라주의와 멜랑히톤(Melanchthon)의 『신학총론』(Loci Communes)을 바탕으로 엄밀한 방법론과 어휘를 발전시켰다. 여기에 속한 학자들은 성경의 권위를 강조했으나, 점찬 기계적인 논리와 사변에 치중하게 되었다. '만연된 전통주의'를 특징으로 하는 이 시기에 루터는 일부 사람들에게 존경을 받으면서도 그를 이해하거나 아는 사람은 별로 많지 않았다. "정통주의자들은 그들이 마음속으로 품고 있던 이미지에 따라 루터를 재구성했다."[1]

개신교 정통주의에서는 개인적·집단적 종교체험에 대한 관심보다는 교리적인 충실과 엄밀성에 대한 관심이 더 높았다. 그리고 비록 개인적인 경건에 대한 관심, 특히 대중적인 차원에서의 관심이 완전히 사라진 것은 아니었지만, 교회에 관련된 관심의 초점은 어디까지나 신학적인 정통성 추구에 집중되어 있었다.

테오도르 태퍼트(Theodore Tapert)는 당시 성직에 대한 루터교의 지배적인 입장을 묘사하고 있는데, 이는 우리의 연구에 많은 빛을 던져 준다. 그는 이렇게 기술한다.

상류층에 속한 사람들은 평민들과 함께 성찬을 받기를 몹시 꺼렸으며, 최소한 잔만은 다른 것을 쓰려고 했다. '목사님'(Herr Pastor)이라는 말이 널리 퍼지게 된 것도 바로 이 시기였다. 사람들은 루터와는 달리 성직을 '세속적 직업'보다 상위에 두었으며, 통치자의 신성한 권리와 성직의 신성한 권리를 대등한 것으로 보았다. 각자의 의무는 엄격히 구별되었으며 서로의 직무를 침해하는 것은 커다란 죄악으로 생각되었다.[2]

아른트는 루터교 초기에 성장했다. 1555년 12월 17일 에더리츠 마을에서 목사의 아들로 태어난 그는 스물두 살 되던 해에 의학을 공부하기 위해 헬름슈타트 대학교에 입학했다. 그러나 병 때문에 학업을 계속할 수 없게 되자 성경과 신비주의를 공부했다. 그는 비텐베르그, 스트라스부르그, 바젤 등지에서 공부하다가 1583년에 결혼했다.

아른트는 1583년부터 죽을 때까지 루터교 목사로 봉직했으며, 1611년 켈레라는 도시에서 감독으로 임명되어 1621년 임종을 맺을 때까지 줄곧 그곳에서 목회했다.[3]

아른트는 칼빈수의 색채가 짙은 한 공작에 맞서, 세례를 베풀기 전에 귀신축출 의식을 행할 것을 주장했다. 이 사건이 발단이 되어 그의 목회 사역은 구설수에 휩싸이게 된다. 하지만 그가 많은 사람들의 관심의 대상이 된 것은 그가 쓴 책들 때문이었다. 그 책들은 모두 영성, 그리스도인으로서의 실제적인 삶에 관한 것들이었으나 신비주의적인 경향이 매우 뚜렷이 나타나 있었다. 1597년에 그는 1518년에 루터가 발간한 『독일신학』(Theologia Germanica)에 기다란 서문을 첨부해 새로운 판으로 편집했다. 그는 그 서문을 통해 당시 책들의 논쟁적인 성격을 비판했다. 그가 편집한 『독일신학』은 성공적이었다. 『그리스도를 본받아』(Imitatio Christi)를 합본하고 좀 더 짧은 서문이 첨가해 1605년과 1617

년에 연속해서 출간했다.

아른트를 유명한 인물로 만든 책은 『진정한 기독교』(Wahres Christenthum)인데 당시 대단한 인기를 누렸다. 1605년에 처음으로 출간된 이 책은 1606년 개정판이 나왔다. 그 내용 가운데 일부는 그가 브라운슈바이그에서 목사직을 맡고 있을 때 정치적·신학적 논쟁을 화해시킨 체험으로부터 나온 것이었다. 요한 피스카터(Johann Piscator) 교수에게 보낸 편지에서 그는 이렇게 썼다 "기독교의 이와 같은 분열은 저로 하여금 사랑에 관한 글을 쓰게 만들었습니다. 바로 그러한 상황에서 떠오른 생각으로부터 저의 책들이 나오게 된 것입니다."4

아른트는 곧 당초의 원고에 세 권의 책을 첨가하여 1610년에 『진정한 기독교에 관한 네 권의 책』(Four Books on True Christianity)이라는 제목의 책을 출간했다. 1621년 그가 임종할 때까지 그 책은 20쇄가 넘게 발행되었으며, 18세기 말까지 모두 125쇄가 발행되었다.5 아른트는 그 밖에도 기도에 관한 매우 인기있는 책 『기독교적인 미덕으로 가득한 천국의 정원』(A Paradise Garden of Christian Virtues)을 비롯하여 몇 권의 책을 남겼다.

아른트는 그의 책에서 중세 신비주의 자료를 광범위하게 사용했다. 루터와 마찬가지로, 그는 많은 사람들이 『독일신학』의 저자로 생각하고 있는 독일의 도미니칸 신비주의자 요한 타울러(Johann Tauler)에게 강렬한 매력을 느꼈다. 그는 『진정한 기독교』에 앞서 발간한 세 권의 책에서 타울러의 말을 자주 인용한다. 타울러의 실제적이면서 목회적인 영성에 아른트가 그토록 매력을 느꼈던 것 같다.

비록 아른트가 신비주의 자료들을 이용하기는 했지만, 그가 다룬 주제는 하나님과의 신비적인 합일이 아니라, 그리스도 안에서의 새로운 삶이었다. 이 문제와 관련하여 에른스트 스퇴플러(Ernest Stoeffler)는 다음과 같이 말한다. "아른트의 중심 주제는 하나님과의 합일이 아니다. 따라서 그를 신비주의자의 범주에 넣어서는 안 된다. 그의 중심 주제는 경건주의의 핵심이라고 할 수 있는 새로운 삶이었다."

아른트에게 있어서 사랑은, 그리스도를 본받아 믿음 안에서 통일된 삶을 살아간다는 궁극적인 징표이다. 그 사랑은 하나님과 이웃을 향한 사랑이며, 완전한 인내와 찬양을 목표로 한다. 인간의 사랑과 찬양을 받을 만한 유일한 대상은 지고(至高)의 선(善)이신 하나님 한 분 뿐이시며, 인간은 평생을 통해 그분을 향하여 나아가야 한다. 이러한 사상은 루터에게서도 역시 마찬가지로 발견할 수 있다. 하지만 아른트는 사랑의 삶을 강조함으로써, '하나님의 형상'을 회복하고 명상적 기도를 완성해 나아가는 일에 대한 신비적 해석의 여지를 루터보다 훨씬 더 폭넓게 남겨 두고 있다.

아른트는 믿음을 강조하는 루터의 입장에 완전히 동조했다. 하지만 아른트는 자신의 책에서, 루터가 그토록 맹렬히 비난했던 신비주의자들의 것처럼 들렸을 용어들을 사용하여 믿음의 체험에 관한 논의를 꾸준히 전개한다. 이제 아른트는 더 이상 루터가 말한 것과 같은 유형의 믿음에 관해 언급하지 않는다. 그는 신자들에게 그리스도와의 연합이 어떠한 성격을 띤 것인지에 대한 질문과 피조물에 대한 사랑을 보류하고 먼저 그들과 하

나가 되기를 원하시는 하나님께로 날마다 나아갈 것을 권한다.[6]

아른트는 그의 책 『진정한 기독교』의 서두에서 '하나님의 형상'에 관한 논의를 전개한다. 루터는 주로 믿음과 하나님의 말씀을 강조했던 반면, 아른트는 사랑과 '하나님의 형상'을 강조했다. 아른트에 의하면 거룩한 삼위일체는

> 그 형상을 태초에 인간 속에 심어 놓으셨다. 그래서 하나님의 의와 선과 거룩함이 인간의 영혼 속에서 빛나고, 인간의 의지와 지성과 정서는 심지어 그들의 외적인 삶조차도 찬란한 광채에 휩싸이게 되었다. 따라서 그들의 내적·외적인 삶에는 오직 하나님의 사랑과 능력과 정결함만이 흘러넘칠 것이다. 그들은 축복받은 하늘의 천사들과 마찬가지로 항상 하늘 아버지의 뜻을 행하면서 이 땅 위에서 살아 갈 것이다.[7]

첫 번째 책을 마무리하면서 아른트는 이렇게 말한다. "지상에서의 그리스도인의 전 생애는 '하나님의 형상'을 회복하는 일 외에는 아무것도 아니다."[8] 아른트는 그의 책들이 목표로 하고 있는 바를 분명히 밝히고 있다.

이 책들은 「아우구스부르그 신앙고백」을 따르는 교회들이 주로 가르치고 있는 것처럼, 우리의 거룩한 개혁신앙을 널리 알리고 또한 옹호하기 위해 집필되었다. 하지만 사람들로 하여금 '거룩하고도 순결한 삶'을 이루어 가게 하려는 것 역시 그 목적 가운데 하나다. 만약 우리의 삶에 거룩함이 없

다면, 우리 신앙의 정통성이라는 것도 무의미한 것이기 때문이다. 그렇다고 해서 신앙과 교리의 순수성을 옹호하는 일을 포기하라는 것은 아니다. 나는 우리가 자신의 삶에 대한 자세를 개혁하는 일에 모든 열정을 쏟아 부어야 한다고 믿는다. 경건치 못한 많은 지식이 도대체 무슨 의미가 있겠는가? 다른 사람들을 박식하게 만드는 사람보다는 그들을 선하게 만드는 사람이 훨씬 더 충실한 하나님의 종이라고 할 수 있다. 많은 사람들이 예수 그리스도에 관한 교리에 진정으로 동조하고 있지만 그분의 본을 받거나 그분의 발자취를 따라가려 하는 사람은 매우 드물다.[9]

벵트 호프만(Bengt Hoffman)은 아른트가 가르침과 설교를 통해 정통 루터교의 중심 주제인 '우리를 위한 그리스도'를 강조했다고 지적한다. 아른트는 '진정한 루터교 신비주의자'로서 순수한 교리와 관련해 정통에 속하면서도 내적인 '마음의 신학'을 주장했다.[10] 정통 루터교 안에 신비주의적인 영성을 유지하고 배양하려는 시도를 했다는 점에서, 아른트는 루터교 내부의 어떤 특정 분파를 지지함에 있어 중세 신비주의자들을 그 '증인'으로 내세우는 전통을 새로이 창시했다고 할 수 있다.[11]

이렇게 아른트는 개인 경건에 대한 관심과 개혁(교회의 삶에 대한 개혁이 아니라 교리에 있어서의 개혁)의 필요성을 결합시켰다. 아른트에게 있어서 교회의 삶에 대한 개혁은, 당시 루터교 내부에 대두되어 비판과 실제적 조언의 대상이 되고 있던 신비주의의 부흥과 밀접한 관련이 있었다.

그러나 아른트의 주장은 어디까지나, 교회의 공동체적인 삶보다는 그리스도인 각자의 개인적인 책임에 초점을 맞춘 것이었다. 그는 교회의 공동체적인 삶의 개혁이나 개선에 관해서는 아무런 의견도 제시하지 않았다. 그의 역할은 재세례파를 제외하고는 교회의 공동체적인 삶에 무관심하던 시기의 비교적 경건한 교인들에게 개인 경건을 조장하고 거룩한 삶을 추구하게 만드는 것이었다.

아른트는 흔히 '루터교 경건주의의 아버지'라 불린다. 이에 대해 스퇴플러는 간단히 말한다. "아른트와 루터교 경건주의 사이의 관계는, 그가 그것(루터교 경건주의)을 일으켰다는 데에서 찾아야 한다."[12] 그리고 빌헬름 코프(Wihelm Koepp)는 1700년부터 1770년까지 아른트가 "루터교 안팎에서 가장 끈질기고도 강력한 요인으로 작용했으며, 많은 사람들에게 루터교의 진정한 핵심으로 기억되고 있다."고 말한다.[13] 여기서 우리는, 아른트가 세상을 떠나고 나서 1백여 년 후에 필립 스페너와 아우구스트 프랑케의 영향 아래 꽃피었던 경건주의 운동의 씨앗을 발견하게 된다.

스페너의 『경건한 열망』

필립 야콥 스페너는 오늘날의 용어로 표현하면, 매우 현실적인 문제들, 즉 '평신도' 사역, 제자훈련, 장로의 역할, 셀 조직 등에 관심을 쏟았다. 하지만 스페너가 살던 시대에는 그와 같은 생각들이 급진적일뿐더러 기존 체제에 위협이 되는 것으로 간주되었다.

스페너는 1635년 1월 13일, 북부 알사스 지방의 라폴츠바일러에서 태어났다. 그는 30년 전쟁의 마지막 10년 동안 어린 시절을 보냈지만, 당시의 생활 분위기에는 아른트의 경건주의와 청교도 경건주의가 복합적으로 작용하고 있었다.¹⁴ 어린 시절부터 그는 줄 곧 평탄하면서도 안정된 영적인 순례를 했던 것 같다. "그는 어린 시절부터 세례의 은혜를 온전히 보존해 온, 다시 말해서 내적인 성장의 단절 없이 신앙생활에서 끊임없이 진보를 이루어 온 계층에 속한다고 보아야 마땅하다."¹⁵ 그는 영적인 각성은 그와 매우 가까이 지냈던 대모(代母) 폰 라폴트슈타인이 세상을 떠났던 13세 때 찾아왔다.

스페너는 1651년 스트라스부르그 대학교에 입학하여, 1659년 석사 과정을 마치기까지 줄 곧 그곳에서 공부하고 강의도 했다. 2년 동안의 교환 교수 시절, 그는 우선 바젤에서 히브리어를 공부한 다음 제네바로 가서 1년간 머물렀다. 다른 여러 도시들과 대학교들을 둘러 본 그는 다시 스트라스부르그로 돌아와 목사 안수를 받고, 1663년 박사 과정을 마치고 결혼하였다.

얼마 동안 스트라스부르그에서 설교를 한 후, 스페너는 1666년 서른한 살이 되던 해에 프랑크푸르트에서 목회자 겸 수석 성직자가 되리라는 부르심을 받았다. 그는 거기서 이십 년 동안 상당히 성공적인 사역을 행하였다. 그의 책 『경건한 열망』이 출판되고, 독일 경건주의 운동이 실제로 시작된 시기가 바로 이 기간이었다.

스페너는 후에 드레스덴에서 궁정 목사로 일했고, 이어서 베를린에 있는 성 니콜라스 교회에서 1705년(아른트의 진정한 기독교가 출판된 지 1백 주년이 되던 해) 임종할 때까지 목회자로서 사역했다.

스페너의 기독교는 분명 아른트적 루터교의 형태를 띠고 있었지만, 거기에는 청교도와 개혁주의의 영향이 상당히 가미되어 있었다. 스페너는 아른트의 글에 커다란 영향을 받았으며, 그의 『경건한 열망』은 원래 아른트의 『주석』(*Postill*) 신판의 서문(『진정한 기독교』의 서문이 아니라)으로 출판된 것이었다. 젊은 시절에 스페너는 폰 라폴트슈타인 백작부인과 그의 가정교사이자 나중에 매형이 된 요아킴 슈톨(Joachim Stoll)의 지도 아래 영국 청교도 책들을 두루 섭렵하였다. 거기에는 제레미야 다이크(Jeremiah Dyke), 리처드 백스터(Richard Baxter) 만이 아니라 루이스 베일리(Lewis Bayly)의 『경건의 연습』(*Practice of Piety*)과 임마누엘 서덤(Immannuel Southom)의 『하나님의 자녀들의 황금 보물』(*Golden Treasure of the Children of God*)등이 포함된다.[16] 나중에 스페너는 "나는 『경건의 연습』에서, 특히 죽을 때 진정한 그리스도인의 상태와 하나님을 모르고 살아 온 사람의 상태에 대한 기술에서 커다란 감명을 받았다."고 술회했다.[17] 태퍼트는 영국 청교도들의 경건 서적들이 성별된 삶과 자기부인을 촉구한 것 외에도 기존의 기독교에 대하여 매우 비판적인 입장을 취하고 있다고 지적한 바 있다.[18]

스페너는 스트라스부르그에서 루터교적으로 엄격하게 교육받았다. 당시 그가 다른 루터교 지역보다 스트라스부르그에서의 실제적인 목회 사역에 더 많은 관심이 기울여졌던 것은, 그곳에서 1세기 전에 활동했던 마르틴 부처(Martin Bucer)와 개혁교회 전통의 영향 때문이었다. 이에 관련하여 스퇴플러는 다음과 같이 지적한다. "어린이들에 대한 종교적인 가르침이 더욱 진지하게 행하여지고, 심방은 정상적인 사역의 일부로 받아들여졌다."[19] 이런 의미에서, 스페너가 제네바에서 보낸 시간이 그에게 커다란 영향을 미쳤으리라는 데에는 의심의 여지가 없다. 그곳에서 스페너는 왈도파 설교자인 안토니우스 레게루스(Antonius Legerus)와 함께 왈도파와 초기 개혁교회의 역사를 연구했으며, 제네바 교회의 구조와 거기에 속한 목회자들의 경건함에 찬탄을 금치 못했다.[20] 여기서 중요한 사실은, 그가 당시 인기 절정에 있던 은사주의적인 개혁교회 설교자 장 드 라바디(Jean de Labadie)의 설교를 들으러 가곤 했다는 것이다. 라바디의 경건성은 "얀세니즘과 개혁교회 경건주의의 혼합체"였다고 스퇴플러는 지적한다.[21]

스페너는 그때 라바디의 원시주의, 그의 목회 사역에 대한 열정 그리고 각종 소그룹 및 셀 조직의 활용 방법에 대하여 알게 되었을 것이다.

스페너의 성실성과 정서적인 안정 그리고 만민평등주의적인 기질은 그가 프랑크푸르트에서 무려 이십 년 동안이나 수석 성직자로서의 직책을 성공적으로 수행하게 한 토대가 되었다. 그는 그 시대의 전통과 교회 규율이 허락하는 한도 내에서, 어린이들에게 교리를 가르치고 성인들에게 목회사역을 행하는 데 자신의 삶을 바쳤다.

수석 목회자로서 스페너의 임무는 프랑크푸르트에서 가장 핵심적인 교회의 예배를 인도하고, 그 도시의 십여 명의 성직자 모임을 주관하고, 새로운 목회자들을 안수하여 교회로 파송하고, 사역을 기록하는 것이었다. 하지만 교회에 대한 시민 정부의 법적인 권위로 인해 개혁을 시도하려는 그의 자유는 심각하게 제한을 받았다. 이는 그로 하여금 끊임없이 좌절감에 사로잡히게 만들었다. 그는 "우리는 매우 큰 혼란에 빠져 있다. 그리고 어떠한 개선을 시도할 만한 힘도 지니고 있지 못하다."고 한탄했다.[22] 이같은 상황 속에서 스페너는 1669년, 후일 출판될 개혁에 관한 소책자 『경건한 열망』의 핵심적인 내용을 담고 있는 설교를 하였다. 거기서 그는 이렇게 선언했다.

다정한 친구들이 주일날 함께 모여 앉아 술을 마시거나 카드놀이를 하는 대신, 서로의 유익을 위해 책을 읽어 주거나 들었던 설교 가운데 어떤 것에 관하여 다시 한번 생각해 보는 시간을 갖는다면 얼마나 좋은 일이겠는가! 그리고 신적인 신비에 관하여 서로 이야기를 나누고, 하나님으로부터 많은 것을 받은 사람이 약한 형제들을 가르친다면 얼마나 좋겠는가! 그들이 자기의 갈 길을 찾을 능력이 없을 때, 설교자가 나서서 그들의 문제를 명쾌하게 풀어 줄 수 있다면 얼마나 좋겠는가! 만약 이런 일들이 일어난다면, 얼마나 많은 악이 힘을 잃고, 축복받은 주일이 모든 이들의 교회와 넘치는 은혜로 거룩하게 될 것인가! 어쨌든 하나님의 은혜로 기독교에 대한 월등한 지식을 갖춘 사람들이 기독교적인 사제의 능력으로 이웃들 사이에서 그들이 받은 은사와 고결한 성품에 따라 개혁을 위해 우리와 더불어 노력하지 않는다면, 우리 설교자들이 오직 강단을 통해서 사람들을 가르치는 것만으로는 결코 충분하다고 할 수 없다.[23]

이것이 '경건한 모임'(*collegia pietatis*) 또는 '은밀한 집회'(conventicle)에 관하여 스페너가 말한 최초의 언급이다. 다음해에 스페너는 영적으로 각성된 사람들을 위해 일주일에 두 번씩 사적인 모임을 열었다. 이 모임에서는 지난 주일 설교에 관하여 토론하거나, 성경 또는 영감 넘치는 책들에서 발췌한 내용을 읽고 묵상하였다. 스페너는 이런 모임을 결코 어떤 다른 목적으로 이용하려고 하지는 않았다. 그리고 이와 유사한 모임들이 어느 정도 자발적으로 결성된 후 그중 몇몇이 와해되거나 분리되었을 때, 그가 처음에 가졌던 열정은 상당히 식어 있었다.

스페너의 영향력은 그의 영감 넘치는 설교와 목회사역에 바탕을 두고 있었다. 하지만 그로 하여금 대중들의 관심의 대상이 되게 만들고 그를 논쟁에 휘말리게 했던 것은 그의 폭넓은 저술 활동이었다. 그는 광범위한 저술을 통해 '독일의 목회자'(Pastor to all Germany)가 되었다. 1675년 첫 출판된 『경건한 열망』의 충격은 너무나 엄청난 것이어서, 그 해 자료를 더 보충해서 재출판할 정도였다. 그 책은 다음 해에 재판되었고, 1678년에는 라틴어판으로도 출판되었다.[24] 라틴어판은 그 당시 막 시작된 영국의 종교 단체들과 관련이 있는 사람들을 위해서 출판된 것이었다.[25]

『경건한 열망』은 교회개혁에 관한 치열한 논쟁의 도화선 역할을 했다. 처음에는 이에 대한 반응이 대체로 긍정적이었으나, 스페너가 제안한 내용의 의미가 점차 분명히 밝혀지기 시작하면서부터는 각양각색의 반응이 나타나기 시작했다.

스페너의 『경건한 열망』은 단지 교회생활의 개혁과 경건을 요구하던, 당시의 여러 책들 가운데 하나에 불과했지만 그 어느 저자도 스페너의 책과 같은 영향력을 갖지는 못했다. 이는 변화와 갱신의 필요성에 대한 스페너의 폭넓은 인식과 실제적인 프로그램을 간결하고도 명료하게 제시할 줄 아는 그의 뛰어난 능력 때문이었다.

스페너가 제시한 제안들은 단순하면서 매우 직선적이었다.
- 가정생활과 전통적인 설교를 벗어난 성경의 폭넓은 활용.
- 루터가 가르친 '영적인 제사장직'의 확립과 시행.
- 사랑의 실천과 선행의 종교로서의 기독교 강조.
- 종교적 논쟁에 있어서 기도와 온유한 정신의 필요성 강조.
- 성경, 경건 서적, 집회를 통한 목회자들의 경건 훈련 강조.

• 경건성과 거룩한 삶을 지향하는 설교 강조.[26]

스페너의 이같은 제안들이 지닌 힘과 논쟁을 불러일으킬만한 소지의 성격을 이해하기 위해 우리는 당시의 상황을 살펴 볼 필요가 있다. 스페너의 제안은 최소한 세 가지 이유에서 급진적이고 위협적인 것이었다.

첫째, 스페너는 실제로 평신도들—조용하고도 힘없는 교인—의 역할을 교회 안의 두 중심 세력인 성직자들과 정치 지도자들에 상응하는 정도로 높일 것을 제안했다. 당시 교회의 사역들은 모두 정치적인 세력에 의해 좌우되고 있었다. "분명히 그는 당시의 상황에 대하여 커다란 좌절감을 느끼고 있었을 것이다. 만약에 바람직한 개혁이 이루어진다면, 그것은 성직자와 평신도 공동의 노력에 의한 것이어야 한다는 것이 그의 신념이었다."[27] 따라서 '만인제사장직'이 다시 강조될 필요가 있다는 스페너의 주장은 성직자들뿐만 아니라 정치 지도자들에게도 명백한 도전이었다.

둘째, 사실상 스페너의 제안들은 지역교회의 구조적 변화를 요구했다. 그는 모든 교회가 회중들에 대한 영적인 지도를 행함에 있어 목회자를 보좌할 '장로회'(collegium presbyterorum)를 설치해야 한다고 생각했다. 이는 전통적으로 이해되어 온 목회자의 역할에 수정을 가하고, 루터교에 칼빈주의적 요소를 도입한 것이었다.

셋째, 스페너의 제안들은 사실상 고해 제도를 '은밀한 집회'로 대체하는 것이었다. 스페너는 로마 가톨릭 교회의 '사효설'(事效說)이 교회의 성사(聖事)와 행습에 침투해 악영향을 끼쳤다고 보았다. 사람들이 고해를 했다고 해서 반드시 회개하는 것은 아니었다. 정말로 필요한 것은 신자들이 서로 교화할 수 있는 소규모 모임이었다. 여기서 또다시 스페너의 제안은 부정적인 비판을 불러일으킬 소지를 안고 있었다.

이러한 것들이 1677년 이후 수십 년간 치열한 신학적 논쟁의 역학관계를 형성하고 있던 주요 요인이었다.

이렇게 독일의 경건주의 운동은 태어났다. 실제적으로는 경건주의도, '은밀한 집회'도 스페너로부터 시작된 것은 아니었다. 그럼에도 불구하고 우리는 경건주의 운동—분명히 당시의 보다 넓은 경향과 조류에 동참하고 있었으면서도 역사상 다른 위대한 갱신운동들과 더불어 어깨를 나란히 하기에 충분할 정도로 신학적·사회학적으로 독특한 운동—에 관하여 이야기하려면 스페너로부터 시작할 수밖에 없다.

프랑케와 경건주의의 제도화

경건주의는 아우구스트 헤르만 프랑케에 의해서 그리고 할레 시(市)가 경건주의의 중심지로 자리 잡으면서 제2단계로 접어들게 된다. 우리는 프랑케가 내세운 입장의 특징뿐만 아니라, 프랑케와 스페너의 업적과 그 두 사람 사이의 연속성에 관하여 살펴봐야 한다.

프랑케와 스페너의 연속성에는 요한 아른트의 영향력을 빼놓을 수 없다. 스페너와 마찬가지로, 프랑케는 아른트의 영적 분위기 속에서 성장했다. 훗날 1700년대 초에 이르러 아른트의 인기를 높이고 그의 저서 『진정한 기독교』를 여러 언어로 번역되게 만든 데에는 프랑케의 영향

이 매우 컸다.[28]

아우구스트 헤르만 프랑케는 스페너보다 스물여덟 살이나 아래였다. 그는 스페너의 제자로 그리고 1690년 이후에는 경건주의의 지도적 인물로서 스페너의 후계자였다. 그는 1663년 3월 22일, 함부르크 동북에 있는 전통적인 자유도시 루벡에서 태어났다. 프랑케의 집안은 진보적인 정통 루터교에 속해 있었는데, 유복한 환경의 변호사였던 그의 부친은 그가 일곱 살 나던 해에 세상을 떠났다.

프랑케는 열여섯 살 때에 인근 에어푸르트 대학교에 입학해 논리학과 형이상학을 공부하기 시작했으나 한 학기를 마치고나서는 삼촌의 후원으로 키일 대학교로 전학했다. 키일에서 그는 그 학교의 유력한 역사신학자이자 스페너의 친구이며 교회개혁에 많은 관심을 쏟고 있던 경건한 인물 크리스찬 코르트홀드(Christian K. Korthold)의 집에 거주하였다.[29] 훗날 프랑케는 코르트홀드가 "세상의 악한 실상에 대하여 학생들에게 열심히 그리고 진지하게 경고하고, 그들에게 설교자로서의 어려운 소명을 충분히 인식시키는 일에 모든 정력을 다 바쳤다."고 기술하였다.[30] 프랑케가 어느 정도 종교적인 깨달음을 체험하고 개인적으로 종교적 믿음을 추구하기 시작한 것은 바로 코르트홀드의 영향 때문이었다.

프랑케는 키일에서 3년 동안 신학, 역사, 철학, 물리학을 공부했다. 또 그는 몇 달 동안 히브리어, 헬라어, 영어를 공부하기도 했다. 그는 명석한 학생으로 특히 언어학 분야에서 뛰어났다. 1684년 봄, 그는 정통 루터교의 중심지로 공인을 받는 명문 라이프찌히 대학교로 전학하여, 요한 카르프조프(Johann B. Carpzov), 요한 도른펠트(Johann Dornfeld) 같은 사람들 밑에 1687년까지 공부했다. 1685년에 석사 학위를 받은 프랑케는 정식 교수가 아니라 학생 수에 따라 보수를 받는 강사로서 라이프찌히 강단에 섰다. 1691년 프랑케는 스페너의에 의해 새로 설립된 할레 대학교의 헬라어 및 근동 언어 교수로 임명되어 사망할 때까지 그곳에 거주하였다.

1691년, 프랑케는 1687년의 회심 체험으로부터 시작된 일련의 사건들로 인해 악평과 논쟁의 대상이 되었다.

키일과 라이프찌히에서 프랑케는 오직 공부에만 몰두했다. 하지만 그의 신학적 관심은 영적인 것이라기보다는 오히려 학문적인 것이었다. 그는 이렇게 말했다. "나의 신학은 가슴속이 아니라 머리속에서 형성된 것이었다. 그것은 살아 있는 믿음이라기보다는 죽은 학문이라고 할 수 있는 것이었다."[31] 라이프찌히에서 강의하는 동안 프랑케는 성경 연구를 위한 작은 모임(*collegium philobiblicum*)에 관여하게 되었는데, 이 모임은 1686년 6월 18일 오토 멘켄(Otto Mencken) 교수의 집에서 처음으로 열렸다. 젊은 학자 8~9명으로 이루어진 이 모임은 카르프조프 교수의 착상에 의한 것이었다. 프랑케는 곧 이 모임의 지도자가 되었다.[32] 그들은 주일 오후마다 모여 원어로 성경을 읽고 공부했다. 스페너도 이 모임에 관한 이야기를 듣고 나서 성경을 주석적으로 공부할 것이며, 어려운 구절들에 지나친 관심을 기울이지 말라는 충고를 해 주었다. 이는 물론 경건한 열망에서 그가 제시한 제안들과 맥을 같이 하는 권면이었다. 자신의 영적인 문제들에 대한 해답을 찾고 있던 프랑케에게 스페너의 조언은 의미심장하게 다가왔다. 결국 프랑케는 조직신학보다는 성경주석을 집중적으로 연구하기 시작했다. "내가 얻은 유익한 결과들을 고려할 때, 이 모임이야말로 지금껏 내가 어떤 대학에서 얻었던 것보다 훌륭한 것이었다."[33]

이 성경연구모임은 점차 인기가 높아져 갔던 반면, 라이프찌히 공동체 내에 논쟁을 불러일으키기도 했다. 하지만 프랑케는 성경주석에 관한 연구를 더욱 심도 있게 하기 위해 다음 해에 루네베르그로 옮기기로 작정했다.

프랑케는 1687년 10월에 루네베르그에 도착한 지 얼마 오래지 않아 결정적인 회심의 체험을 하게 된다. 성 요한 교회에서 설교를 해 달라는 청을 받았을 때였다. 「요한복음」 20장 31절을 공부하던 프랑케는 자신이 설교하려고 했던 믿음이 바로 자신에게 부족하다는 것을 깨달았다. 큰 근심 가운데 프랑케는 이렇게 말했다.

나는 다시 무릎을 꿇고, 아직은 올바르게 믿지 못했던 하나님께 간구했다. 진정으로 하나님이 계시다면, 나를 이처럼 비참한 처지에서 건져내달라고. 이 때 살아계신 주 하나님은 그분의 거룩한 보좌 위에서 나의 간구를 들어주셨다. 아버지의 놀라운 사랑은 나로 하여금 완벽한 확신을 갖도록 하기 위해, 온갖 의심과 근심으로부터 나를 순식간에 자유롭게 해 주셨다. 나는 마음속 깊은 곳에서 예수 그리스도 안에 있는 하나님의 은혜를 확신했다. 내 마음의 모든 슬픔과 불안은 즉시 사라져 버렸고, 나는 돌연히 큰 기쁨의 물결에 휩쓸렸다. 자리에서 일어선 나는 전혀 다른 마음을 갖게 되었다. 이 순간은 바로 나의 진정한 회심의 순간이었다. 그때부터 진정으로 기독교적인 믿음을 갖게 되었기 때문이다.[34]

프랑케는 루네베르그에 6개월 동안 머물면서도 그곳에서 성경연구 모임을 시작했다. 또 라이프찌히로 돌아오기 전 함부르그에서도 성경연구를 계속해 나갔다. 이 기간 동안 그는 점차 스페너의 경건주의의 영향을 받게 된다. 그는 루네베르그에서 스페너의 절친한 벗이자 동역자인 카스파 산드하겐(Caspar Sandhagen) 감독의 지도로 공부하였다. 이어서 함부르크에서 1684년에서 스페너의 추천으로 성 미카엘 교회에 부임한 요한 빈클러(Johann W. Wincler) 목사 집에 기거하였다. 여기서 그는 가난한 고아 어린이들을 위해 일하면서, 당시 경건주의에 관한 논쟁에 휘말려 있던, 지도자적인 경건주의 목회자들과 교제를 나누었다. 이같은 일련의 접촉은 크리스마스 휴가 기간 동안 프랑케가 드레스덴에 있는 스페너의 집을 방문하는 것으로 절정에 이르러, 1689년 2월까지 계속되었다. 스퇴플러는 당시의 상황을 다음과 같이 기술한다.

이때부터 두 사람 사이에는 강한 유대관계가 생겨났고, 그들은 개신교에 경건주의의 바람을 불러일으키자는 공동의 목표로 마음이 불타올랐다. 프랑케는 스페너에게 보내는 편지에서, 그(스페너)를 보통 "사랑하는 나의 아버지"라고 불렀고 자기 자신을 "당신의 충실한 아들"이라 썼다. 그는 기독교에 대한 스페너식의 지식을 철저하게 습득하고, 그것을 말과 행동을 통해 전파하는 데 모든 열정을 쏟아 부었다.[35]

프랑케는 1969년 2월 라이프찌히에서 강의를 시작했다. 주석적인 그의 강의는 곧 인기를 얻게 되었고, 여러 성경연구모임이 결성되었다. 하지만 학생들 사이에 영적인 각성이 확산되면서, 카르프조프를 비롯한 여러 사람들로부터 반대와 비난이 빗발처럼 몰아치기 시작했다. 카르프조프는 어느 장례식 연설에서, "교수로서 우리의 임무는 학생들로 하여금 좀 더 많은 것들을 배우게 하는 것이지, 결코 신앙심이 깊게 만드는 것이 아니다."라고 말했다. 그와 그의 동료 교수 로셔(Loscher)는 그 모임이 공적인 예배를 경시하고, 영적인 자만심과 배타심을 조장하고, 신학을 과소평가하고, 주관적인 접근방법을 통해 영혼들을 타락의 길로 이끈다고 비난했다.[36] 프랑케를 비방하는 사람들은 1690년 3월 10일 시민 정부로 하여금 "성경연구를 위해 모이는 모든 비밀집회와 사적인 모임을 위험스런 것으로 간주하여, 그들을 투옥하거나 즉각적인 법적 제재를 가할 수 있는" 법령을 제정하는 데 성공하였다.[37]

바로 이때부터 프랑케는 극심한 시련의 시기를 겪게 된다. 그는 라이프찌히를 떠나 잠시 루벡으로 돌아왔으나 그곳에서도 역시 설교를 금지당했다. 이어서 에어푸르트에서 얻게 된 부목사 자리도 2년이 못 되어 경건주의에 반대하는 이들의 책동으로 잃고 만다. 얼마간 스페너와 함께 지낸 그는 1692년 1월 할레 대학교에서 교수 겸 목사직을 맡게 되었다.

할레에 있는 동안 프랑케는 그 초창기의 대학교에서 강의하면서(처음에는 무보수를 강의했다.) 할레 근교의 작은 마을 글라우카에서 목회 활동을 했다. 그는 처음부터 열심히 목사직에 임하였고, '할레의 가난하고 어두운 지역'[38] 글라우카는 그의 영향 아래 조금씩 변모해 가기 시작했다. 그는 금요일에는 1회, 주일에는 2회에 걸쳐 설교하였고, 교리적인 가르침을 부활시켰다. 또한 정기적으로 여러 가정을 방문하였고, 자기 집을 기도와 찬송과 영적인 대화를 위한 모임 장소로 개방하였다. 그의 개혁은 할레 지역 목회자들의 반대를 불러일으키기에 충분했다. 그는 결국 1692년 11월 심문을 받게 되었다. 이로 인한 한 가지 중요한 변화는, 저녁 모임이 목사관에서가 아니라 교외에서 열리게 되었다는 것이다. 이는 모든 비밀집회에 대한 반대의 깊이가 어떠했는가를 잘 보여 주는 실례다.

1698년 프랑케는 진정한 예언자와 거짓 예언자에 관한 공개 설교를 함으로써 또 다시 반대를 불러 일으켜 심문을 받게 되었다. 그러나 그는 조금도 굴하지 않고 목회자로서의 직임을 수행해 나갔으며, 결국 상당한 성공을 거두면서 점차 영향력을 확보해 나갔다. 그는 1715년까지 글라우카에서 목회를 하였고, 그 후에는 할레에 있는 성 울리히 교회에서 시무하였다.

그러는 동안 프랑케는 할레 대학교의 성장과 영향력의 중심부를 차지하게 되었다. 그는 1699년까지 헬라어 및 근동 언어 교수로 재직하다가 그 이후로 1727년 죽을 때까지 신학 교수직을 맡았다. 그 대학교 교수진을 추천할 수 있는 스페너의 영향력으로 인해 프랑케는 곧 요아킴 랑케(Joachim Lange), 요한 미카엘리스(Johann Michaelis) 등 경건주의 학자들과 일하게 되었고, 할레는 자연히 경건주의의 중심지가 되었다. 결국 8백에서 1천2백여 명의 학생들이 해마다 할레 대학교에서 신학을 배우려고 몰려들었는데, 이는 당시 독일의 어떤 대학교의 학생수보다 많은 숫자였다.[39] (경건주의의 주류는 역시 할레를 통해 흐를 수밖에 없는 것이었지만, 다른 곳에서 독자적인 방향으로 퍼져 나가는 경우도 있었다. 그 중 중요한 지류로 부르템부르그 경건주의[Wurttemburg Pietism]를 들 수 있는데, 그 핵심적인 인물은 요한 알브레히트 벵겔[Johann Albrecht Bengel]이었다.)

프랑케의 영향은 특히 그가 구성하여 지도했던 일련의 조직들을 통해서 확산되어 나갔다. 그는 1702년에 씌어져 후에 널리 읽혀진 책 『할레의 경건』(*Pietas Hallensis*)에서 이 조직들에 관해 이야기한다. 대부분의 이런 조직들은 1682~1683년에 전염병(글라우카 주민의 2/3 가량이 사망한)이 휩쓸고 간 뒤 글라우카와 그 주변 지역의 참상을 복구하기 위해 조직된 것이었다.[40] 글라우카 어린이들의 가난과 무지에 마음이 아팠던 프랑케는 1695년 가난한 이들을 위한 학교(곧 50명 이상의 학생들이 다니기 시작했다.)를 열었다. 이는 1696년 고아원의 설립으로 이어지고, 결국에는 상호연관 속에서 서로 지원하는 일련의 통합 조직으로 발전해 나갔다. 여기에서는 귀족 자제들을 위한 초등학교(진젠도르프 백작은 어린 시절에 6년간 이 학교를 다녔다.), 대학 수험 준비를 하는 학생들을 위한 라틴어 학교 그리고 일반 시민의 자녀들에게 중등교육을 실시하기 위해 설립된 독일어 학교 등이 포함되었다. 학교와 고아원 외에도 프랑케는 가난한 과부들을 위한 보금자리와 서점, 화학 실험실, 도서관, 자연과학 박물관, 세탁소, 농장, 제과점, 양조장, 병원 등을 설립했다. 그는 또한 1698년에 완공된 새 고아원을 건립하는 데 주도적인 역할을 하기도 했다. 1800년까지 이 학원은 여러 언어로 무려 3백만 부에 달하는 성경을 보급했다.

프랑케가 관여한 기관들 가운데 일부는 외부의 도움이 없이 운영되었지만, 대부분은 자발적인 기부금이나 프랑케를 비롯한 동역자들의 믿음에 의존하여 운영되었다. 프랑케는 주로 신학생들을 학교의 직원으로 채용하여 그들 스스로 재정적인 도움이 되게 할 뿐 아니라 실제적인 체험을 할 수 있는 기회를 제공하곤 했다. "1727년 임종을 맞을 때까지 프랑케는 각종 기관에 거의 4천 명에 이르는 직원을 채용, 유지

해 나갔다."⁴¹

이들 기관에 관하여는 특별히 두 가지 사항을 언급할 필요가 있다. 첫째, 이들은 모두 매우 의도적인 비전의 일부였다. 프랑케는 교회만이 아니라 교육 체제의 철저한 개혁을 통해서 독일 사회를 변화시키고, 나아가 전 세계에 영향을 미치려고 했다. 그는 모든 교육은 경건한 삶에 깊이를 더해 준다는 스페너식 사고와 실천적인 교육 개혁가였다. 그는 그의 학교들을 통해 경건주의적 영향력을 사회 각계각층에 스며들게 했다. 할레의 학교들이 매우 성공적으로 운영된 결과, 그의 교육방법이나 사상은 실제로 매우 폭넓게 확산되어 나아갔다.

둘째, 할레에서 일어난 일들은 독일 전역은 물론이려니와 다른 여러 나라에도 알려지게 되었다. 이는 부분적으로, 프랑케의 폭넓은 교류와 귀족들과의 친밀한 관계 그리고 런던을 비롯한 여러 지역에서 구축한 인간관계 덕택이었다. 그 가운데서도 특히 1705년부터 앤 영국 여왕의 남편인 조지 덴마크 왕의 궁정 목사 안톤 빌헬름 뵈메(Anton Wilhelm Bohme)와의 친교는 매우 중요한 의미를 가지고 있다.

뵈메는 1701년 런던으로 돌아와, 1705년부터 1722년 임종할 때까지 런던의 성 제임스 게르만 교회에서 영향력 있는 성직자로 재직하면서 프랑케의 대변인 노릇을 했다. 그는 프랑케의 저서들을 영어로 번역, 출판하는 일을 관장했고, 아른트의 진정한 기독교의 영어판을 출판하였으며, 독일에서 발송하는 프랑케의 수많은 서신들을 중개하는 역할을 했다. 1709년 뉴잉글랜드의 청교도 지도자 코튼 마더(Cotton Mather)와 프랑케 사이에 서신 교류가 시작된 것도 바로 그를 통해서였다.⁴²

프랑케가 영국의 「기독교 지식 증진 협회」(Society for Promoting Christian

Knowledge, SPCK)와 접촉을 갖게 된 것 역시 마찬가지였다. 프랑케는 실제로 1698년에 그 협회가 시작될 때부터 그 협회와 정기적인 접촉을 유지하고 있었으며, 그 협회 설립자도 프랑케의 사역을 잘 알고 있었다. 프랑케의 대변인들이 1698년 SPCK 지도자들과 협의한 결과, 덴마크 왕에게 건의하여 1706년 동인도의 덴마크 식민지로 파송된 프랑케의 제자이자 선교사인 바톨로마우스 지겐발그(Bartholomaus Ziegenbalg)와 하인리히 플루차우(Heinrich Plutschau)를 1711년까지 지원해 주었다.[43] 이러한 일들을 비롯한 다양한 활동을 통해, 프랑케는 "개신교 선교의 부흥에 관련된 두드러진 인물들 가운데 한 사람"이 되었다.[44]

목회자·교육자·제도 혁신가·행정가·정치평론가·개혁가로서의 역할을 통해, 프랑케는 독일 사회에 막대한 영향을 미치는 실질적인 방향에 경건주의적인 열정을 쏟아 부었다. 스퇴플러가 말하듯이, "세상 사람들의 상상의 세계를 너무나 잘 알고 있었던 프랑케는 각종 자선 기관의 창안가이자 설립자이며 평생의 지도자였다. 그리스도 교회의 장구한 역사 가운데 이같은 인물은 거의 찾아보기 힘들 것이다."[45]

프랑케가 할레에서 일했던 시기는, 두 가지 의미에서 경건주의의 제도화 시기로 규정될 수 있다. 첫째, 경건주의 영향 아래 할레 대학교가 설립되고 성장한 것은 경건주의의 제도적·신학적 원동력이 되었다. 둘째, 프랑케가 설립, 지도한 조직의 연결망은 그 운동을 사회적으로 강화시켰을 뿐 아니라, 독일을 비롯한 세계 여러 나라에 지속적인 영향을 줄 수 있는 토대가 되었다.

하지만 경건주의의 근간은 어디까지나 그 신학적 관점에 있었다. 스페너와 프랑케의 갱신을 위한 노력들은 단지 그리스도인으로서의 개인적인 체험이 아닌 교회의 신학을 전제로 하고 있었다. 이 두 개혁자들을 비교해 볼 때, 우리는 교회론에 있어서 근본적인 유사점과 아울러 뚜렷한 차이점을 발견하게 된다. 따라서 경건주의에 대하여 좀 더 깊이 있게 이해하려면, 반드시 이같은 비교가 선행되어야 한다.

스페너의 교회론

스페너의 사상에서, 특히 그리스도인들의 믿음과 체험의 공동체적인 성격에 대한 그의 관점이 중요한 위치를 차지한다. 그러한 관점은 그를 정통 루터교 뿐만 아니라, 그가 많은 영향을 받았던 신비주의 전통으로부터 어느 정도 분리시킨다. 스페너의 교회론은 교회에 대한 그의 정의와 교회에 관하여 특별한 의미를 지닌 세 가지 핵심 주제를 언급함으로써 요약된다.

스페너의 『경건한 열망』에 나타난 교회론은 다른 저술들에서 더욱 상세히 전개된다. 스페너는 루터교인으로서 교회란 하나님의 말씀이 선포되고 성례전이 올바르게 시행되는 곳에 존재한다는 말을 좌우명으로 삼았다.[46] 『경건한 열망』에서 그는 이렇게 말한다. "비록 우리의 개신교 루터교회(Evangelical Lutheran Church)가 참된 교회이고 순수한 가르침을 펴고 있기는 해도, 불행히도 이 교회는 우리가 슬픔에 가득 찬 눈으로 바라볼 수밖에 없는, 그런 상태에 있다."[47] 그럼에도 불구하고 스페너는 "하나님이 이 지상에 있는 당신의 교회에 이보다 더 나은 상태를 약속하셨다."고 확신하고 있었으며,[48] 바로 이로부터 갱신의 핵심적인 원동력이 흘러 나왔다.

『그리스도 교회에 관하여』(Of the Christian Church)라는 제목으로 1687년에 「마태복음」 22장 1~14절을 중심으로 설교하고 이듬해에 책으로 출판한 책에서 스페너는 '교회'를 다음과 같이 설명한다.

> '교회'란 하나님을 예배하기 위해 사용되는 건물을 의미하지 않는다. 사람들은 '교회'라는 말을 그리스도인들의 총체적인 집합체 또는 특정 모임으로 이해한다. 앞의 것은 보편적인 교회 그리고 뒤의 것은 개개의 교회를 의미한다.[49]

다시 말해서, 교회란 "특정 방식으로 서로 결합된 사람들의 모임 또는 집회"이며, 하나님의 백성(벧전 2:9)이자 양들의 모임이다.[50] 교회는 그리스도의 신부이자 그분의 나라다.[51]

이 설교에서 특히 두 가지 특징, 「에베소서」에서 반복적으로 언급되는 유기체적인 언어와 이미지가 두드러진다. 이 설교의 본문은 「마태복음」이지만, 스페너는 무려 17번이나 「에베소서」를 인용한다. 그리고 그 가운데 10회는 공동체, 몸, 신부로서의 교회에 관하여 언급한다(예를 들어, 「에베소서」 2:19-21, 4:11-169, 5:25-30: 「마태복음」 22장에 언급된 결혼식은 분명히 「에베소서」 5:25-30과 관련이 있을 것이다).

여기서 스페너는 사실상 교회에 대한 전통적인 입장을 취하고 있으며, 교회의 제도적인 측면보다는 공동체·백성·몸으로서의 본질적 성격을 강조함으로써 그 입장에 새로운 활력을 불어 넣고 있다. 교회는 그리스도로 말미암은 것이다. 다시 말해서, 교회는 "그리스도에게서 태어난다. 왜냐하면 교회는 그분이 소유하시기로 예정된, 그분에게 약속된 씨이기 때문이다.(사 53:10)"[52] 인류가 아담에게서 나왔듯이, "모든 신자들과 교회는 영적인 거듭남을 통해 두 번째 아담으로부터 나온다." 신자들은 "하나님의 교회 또는 하나님의 공동체가 된다."[53] "거듭남을 통해 우리는 진정한 교회의 일원이 된다."[54]

스페너의 논의는 유기체적인 이미지들로 가득하며 또한 '내적인' 교회와 '외적인' 교회 사이의 차이점에 대하여도 충분한 주의를 기울이고 있다.

'내적인' 교회는 참되고 거룩하고 살아 있는 믿음을 지닌, 그래서 외적인 모임에서 자기 자신을 찾을 뿐 아니라 그리스도께 자신의 죄를 고백하는 외로운 신자들, 그리고 그러한 믿음을 통해서 그리스도 안에서 참된 '머리'에 신실하고, 그분으로부터 생명의 수액과 정기를 받아 풍성한 열매를 맺는 신자들(요 15:4-5)로 구성되어 있다. 따라서 우리는 "외적인 그리스도 교회 전체를 많은 가지를 지닌 한 그루 나무로" 생각할 수 있다.[55]

스페너는 「에베소서」 4장의 교회 이미지에도 관심을 집중한다.

그리스도는 인간의 신체 사이의 관계로부터 '머리'라고 불리우기 시작했을 것이다. 머리는 지혜로 육체를 다스릴 뿐 아니라, 모든 움직임을 위한 힘이 거기서 나와 몸의 각 부분에 전달되게 마련이다. 그리스도는 꼭 이런 식으로 회중들의 머리가 되신다. 회중들이 각자 육체의 지체가 될 때, 선행을 행하는 모든 능력과 영적인 생명이 그리고 성령조차도 한 지체의 안

밖에서 흘러 넘쳐 다른 지체들에게로 쏟아 부어질 것이다.[56]

이같은 이상은 성경적이기는 하지만 스페너가 살던 시대의 교회의 공통적인 체험과는 분명 거리가 있었다. 이 점을 인정한 스페너는 유형·무형의 구분 또는 '내적인' 교회와 '외적인' 교회를 좀 더 특성있게 구분하는 것을 통해 그 거리를 좁혀 보려고 했다.[57] 하나님의 계획에 따라, 이제 진정한 신자들은 "만연되어 있는 부패에 물들지 않도록 다른 이들을 지켜 주는 소금"이다. 밀과 가라지는 함께 자라나지만, 심판 때에는 반드시 구분되고야 말 것이다.[58]

스페너가 강조하고 있는 신약성경적인 교회상은 그의 교회론의 바탕을 이루는 가장 근원적인 주제를 보여준다. 스페너는 자신이 신약에 있는 교회를 세우려고 한다고 생각했으며, 이같은 그의 태도를 어떤 이들은 초대교회를 모방하는 '우스운 짓'이라고 비난하기도 했다.[59] 그는 콘스탄틴 이전의 교회 역사 시기를, 디이터(Deeter)가 지적하듯이, "교회가 아직 세속의 때가 묻지 않았던, 기독교 세계의 찬란한 시대"로 보았다.[60] 스페너는 자기 자신을 생활과 도덕 그리고 교회의 공동체적 체험 면에서 루터에 의해 시작된 개혁을 완성하기 위해 노력하는 개혁가라고 생각하였다. 그때까지 교회는 자체의 논리적 귀결에 의해 개혁을 실행하는 데 실패했다.[61]

이상이 바로 교회에 대한 스페너의 개괄적인 입장이었다. 그 가운데 특히 세 가지 핵심적인 주제, 즉 거듭남, 만인제사장직, '작은 교회' 또는 '경건한 모임'이 그의 교회론에 독특한 점이다.

거듭남

'거듭남' 또는 '새로 태어남'이라는 주제는 스페너의 교회론에서 핵심적인 요소였으며, 최근 들어 가장 크게 부각되고 있는 요소다.[62] 스페너는 분명 믿음에 의한 의인이라는 정통 교리를 펼치면서도 '거듭남'이라는 유기체적인 개념이 그의 기독교적인 체험에 대한 이해에 있어서 역동적인 요인으로 작용했다.

스페너는 종종 거듭남에 관하여 설교했다. 그의 저서, 특히 『66편의 설교집』(*Der Hockwichtige Articul von der Wiedergebut*)이 1696년에 출판되었을 때, 거듭남이라는 주제는 그의 신학의 중심을 이루고 있었다.[63] 마르틴 슈미트(Martin Schmidt)에 의하면, 거듭남이라는 주제는 스페너 사상의 '내적인 의미'이자 '경건주의 신학의 기본 주제'였다.[64]

스페너는 세례와 칭의를 정통적인 입장에서 해석했으나 대다수의 교회들이 갱신을 필요로 하는 타락된 상태에 빠져 있다고 보았다. 이와 관련하여 존 베보르그(John Weborg)는 다음과 같이 지적한다.

> 스페너에게 있어서 타락한 사람이란, 세례를 받을 때 약속받은 새로운 언약의 삶을 기부한 사람을 말한다. 거듭남이란 하나님의 집으로 돌아가는 것이자 언약으로 돌아가는 것이다. 만약 세례의 은혜 안에 머물러 있을 수만 있다면, 거듭남은 세례에 부과되는 것으로서 모든 사람에게 필수적으로 요구되는 것은 아니었다.[65]

스페너에게 거듭남, 새로 태어남이라는 개념은 그의 신학 구성 요소 이상의 의미를 띠고 있었다. 그것은 스페너가 개인적인 영적 체험뿐 아니라 교회의 전체적인 흐름을 꿰뚫어 보는 기본 동기가 되었다. 스페너의 유기체적인 언어(법적인 언어가 아니라)와 은유의 사용에서, 우리는 그와 루터 사이의 명백한 차이점 또는 경건주의 운동의 핵심에 놓여 있는 일종의 '발상의 전환'을 발견하게 된다.

스페너에 의하면, 거듭남에는 세 가지 단계, 즉 믿음의 점화, 의인 및 양자됨 그리고 새 사람의 완성이 포함된다.[66] "스페너의 중생 개념은 결코 단순하지 않은 복잡한 개념"[67]이며 순간적이거나 단일한 행위가 아니라 사실상 여러 단계와 고비로 이루어진 하나의 과정인 것이다.

거듭남에 대한 이같은 강조는 최소한 두 가지 면에서 스페너의 교회론에 깊이를 더해 주었다. 첫째, 그의 유기체적 모델은 하나님이나 인간의 운명에 대한 신학적 관심뿐만이 아니라 교회의 실제적인 삶과 친교에 대한 관심을 반영한 것이다. 물론 이는 아른트의 신학 및 신비주의 정통과 맥락을 같이 하고 있다. 둘째, 스페너의 거듭남의 신학은 전반적인 교회갱신에 대한 그의 열망과 밀접히 관련되어 있다.

스페너는 하나님의 약속과 하나님의 백성의 갱신된 신실함에 토대를 둔 교회의 '보다 나은 시대'에 희망을 두고 있었다.[68] 그는 교회 자체가 거듭나고 갱신되는 것을 보고 싶어 했다. 그의 완전성에 대한 강조는 개인적인 체험의 완전성 뿐만 아니라 교회의 완전성(상대적인 의미에서)을 의미했다.

우리는 잡초가 없는 밭은 없다는 사실을 알고 있기에, 교회에 단 한명의 위선자도 없어야 한다는 식으로 교회에 대하여 완전성을 요구하지는 않는다. 우리는 교회가 명백한 잘못을 저지르는 일이 없기를, 어떠한 잘못을 저지른 사람은 적절한 치리(治理)를 받기를, 그리고 진정한 교회 구성원들이 그들의 믿음으로 인한 열매를 풍성히 거둘 수 있기를 바랄 뿐이다. 그러면 잡초들은 곡식들로 가려져 눈에 띄지 않게 될 것이다.[69]

발만(Wallmann)을 비롯한 여러 사람들은 스페너가 지니고 있던 '보다 나은 시대에 대한 희망'을 그의 종말론의 핵심으로 보았다. 성경은 분명히 교회의 갱신을 약속하고 있으므로 우리는 믿음과 소망 가운데 그러한 갱신을 위해 일해야 한다. 스페너에게 있어서 '보다 나은 교회'라는 개념과 '보다 나은 인간'이라는 개념은 서로 밀접하게 관련되어 있으며, 전자는 후자를 전제로 하고 있다.[70] 다시 말해서, 그리스도인들은 개인적인 체험에 있어서의 영적인 거듭남 뿐 아니라 교회의 거듭남, 갱신을 사모해야 한다.[71] 개인적인 체험에 해당되는 것은 교회 전체에 대하여도 마찬가지로 해당된다. 우리는 여기서 비록 초기 단계이기는 해도, 단순히 개인적인 체험의 신학이 아닌 교회갱신의 신학을 발견하게 된다.

영적인 제사장직

교회갱신에 대한 비전은 스페너가 '만인제사장직'을 새롭게 강조함으로써 기반이 더욱 굳건하게 다져지게 된다. 스페너는 "영적인 제사장직의 확립과 성실한 운영"을 그의 개혁 프로그램의 주안점으로 삼았다. "모든 그리스도인은 거의 예외없이 영적인 기능을 행할 수 있다. 비록 그 기능의 공식적·정기적 수행이 목회자들에게 위임되어 있기는 해도, 비상시에는 다른 사람들 역시 마찬가지로 그 기능을 수행할 수 있다. 특히 공식적인 행위와 무관한 일들을 가정에서 그리고 일상적인 삶 속에서 모든 이들에 의해 지속적으로 행해져야 한다."[72]

중생교리에 있어서와 마찬가지로 스페너는 여기서 루터 신학의 한 요소를 취하여 그것에 새로운 의미를 부여한다. 스페너에게는 '만인제사장직'이 교회 자체를 이해하기 위한 기본적인 범주가 되었다. 모든 교인들은 예수 그리스도라는 대제사장 휘하에 있는 제사장들이다. 스페너는 「베드로전서」 2장 9절을 「에베소서」 4장 11~12절의 가르침과 결합하여, 이 제사장직의 실질적인 의미를 다음과 같이 이끌어 내었다. "교사들과 설교자들은 교회를 세우는 일을 위해 임명된 일꾼이자 건축가로서, 성도들로 하여금 각자 맡은 바 사역을 성공적으로 해 낼 수 있게끔 준비시키는 역할을 한다."(엡 4:11-12). 그는 이어서 다음과 같이 말한다.

> 하지만 다른 그리스도인들 역시 영적인 제사장직을 바탕으로 기도와 훌륭한 모범 뿐만 아니라 각자 은총의 분량에 따라 가르침과 권고와 훈계와 책망과 위로로 교회를 세우는 일에 힘써야 한다(벧전 2:9). 목회자들 뿐만이 아니라 모든 그리스도인은 "택하신 족속이요 왕 같은 제사장들이요 거룩한 나라"다. 이를 바탕으로 그들은 항상 그들의 형제들과 다른 모든 사람들을 격려하여 (교회의 친교와 축복 면에서) 더욱 많이 노력해야 한다.[73]

1677년 스페너가 발간한 『영적인 제사장직』(The Spiritual Priesthood)이

라는 소책자는 그의 교회론에서 이 주제가 어떠한 의미를 지니고 있는지 그리고 그의 개혁 프로그램에 그것이 실제로 어떻게 관련되어 있는지를 잘 보여 준다. 이 소책자의 목적에는 남녀 평신도 모두가 중요한 역할을 담당하는 '은밀한 집회'와 '경건한 모임'의 활용에 대하여 신학적·성경적 정당성을 부여하는 일이 포함되어 있었다.[74] 스페너는 영적인 제사장직을, "우리의 구주 예수 그리스도께서 모든 사람을 위해 예비해 놓으신 권리이며, 그분께서 성령을 통해 모든 믿는 자들에게 부여해 주셨기 때문에 그들이 하나님이 기뻐하실 제사를 드릴 수 있고 그들 자신과 다른 사람들을 위해 기도할 수 있으며 그들 자신과 다른 사람들을 교화할 수 있는 권리"라고 정의한다.[75]

스페너는 영적인 제사장직이 '세례를 통한 거듭남'과 그리스도의 기름부으심에 바탕을 두고 있다고 주장한다. 여기서 '만인제사장직'이 예수 그리스도라는 대제사장으로부터 나왔다는 생각은 매우 기독론적인 해석이다. 스페너는 모두 그리스도인, 즉 "노인이나 젊은이나, 남자나 여자나, 노예나 자유인"이 영적인 제사장이라고 주장한다. 실제로 "사제(제사장)라는 호칭은 모든 그리스도인에 대한 일반적인 호칭이지 특별히 목회자들에게만 해당되는 것은 아니다. 우리는 목회자들이 맡은 직분을 생각해 볼 때 그들을 엄격한 의미에서 제사장이라고 불러서는 안 된다."[76]

스페너는 영적인 제사장의 직분을 희생제사, 기도와 축복, 하나님의 말씀을 전하는 일로 세분한다.[77] 공식적인 목회자들이 '목회 사역'을 위해 존재하고 또 '특별한 소명'을 필요로 하는 한편, 모든 신자들은 그들 스스로 개인적으로 그들 사이에서 이같은 영적인 기능을 행할 권리와 의무를 지니고 있는 것이다. 신자들은 "자신을 위해서 그리고 다른 사람들 사이에서 그들과 더불어" 하나님의 말씀을 실천해 나가야 한다. 그들은 또한 그들의 설교자의 가르침을 검증하기 위해 성경을 연구해야 한다.[78]

이런 점들을 감안하여, 스페너는 "다른 사람들의 구원과 교화에 대한 신자들의 의무를 이행함에 있어서 교회 안에서 신자들은 서로 교화하고 말씀을 실제로 적용해야 한다."고 주장한다.[79] 성도들의 모임은 천상(天上)의 일이 아니라 지상(地上)의 친교를 위한 것이다. "하나의 영적인 몸" 안에서 성도들은 이런 모든 일들을 위해 성경을 활용해야 하며, "성경이 곳곳에서 가르치고 있는 것처럼 서로 훈계하고 권면하고 책망하고 위로해야 한다."[80] 이같은 일들은 "하나님이 각자에게 베풀어 주신 은사에 따라 정규적인 목회의 공적인 임무에 방해됨이 없이 기회가 있을 때마다 개인적인 차원에서 행해져야 한다."[81] 이는 가족 안에서 말씀을 가르칠 때 뿐 아니라 가정 집회에서도 지침으로 삼아야 할 중요한 교훈이다. 스페너는 다음과 같이 구체적이고도 실제적인 조언을 한다.

> 경건한 마음을 지닌 사람들이 함께 모여 성경을 읽을 때에는, 각자가 성경을 통해 이해한 바를 그리고 다른 사람들의 교화를 위해 도움이 되리라고 생각되는 것들을 겸손한 자세로 그리고 애정을 담아 서로 나눌 수 있어야 한다.[82]

이러한 모든 의무들을 "부모가 자녀들이나 식구들에게 신실한 자세로 이행해야 할 뿐 아니라 모든 그리스도인들이 그들의 형제자매들

에게 이행해야 할 의무라는 점에서" 우리는 모두에게 관련되어 있다.[83]

스페너는 여기서 여성의 역할에 대하여 분명히 밝히고 있다.

> 여성들도 이러한 제사장의 임무에 참여하십시오. 거기에는 분명 유대인도, 헬라인도, 노예도, 자유인도, 남성도, 여성도 없습니다. 모든 사람들은 예수 그리스도 안에서 하나입니다(갈 3:28). 따라서 그리스도 안에서 영적인 것에 관하여는 남자와 여자 사이에 차이가 전혀 없습니다. 하나님은 믿음이 있는 여자들에게 영적인 은사를 베풀어 주시어 남자들과 마찬가지로 위엄을 갖추게 해 주셨습니다(욜 2:28-29; 고전 11:5). 그러므로 그들이 정당하게 그 은사를 사용하는 것을 막을 수 없습니다. 사도들 역시 그들과 함께 일하면서 남성들을 교화하는 일에 앞장섰던 신실한 여인들에 관하여 언급하고 있습니다. '하지만 여성들이 가르치는 일이 금지되어 있지 않습니까?' 그렇습니다. 공개적인 집회에서는 분명히 금지되어 있습니다. 그러나 「고린도전서」 14장 34절과 「디모데전서」 2장 11절 등의 말씀으로 미루어 보건대 공개적인 집회 외에서는 여성들에게도 가르치는 일이 허용된다는 것을 알 수 있습니다.[84]

스페너는 이어서 '경건한 모임' 개념을 확실하게 옹호하면서 적당한 질서를 유지하는 가운데 그 같은 모임들을 권장할 수 있는 방법을 목회자들에게 가르친다.

영적인 제사장직을 강조하는 스페너의 입장 가운데 한 가지 흥미로우면서 교회론적으로 큰 의의를 지닌 측면은 그가 영적인 제사장직을 성례전과 관련시키고 있다는 점이다. 성례는 영적인 제사장직으로

들어가는 입구다.⁸⁵ 그리고 성만찬은 사랑의 축제이자 빵을 나누는 가운데 우리가 한 몸이라는 의식을 심어 주는 예식이다.⁸⁶ 그리스도의 희생과 대제사장직에 바탕을 둔 영적인 제사장직은 성례전적인 친교 그자체다. 이렇게 스페너의 성례전 신학은 '만인제사장직'이라는 맥락과 그 교회론적 의미 안에 자리 잡고 있다. 베보르그는 다음과 같이 말한다.

> 주의 만찬의 중요성은 단순히 어떤 성례전 신학에 의해 결정되는 것이 아니다. 그 중요성은 '만인제사장직'이라는 보다 큰 교리에 비추어 볼 때 좀 더 분명히 드러나게 된다. 주의 만찬은 이러한 제사장직 안에서 거행되는 의식이다. 그리스도께서는 이 식사를 제도화하심으로써 제사장직의 성격을 규정지으셨다.⁸⁷
>
> 그러므로 "성찬식은 대제사장이신 그리스도에 의해 이루어진 행위이며, 이를 통해 그분은 모든 신자들과 자신을 그리고 신자 서로간의 관계를 정화, 유지해 나가신다. 성찬식은 곧 그리스도께서 신자들을 배불리 먹이시고 그들이 제사장으로서 한 몸임을 다짐하는 의식이다."⁸⁸

이렇게 영적인 제사장직을 강조하는 가운데 스페너는 종교개혁 교리를 새롭게 강조했을 뿐만 아니라 그의 교회론을 훨씬 더 생동감 있고, 덜 제도적인 용어를 사용하여 전개하였다. 이는 교회에 대한 그의 근본적인 정의와 중생에 대한 강조와 맥을 같이 한다. 스페너의 교회론은 교회의 갱신된 삶 그리고 그것에 대한 실제적인 목회적 관심으로부터 나온 것이었다. '만인제사장직'이라는 교리는 성례전에 관한 교리와 함께 스페너의 교회론에 나타난 이같은 발상의 전환에 의해 새롭게 다듬어졌고 새로운 생명을 얻게 되었다. 이처럼 보다 은사주의적이며 덜 제도적인 교회론이 친교, 상호 교화, 훈련 그리고 성령의 은사를 강조하며 모습을 드러내게 되었다.

'경건한 모임'

우리는 스페너가 제안한 '작은 교회' 구조, '경건한 모임'을 바로 위에서 설명한 맥락에서 이해해야 한다. 그에게 있어서 그러한 모임은 단순히 목회 전략의 문제가 아니라(그렇다 하더라도), 개혁자의 근본적인 교회론에 굳게 자리 잡은 중요한 요소였다.

『경건한 열망』에서 스페너는 "교회 모임의 초기 모습과 사도적인 형태를 재도입할 것"을 제안하면서[89] 「고린도전서」 14장 26~40절을 성경적 근거로 제시하였다. 이같은 스페너의 입장에서 교회갱신을 위한 최고의 희망은 '영적인 제사장직'이라는 맥락 안에서 하나님의 말씀을 회복하는 것이었다. "말씀을 설교하는 것 뿐 아니라 말씀을 읽고 명상하고 그것에 관하여 토론하는 것은(잠 1:2) 무엇인가를 개혁함에 있어 주요한 수단이 되어야 한다. 하나님의 말씀은 우리들 안에 있는 모든 선한 것들이 자라날 수 있는 씨앗이 되어야 한다. 열성적이고도 진지한 성경공부를 통해 신자들은 모두 다른 사람으로 거듭날 수 있을 것이다."[90]

스페너는 신학적으로는 모든 신자의 영적인 제사장직에 그리고 실제적으로는 신자들이 하나님의 말씀을 통해 성령 안에서 서로 세워 줄 필요성에 '경건한 모임'의 바탕을 마련하고 있다. 『영적인 제사장직』이라는 저서에서 스페너는 다음과 같이 충고한다.

만약 선량한 몇몇 친구들이 종종 만나서 함께 설교 내용을 되새기고, 성경을 읽고, 그들이 들은 것들을 실천에 옮길 방법에 관하여 논의한다면, 그것을 결코 잘못된 일이 될 수 없을 것이다. 하지만 그 같은 모임이 어떤 분파처럼 보이지 않기 위해서는 규모가 그리 커서는 안 된다. 또한 공식 예배를 무시하거나 비난해서도 안 되고, 정식으로 임명된 목회자들을 경멸해서도 안 된다.[91]

스페너는 그러한 소그룹 모임에 모이는 사람들이 다른 사람들보다 더 신실한 신자들이라고 보지는 않았다. 그는 영적인 제사장직을 바탕으로 전체 교회 내부로부터 일어나는 개혁에 관심을 두고 있었다. 베보르그는 이렇게 말한다. "이같은 소그룹 모임은 '숨겨진 교회' 그 자체가 아니라, '숨겨진 교회'가 '눈에 보이는 교회'를 갱신할 수 있는 기회다. 교회는 하나님처럼, 숨겨져 있기도 하고 드러나기도 한다."[92]

스퇴플러도 이와 비슷한 취지의 말을 한다.

'경건한 모임'은 교회가 초기 기독교 공동체의 모습을 드러내기 위해 다시금 도입해야 했던 방편이었다. 그것은 '진정한' 그리스도인들을 다른 그리스도인들로부터 분리시키기 위한 수단이 아니라 새로운 개혁의 주요한 측면들 가운데 하나였다. 그것을 통해서 목회자들과 헌신적인 평신도들은 교리의 개혁에 삶의 개혁을 더하기 위해 일제히 동참해야 했다. 그 모임이 스페너의 반대자들에 의해 그토록 배척당했던 것은 바로 이같은 개혁적인 성격 때문이었다.[93]

앞에서 지적한 것처럼, 스페너는 목회자들의 훈련 사역을 돕고 제사장직을 실제로 작용하는 기능으로 바꾸기 위해 교회 안에 장로회를 구성할 것을 주장했다. 스페너의 입장에서는 '경건한 모임'이 장로회의 전(前)단계라는 의미를 지니고 있었다.[94] 지난 수십 년간 북미의 새로운 기독교 교회와 공동체들 가운데서 성장했던 내부적인 회중 구조가 본질적으로 이와 같은 유형에 속한다.

요약하면, 스페너의 저술들은 스페너가 신자들의 영적인 체험 뿐 아니라 교회 전체의 갱신에 관심을 가졌고, 그러한 갱신을 이룩하기 위한 신학과 전략 모두를 개발했다는 사실을 보여 주는 것이다. 영적인 체험은 스페너에게 가장 중요한 초점이었다. 그러나 그의 교회론과 개혁 프로그램에는 교회 전반에 걸쳐 그러한 영성의 성장과 확대를 조장하려는 의도가 내포되어 있었다.

프랑케의 교회론

독일 경건주의의 지도적 인물로서 스페너의 영적인 아들이자 계승자인 프랑케는 근본적으로 그의 스승의 신학을 새롭게 지지하였다. 스페너와 마찬가지로 루터교와 아른트 전통 속에서 양육된 프랑케는 스페너의 특성을 그대로 이어받은 경건주의자였다. 하지만 프랑케의 교회론 가운데에는 독특한 강조점과 특징이 보인다.

프랑케의 경건주의는 다음과 같은 세 가지 강조점을 가지고 있다.

- 회심 체험. 오늘날 '기독교적 체험의 심리'라는 것에 대한 강조.

- 기독교적인 양육. 특히 훈련, 규율, 생활규칙 면에 대한 강조.
- 이웃과 곤궁한 사람들에 대한 선행의 강조.

이같은 강조점들은 경건주의에 일반적으로 나타나는 내용이지만, 프랑케에게서 특히 두드러지게 나타나 있다.

프랑케의 관점은 다음과 같이 요약될 수 있다.

첫째, 프랑케는 스페너가 이룩해 놓은 토대를 취하면서도 스페너보다는 교회론에 관심을 덜 기울였다. 경건주의자들은 자신들이 어떤 새로운 교리를 만들고 있다고 생각하지 않았다. 무엇보다도 교회의 삶을 갱신하는 일에 관심을 두었던 그들은, 처음에는 정통 루터교 강령의 범위를 넘어선 어떠한 신학에도 관심을 두지 않았다. 스페너처럼 프랑케도 정통 루터교인으로 자처했다. 그는 개혁에 관한 스페너의 입장과 개혁 프로그램을 수용하였으므로 『경건한 열망』 등 여러 저술에서 전개된 스페너의 교회관을 받아들였다. 더욱이 그는 경건주의자들 사이에서 스페너의 프로그램이 어느 정도 실현되고 있다고 생각하고 있었다. 이렇게 볼 때 프랑케는 분명 스페너가 마련해 놓은 토대 위에 서 있었다.

엄밀히 말해서, 이렇게 스페너가 마련해 놓은 토대를 취했기 때문에 프랑케의 사상은 스페너의 사상보다는 덜 교회론적인 성격을 띠고 되었다. 프랑케는 '만인제사장직'에 대한 생각이나 스페너의 사상과 프로그램에 나타나 있는 새로운 강조점들(발상의 전환)의 이해 면에서 철저하지 못한 경향을 나타내고 있다. 스페너에 비하면 프랑케는 '만인제사장직'을 거의 강조하지 않은 편이었다.[95] "그(프랑케)의 주된 관심사는 신자 개인의 그리스도인으로서의 삶이었다."[96] 그가 주력했던 분야는 주로 할레 대학교와 할레에 있는 경건주의 기관들을 거점으로 해서 경건주의적인 개혁을 실행하고 확대하는 것이었다.

스페너는 교회에서 개혁의 시동을 거는 일에 관심을 두고 있어서 교회갱신 신학과 교회론이 필요했다. 반면에, 프랑케는 경건주의에 의해 태동된 개혁 의지를 확대시키는 데 관심을 두고 있었으며, 따라서 교회론보다는 그리스도인으로서의 체험에 관한 신학을 더 필요로 했다.

둘째, 프랑케는 스페너의 중생에 관한 교리에 변화를 주어, 그것을 그의 기독교적인 체험에 관한 신학의 중심에 두었고 그것에 교회론적인 의미보다는 심리적인 의미를 부여했다. 프랑케의 신학에서 핵심 주제는 회심(Busskamph)이었다.[97] 이점에 있어서 프랑케와 스페너의 차이점은, 프랑케의 저서 『니고데모』(Nicodemus)와 스페너의 『경건한 열망』을 비교해 보면 분명히 알 수 있다. 『경건한 열망』과 마찬가지로 『니고데모』는 목회자들을 위해 씌여진 책으로 '그리스도의 몸'이라는 이미지를 사용한다. 하지만 프랑케는 개혁을 제안하기에 앞서 '인간의 두려움'을 교회의 가장 큰 문제로 제기한다.[98] "그래서 인간의 두려움은 참된 기독교의 반대말이 되었는데, 그것은 분열된 마음을 치유하시는 하나님을 더 깊이 체험함으로써 극복될 수 있다. 이 문제를 어떻게 처리하느냐에 따라 사고의 방향 전체가 좌우된다."[99]

맨프레드 콜(Manfred Kohl)은 다음과 같이 기술한다.

프랑케가 '회심'(Bekehrung)라는 적극적인 용어를 쓰고 있는 반면, 스페너는 '중생'(Wiedergeburt)라는 비교적 소극적인 용어를 쓰고 있다. 프랑케는 한 사람의 영혼 안에서의 옛 사람과 새 사람의 투쟁, 즉 '참회의 투쟁' (Busskampf)에 관해 되풀이한다. 그는 오직 극렬한 출생의 고통과 참회를 통해서만 새 사람이 전면(前面)에 나설 수 있다고 믿었다.[100]

어떤 사람들은 프랑케의 '심리학적 경향'[101] ─내적인 체험에 대한 강조와 회심에 수반되는 과정─에 대하여 특별한 관심을 나타내곤 했다. 프랑케는 은총의 선물로서의 구원에 대한 루터의 강조와 그리스도인의 윤리적 책임을 조화시켰다. 새틀러(Sattler)는 이렇게 말한다. "자기 성찰은 할레 경건주의자들의 심리에서 매우 중요한 위치를 차지한다. 그들의 마음과 정신과 양심은 성경에 비추어 그리고 그리스도인으로서의 삶에 대한 경건주의적 관점에서 끊임없이 해부되고 숙고되고 있다."[102]

프랑케는 "기독교에서 거듭남의 교리보다 더 중요한 교리는 없다."고 하면서 그리스도 안에서의 새 삶은 "진정으로 새로워지는 것" 그리고 어떤 사람의 삶이 단계적으로 그리고 점진적으로 갱신된다 하더라도 "그 사람 안에 하나님의 형상이 진정으로 되살아나는 것"이라고 주장했다.[103]

회심에 대하여 특히 영적·심리학적 해석을─아마도 그 자신의 체험을 반영하여─내렸다는 점에서 프랑케는 스페너와 약간 다른 면모를 보였다. 데일 브라운이 지적하는 것처럼, "프랑케의 극적인 회심 체험과 죄책감, 걱정, 슬픔, 기쁨 등의 감정에 대한 심리 분석은 그의 체험신학으로 하여금 스페너의 신학보다 훨씬 더 주관적이고도 감정적인 성격을 띠게 만들었다."[104] 교회론적으로 이는 스페너의 친교와 연합된 삶 그리고 제자훈련에 대한 강조로부터 개인주의 및 주관주의로의 이동을 뜻한다.

프랑케는 훈련, 교육, 생활규칙을 특히 강조했다.[105]

경건주의의 토대가 더욱 굳건해지고 할레가 경건주의의 중심지로서 확고한 위치를 굳혀감에 따라 프랑케는 교회 개혁자로서보다는 교육 개혁자로서의 성격을 더 짙게 띠기 시작했다.

사람들은 이런 면에 있어서의 프랑케의 신학과 사역 사이의 내적인 일관성에 주목한다. 프랑케에게는 만사가 교육과 훈련(물론 거듭남의 과정을 통해서 가능한)에 달려 있었고, 그의 개혁을 위한 노력도 주로 이 분야를 중심으로 이루어졌다. 콜이 지적하듯이, "그가 모든 타락의 원인이라고 생각했던 젊은 세대에 대한 가정교육이 그로 하여금 여러 기관을 설립하게 만든 것이지 단순히 고아들을 구제하기 위해서가 아니었다."[106] 프랑케는 경건주의 원칙에 뿌리를 둔 새로운 젊은 세대를 길러낼 생각을 하고 있었기에 신학, 교육이론, 교육시설 그리고 효과적인 홍보 조직(할레 대학교 동창생들을 중심으로) 등을 발전시켜 나갔다. 콜은 이렇게 말한다.

프랑케는 오랜 기간에 걸쳐 깊이 있는 기독교적인 영향을 줌으로써 보다 나은 세대를 형성해 나아가려고 했다. 프랑케와 그의 측근들은 이같은 궁극적인 목표를 위해 일하면서 생활의 모든 면에서 엄격한 규율을 요구했다. 할레에서 그랬던 것처럼, 빈틈없는 교육 체계는 프랑케가 인간의 삶을 형성시키고 돌보아 주는 방법이었다. 그의 '참회의 투쟁'는 바로 이러한 맥락에서 이해되어야 한다.[107]

프랑케의 신학에서는 회심과 하나님에 대한 영적인 체험이 중심을 이루고 있지만, 회심 체험은 보다 큰 과정 안에 놓여 있었다. 콜은 이렇게 말한다. "지나치게 단순화시키는 말일지 모르지만 사람은 '참회'와 '회심'이라는 두 개의 기둥을 스스로의 힘으로(물론 하나님의 도움이 있어야 하지만) 세워야 하며, 하나님은 이 두 기둥 위에 '중생'이라는 아치를 얹어 주신다."[108] 프랑케는 하나님의 계명을 주로 회심으로 이끌기 위해서 회개하지 않는 자에게 주시는 말씀으로 보았다. 콜은 다음과 같이 지적한다.

> 프랑케에게는 인간이 계명으로부터 시작하여 한편으로는 인간의 허약함을 인정하고 또 한편으로는 하나님의 자비로움을 인정하고, 자연스럽게 회개와 자기부인과 하나님의 용서를 받아들이는 것으로 이어져 믿음으로 끝나게 되는 교육 프로그램에 참여하는 것이 반드시 필요하다고 생각되었다. 그때가 되어야 인간을 성화로 이끌어 주는 과정이 완결된다. 유기적 발전의 과정에서는 단계적인 진전이 따르게 마련이다.[109]

여기서 우리는 교회에서 학교로 그리고 교회론에서 교육학으로의 전환을 보게 된다. 우리는 또한 프랑케가 평생 교육자(비록 목사기는 했어도)였다는 것과 교회에 대한 그의 공식적인 체험이 교구를 배경으로 한 '경건한 모임'이 아니라 대학생들로 구성된 성경공부모임이었다는 것을 기억한다. 스페너가 갱신은 교회개혁을 통해서 오는 것으로 보았던 반면, 프랑케는 교육적 개혁을 통해서 온다고 보았다. 이러한 두 가지 접근 방법은 서로 보완적인 작용을 했을지도 모르나 상당히 다른 교회론을 바탕으로 하고 있었다는 것 또한 사실이다.

요약하면, 스페너와 프랑케는 영적인 체험과 거듭남 그리고 단지 교리만이 아닌 삶의 원천으로써 성경의 중요성을 강조하고, 교회와 그리스도인으로서의 삶에 대하여 유기체적인 이해를 했다는 점, 그리고 개혁의 가능성을 낙관했다는 점에서 서로 비슷했다. 하지만 그들은 프랑케가 신학과 실제적인 측면에서 개인의 기독교적인 체험, 교육과 훈련 그리고 교육 프로그램을 통한 사회개혁을 더 강조했다는 점에서 서로 달랐다.

경건주의의 내적인 원동력

콜은 "경건주의 신학에서 부흥의 대상은 언제나 개인이었다. 하지만 부흥의 궁극적인 목표는 개인의 회심과 교회의 갱신을 통한 세상의 변화였다."[110]고 기술한다.

교회의 갱신과 교육 개혁이라는 두 개의 물줄기는 날로 그 영향력을 더해 갔다. 맥니일은 이렇게 말한다. "영국에서의 청교도들과 비국교도들의 영향에 비교할 때, 독일의 경건주의는 대중 교육에 커다란 영향을 주었을 뿐 아니라 보다 큰 중요성을 띠고 있었다. 경건주의자들은 처음으로 대학 강의에서 자국어를 사용하였고, 교육의 기술적·실제적 측면을 발전시켰다."[111]

스페너와 프랑케의 경건주의가 프로이센의 부상과 다른 외적인 요인들의 덕을 상당히 보았다는 데는 의심의 여지가 없다.[112] 그러나 여기서 중요한 것은 운동으로서 경건주의의 내적인 원동력이다. 어떤 구조, 어떤 활동 그리고 어떤 사상이 이 운동의 성장과 확산을 밑받침하고 있었는가? 우리는 여기서 스페너와 프랑케가 이끌어 갔던 '작은 교회' 또는 그러한 모임들의 다양한 형태와 할레 경건주의의 내부 구조를 검토해 보는 것이 도움이 될 것이다.

경건주의자들의 '경건한 모임'은 메서디즘 조직에서의 '신도반 모임'(class meeting) 만큼 탁월하고 중심적인 구조가 되지 못했다. 하지만 운동으로서의 경건주의가 지닌 상당량의 영적인 에너지가 스페너를 비롯한 여러 사람에 의해 독창적으로 형성된 '모임'들의 조직망을 통해 생겨났다는 것만은 틀림없는 사실이다. 스페너는 그를 비판하는 사람들과 마찬가지로, 신자들을 믿음으로 결속시키는 '급진적' 의식에 내포된 잠재력을 분명히 인식하고 있었다. 디이터는 이렇게 말한다. "경건주의를 위한 스페너의 프로그램 중 대부분은 수많은 기독교적인 공동체의 일상 속에서 상당한 성과를 거두었다. 그러므로 당시에 스페너의 저서들에 의해 야기된 혁명적 대변동은, 그의 관점을 기독교의 본질적 성격으로 당연시하던 사람들에게는 매우 이해하기 힘든 것이었다."[113]

우리는 경건주의자들의 '모임' 활성화가 『경건한 열망』 출간 5년 전인 1670년, 프랑크푸르트에 있는 스페너의 교구에서 시작되었다는 사실을 알고 있다. 그때 이미 성인 교리반과 설교는 상당히 긍정적인 반응을 얻고 있었다. 바리새인들의 의에 관한 스페너의 설교를 듣고 나서, 수많은 교구민들은 그들이 어떻게 하면 스페너가 주창한 것처럼 성경을 그들의 중심적인 지침으로 삼을 수 있는지에 관하여 좀 더 상세한 지도를 받기 위해 그를 찾아 왔다. 처음에 스페너는 목사의 통제로부터 독립된 소규모 성경공부모임을 제안했으나, 그 후 동료 목사들과 의논을 하고 나서는 분리주의의 위험을 막기 위해 자신이 직접 그 모임들을 이끌어 가기로 결정했다. "이러한 그의 계획에 그의 동료 목사들과 시의회의 종교 감독관들 모두가 전적으로 동의하고 협력하였다."[114]

스페너는 곧 그의 집에서 일주일에 두 번씩 토론과 기도를 위한 비공식 모임을 열기 시작했다. 디이터는 이렇게 말한다.

일반적인 관행들이 점차 이 모임들에 자리 잡기 시작했다. 월요일 모임에서 스페너는 그의 주일설교 내용 중 핵심적인 내용과 그 성경적 가르침을 간략하게 되풀이 했고, 참석자들은 자신들의 실생활과 공동체 그리고 일상적인 일에 그 메시지를 구체적으로 어떻게 적용할지를 논의하곤 했다. 그리고 수요일 모임에서는 특정 성경구절이 짤막하게 설명되고 나서 토론을 거쳤는데, 이 때 기도에도 많은 시간이 할애되었다.[115]

스페너 자신은 다음과 같이 설명했다.

나는 지난 주일에 했던 설교를 요약 형식으로 되풀이하거나 신약성경의 몇 구절을 읽어 주었고, 참석자들은 그 내용들에 관하여 토론을 벌이곤 했다. 사람들은 점차로 이러한 관행이 몸에 젖어들기 시작했다. 하지만 남자들과 여자들은 서로 분리되어 서로 마주 볼 수 없었다. 주제는 언제나 우리의 삶에 가까이 적용할 수 있는 성경 말씀이었다. 그들의 목표가 좀 더 많은 것을 배우려는 것이 아니라 좀 더 경건해지는 것이었기 때문에 어려운 성경구절들에 대하여는 오직 새로운 자극을 겸손한 마음으로 받아들이

겠다는 마음으로 접근하였을 뿐 결코 학문적인 입장에서 접근하지 않았다. 교화의 가치가 별로 없어 보이는, 극단적으로 어려운 구절들은 미련 없이 건너뛰곤 했다.[116]

이같은 일반적인 관행이 근 12년 동안이나 계속되었고, 그 사이에 『경건한 열망』이 출간되었다. 처음에는 하층 계급의 사람들이 모임을 주도해 나갔으나, 점차 모임의 수와 인기가 높아지면서 비교적 학식과 교양을 갖춘 사람들이 모임을 이끌어 나가기 시작했다. 스페너의 지도 아래 있는 사람들의 모임이 분리주의자들의 모임이라는 비판이 일어나고 또 그의 집에서 열기에는 모임의 규모가 너무 커지게 되자, 그는 그 모임을 교회 건물로 옮겼다. 비록 스페너가 다음과 같은 말을 남기기는 했지만 말이다. "손실이 전혀 없는 것은 아니었다. 집에서는 그들 자신과 다른 사람들의 발전을 위해서 무언가 자주 이야기하던 중산층 사람들 몇 명이 공공장소에서는 그만 입을 다물기 시작했고, 따라서 이전에 거두었던 결실 가운데 일부가 상실되었다."[117] 규모와 장소의 변화가 구역모임이나 가정에서 이루어지는 친교의 특징인 친밀성과 자발성을 상실케 함으로써 '모임'의 내적인 원동력에 변화가 일어난 것이었다. 이는 분명히, 오늘날에도 깊이 생각해 보아야 할 중요한 교훈이다.

결국 이러한 모임들은 독일과 스칸디나비아 전역에 걸쳐 수용되고 모방되었지만 스페너 시대에는 가히 혁명적이라 할 수 있는 것이었다. 디이터는 이렇게 말한다.

'경건한 모임'들의 주된 문제는, 그들이 교회라는 보다 큰 몸에는 널리 전파되기 어려운 급진적 기독교로 참석자들을 이끌어 갔다는 점이다. 그리고 동료 교인들이 그처럼 급진적인 그리스도인으로서의 삶을 받아들이는 속도가 너무나 느린 데 대하여 좌절을 느낀 일부 신자들이 분리되어 나가기 시작했다는 점이다. 그래서 그들은 '모임'이나 '셀 조직'을 교회와 동일시하는 경향이 있었으며, 분리주의자들의 모임을 형성하고 보다 큰 몸, 즉 교회로부터 상당히 독자적으로 움직여 나가곤 했다. 스페너의 가까운 친구들과 초기의 제자들 가운데는 교회를 떠난 이들 분리주의자들에게 합류해 들어간 사람들이 상당수 있었다.[118]

이러한 과정에서 '모임'들에 대한 스페너의 열정은 점차 식어갔으며, 나중에 그는 이 '모임'들을 거의 활용하지 않게 되었다. 그러나 뷔르템베르그 경건주의는 스페너를 따라 '모임' 형식을 상당히 폭넓게 채택하였다. 그곳의 집단들은 '헌신적인 시간'(Stunden)이라 불리어졌고, 평신도들이 이끌어 나가는 경우가 많았으며, 교회의 예배 생활과 밀착되어 있었다.[119]

그러한 가정 모임들은 곧 독일 전역에 빠른 속도로 확산되어 갔으며, 그 운동의 내적인 원동력이 되었다. 콜은 이렇게 말한다.

이들의 모임은 성경공부와 집단적인 영적 치유를 결합한 형태로 간주될 수 있다. 부흥은 예배의 결과가 아니라 대부분 개인의 집에서 열리곤 했던 이처럼 단순한 모임에서 기대되었다. 여기서는 모든 사람에게 영적인 제사장으로서의 행위가 요구되었다. 그리고 모두가 서로서로에게 경고하고 질책하고 위로할 수 있었다. 경건주의는 가능하면 보통 사람들의 영적인 수준과 부합하고 그들과 같은 언어를 사용하는 사람들이 단순한 메시지를 가지고 그들에게 접근하는 일에 늘 관심을 갖고 있었다.[120]

이들의 개방성과 평등주의는 계급간의 차별을 없애고 봉건주의가 해체되는 과정을 촉진시킨 것으로 평가되고 있다. "경건주의에서는 무엇보다도 평등이 강조되었다."[121] 이 문제와 관련하여 태퍼트는 다음과 같이 주장한다.

성직자와 평신도 사이에 전부터 존재했던 차별은 신자들의 영적인 제사장직이 강조되는 가운데 그 상당 부분이 완화되었을 뿐 아니라 다른 계층간의 차별도 주인과 노예, 지배자와 피지배자, 부유한 자와 가난한 자의 긴밀한 친교 속에서 훨씬 덜 첨예화되었다. 이같은 일들이 경건주의자들의 '은밀한 집회'에서 싹터 나올 때가 많았다.[122]

비록 지역에 따라 다소 다른 형태를 취하기는 했지만, '모임'들의 공통적인 특징에는 다음과 같은 것들이 있었다.
첫째, 개인 집에서 편안히 만날 수 있을 만큼 비교적 적은 수의 사람들로 구성되어 있었다.
둘째, 상호 교화를 목적으로, 성경공부와 기도와 영적 토론이라는 세 가지 요소가 결합되었다.
셋째, 정상적인 예배 의식에 비하면, 훨씬 자유로운 분위기였다.
넷째, 여러 계층이 뒤섞여 있었다.
다섯째, '만인제사장직'의 신학적·실제적 의미가 이해되고 있었다.

여섯째, 평신도들이 주도적인 역할을 담당했다.

콜은, 이 '모임'들이 고백의 기능을 십분 활용하여 많은 평신도들로 하여금 교회에서 영적인 지도자의 위치에 오르게 했다는 점을 매우 중요시한다.

> 사람들은 모두 '영적인 아버지'에게서 조언을 구했기 때문에, 때로는 목사가 다른 교인들보다는 더 자주 고해 신부의 역할을 했을 것이다. 이같은 '그리스도 안에서의 부모들'은 하나님 나라의 건설이라는 경건주의적 개념에서 매우 중요한 역할을 담당했다. 왜냐면 사람들의 고백을 들어 줄 뿐 아니라 모든 영적인 규칙과 규정에 맞는 영적 생활을 이끌어 주고 새로운 모임에서 기도 모임을 시작하는 것이 그들의 책임이었기 때문이다. 많은 이들이 평신도 복음전도자나 평신도 선교사가 되고 싶어했다.[123]

따라서 '작은 교회'들의 조직망은 성직자들 이상으로 그리스도인들의 사역을 실제적이고도 실천적인 차원으로 확대시키는 근간이 되었으며, '만인제사장직'은 단순히 신학적·영적인 의미에서 뿐 아니라 그 이상의 구체적인 형태로 나타났다.

독일과 스칸디나비아 그리고 신대륙의 루터교인들 사이에 널리 퍼져 나간 '작은 교회'들의 무수한 조직망은 할레 경건주의가 영향력을 갖는 데 커다란 밑받침이 되었다. 경건주의의 성장으로 프랑케에게는 많은 청중과 지지자들이 생겨났다. 할레에 있는 그의 기관(교육기관)들은 그에게 개혁 운동에 필요한 인적·물적 자원을 제공하였으며, 프러시아 왕실의 호의로 전략적인 문까지 열리게 되었다. 목사와 대학 교수로서의 역할을 뛰어 넘어 가면서 프랑케가 할레에 이룩한 거점은 매우 인상적인 것이었다. 3천여 명의 고아들을 수용했던 그의 대규모 고아원은 독일에서 가장 큰 시설들 가운데 하나였고, 그의 진료소는 표준화된 의약품들을 대규모로 생산하는 독일 최초의 기관이었다. 개리 새틀러는 이렇게 말한다. "1697년 할레의 그 기관들은 선제후로부터 세금 면제 혜택을 부여 받았다. 1709년 판 「발자취」(Fusstapfen) 지(誌)를 보면, 1697년 이후 4년 동안 선제후 프리드리히 3세는 그 자선 기관들에게 물품소비세 면제, 서점, 인쇄소, 제본소, 약국의 소유권 허용, 제빵, 양조 허가권과 지방 토지를 우선적으로 구매할 수 있는 권리 그리고 기타 유사한 이권들에 대한 왕실 특전을 부여하였다.[124] 워드(W. R. Ward)는 다음과 같이 덧붙여 말한다.

그 기관들은 현금 가치가 상당한 왕실의 특전을 부여받았다. 전 유럽에서 자선 모금이 있기도 했지만, 조직 전체가 막대한 규모의 상업적 투자에 뛰어들었고, 프랑케의 대리인들은 베니스로부터 극동에 이르는 광대한 지역에 여러 가지 제품의 판매시장을 개척했다. 그러나 할레에서의 가장 큰 사업은 의약품과 성경을 비롯한 종교 서적 제조업이었다. 독일어와 그리스어 그리고 여러 슬라브어로 책이 출판되면서 출판 사업은 독일 내 굴지의 사업체로 발돋음하게 되었다. 프랑케는 폭넓은 서신 왕래와 중·동부 유럽의 모든 핵심 지점에 그의 대리점을 설치함으로써 유토피아적인 꿈을 펼쳐 나가기 시작했다.[125]

이러한 폭넓은 활동의 기초가 된 것은 할레에 있는 기관들의 상호

의존적이면서 밀접한 관계, 내부적인 규율과 지도, 그리고 이들 기관 내부에서의 명확한 책임 분할이었다. 프랑케는 자신이 꿈을 지닌 사람이요 자선가이자 선전가이며 유능한 행정가임을 스스로 입증했다. 할레 기관들의 수와 규모가 확대되자, 그는 매일 아침 식사 후에 여러 '부서장들', 고아원 원장, 학교 교장, 약국 경영자, 서점 관리인 등과 회의를 했다. "할레에 있는 기관들의 지배적 인물임을 분명했지만, 프랑케는 매우 느슨한 전제주의적 경향을 나타냈다, 주변에 능력 있는 관리자와 조력자들을 둘 정도로 현명한 사람이었다."[126]

프랑케는 1701년에 새로운 학교를 세울 계획을 세웠으며, 그 계획에는 그의 개혁에 대한 비전이 많이 반영되어 있었다. 그는 새로운 학교를 목사, 교사, 정치가, 법률가, 선교사, 의사, 약사 등 하나님을 경외하는 사람들의 터전으로서 이 세상에서 하나님의 영광과 그분의 임재를 위해 헌신하는 곳으로 만들려고 했다.[127] 그 학교는 독일 국내외 뿐 아니라 유럽과 다른 여러 지역에 보다 훌륭한 목자들을 보내려고 했고 귀족과 평민, 부자와 가난한 자, 남자와 여자 모두를 교육할 수 있는 기관이 되려고 하였다.[128]

교구에 토대를 둔 '경건한 모임'이 독일 전역에 걸쳐 경건주의의 활력의 근간이었던 것처럼, 할레의 교육 및 자선 기관들의 조직망 안에 집결된 삶은 독일뿐 아니라 세계 전역에서 경건주의적 영향을 확대시킬 수 있었던 바탕이 되었다. 할레 고아원과 학교에서의 생활은 사실상 교육적·선교적 목적을 위해 존재하는 꽉 차여지고 통제된 공동체 생활이었다. 저술과 서신 왕래 그리고 경건주의 학교의 수많은 졸업생들은 그 운동의 영향력을 확산시키려는 데 커다란 역할을 했다.

프랑케는 비교적 '만인제사장직'에 대해서는 신학적 탁월성을 보여 주지 못했지만, 사회봉사와 그리스교적인 증거를 위해 숙련공·직업인들을 가르치려 했던 그의 비전은 이 교리를 실제로 적용한 것이었다. 그는 잘 훈련된 헌신적인 그리스도인들이 사회 각 계층에 미칠 수 있는 영향력의 가치를 그 누구보다 잘 알고 있었다.

갱신과 관련된 문제들

비서트 후프트는 경건주의를 다음과 같이 평가했다.

이 제2의 종교개혁이 나름대로의 위대성을 지니고 있으며 교회생활에도 유익한 영향을 주었다는 데는 재론의 여지가 없다. 하지만 그것이 교회생활의 갱신을 초래했다고는 말할 수 없다. 어째서 이같은 결과가 나타났는가? 거기에는 두 가지 이유가 있는 것 같다. 첫째, 무엇보다도 새로운 개혁자들이 '삶' 자체에 너무나 몰두해 있었기 때문에, 사실상 새로운 강조점을 새로운 인간, 거듭난 인간에게로 돌렸다. 그릇된 객관주의에 대한 반발로, 그들은 그릇된 주관주의에 빠지고 말았던 것이다.

두 번째 이유는 첫 번째 이유에서 파생되어 나온 것이다. 비록 이 운동이 개혁교회에서 시작되었고 처음에는 그 교회의 갱신을 위해 일하려고 했으나, 대다수는 곧 그러한 전반적인 개혁에 대해 좌절감을 느끼기 시작했다. 정통주의와 제도주의의 결합된 저항 역시 그 같은 갱신을 희망 없는 일로 만드는 데 일조했던 것 같다. 이 운동의 개인주의적 경향은 전체 교회에 대한 책임감을 약화시키는 원인이 되었다. 교회생활을 바로 세우는 것을 의미하는 '교화'가 다른 의미, 즉 개인의 내면적 삶을 강화한다는 의미를 띠게 된 것도 바로 이같은 맥락 속에서였다. 결국 이 운동은 교회 안에서 헌신적인 그리스도인들의 집단을 형성했거나, 아니면 교회 밖에서 새로운 운동을 일으키는 결과를 초래하기는 했지만 결코 교회 전체의 갱신을 이룩하지는 못했다.[129]

경건주의가 미친 분명하고도 긍정적인 영향에도 불구하고, 위의 글은 경건주의, 특히 스페너가 주도했던 초기 경건주의 보다는 제2단계의 경건주의에 대한 공정한 비판인 것 같다. 경건주의가 교회를 완전히 개혁하지도, 프랑케의 높은 이상에 도달하지도 못했음에도 불구하고, 그것은 교회의 내적 활력이었던 장기적인 의미의 갱신을 일으켰다. 경건주의는 일부 사람들이 희망했던 사회변혁과 교회를 세상 쪽으로 돌려놓는 일에 실패했으며 '주어진', 따라서 견뎌내야 할 정치 사회를 수용해야 한다는 루터주의 입장을 극복하지도 못했다.[130] 오히려 경건주의는 많은 사회복지사업과 가난한 사람들에 대한 관심을 보였음에도 불구하고 대부분의 경우 루터식의 상대적으로 수용적인 자세를 지속시켰다.

독일 경건주의의 교회론과 내적인 원동력 그리고 교회갱신 및 갱신 운동에 관하여는 세 가지 사항을 지적하고 넘어갈 필요가 있다.

첫째, '만인제사장직'이라는 교리와 이 교리가 경건주의에서 실제로 담당한 역할은 매우 중요하다. 스페너는 분명히 이같은 가르침을 펴나갔고 개인의 상호 교화와 '경건한 모임' 그리고 장로회 설립을 통해 이 가르침을 실천에 옮기려고 노력했다. 비록 그 교리를 드러내놓고 인정하지는 않았지만, 프랑케 역시 각계각층의 모든 신자들을 위한 교육 프로그램을 계획함으로써 그 교리의 실제적인 이행을 위해 일했다.

경건주의는 모라비안주의나 메서디즘 혹은 대부분의 다른 갱신운동들보다 '만인제사장직'(루터의 영향을 받은)이라는 교리를 한층 더 강조하였다. 교회갱신이라는 광범위한 문제에 있어서는 교리의 정교함과 그것이 실천되어지는 양상 모두가 중요하다.

두 번째로 지적할 점은 경건주의의 내적인 구조와 관련된 것이다. 그 구조는 다양한 형태의 '작은 교회' 또는 '모임'을 바탕으로 한 것처럼 보이지만, 실은 광범위한 개인적·정치적, 때로는 군사적인 접촉에 의해 뒷받침되고 있었고, 문서 역시 매우 중요한 역할을 담당했다. 그럼에도 불구하고 그 운동의 생명력을 지속시킴에 있어서 '작은 교회' 구조 자체의 역동성과 중요성은 크게 부각된다.

셋째, 스페너와 프랑케의 체험은 경건주의 같은 운동 내부에서의 훈련과 규칙, 경건에 관한 실제적인 가르침, 제자훈련 등에 관한 문제를 제기한다. '친교'는 훈련과 교육에 의해 어느 정도까지 뒷받침되어야 하는가? 그러한 훈련과 교육은 거듭남이나 영적인 깨달음과 어떻게 관련되는가?

우리는 이런 문제들을 7장에서 다루게 될 것이다.

제4장

모라비안주의
_진젠도르프

제4장

니콜라우스 폰 진젠도르프 백작은 매우 매력적이면서도 많은 논쟁의 대상이 되었던 그리스도 교회의 인물들 가운데 하나였다. 어떤 이들은 그를 거의 불가항력적으로 원기 왕성한 인물로 보고 있다. 아래의 말은 그가 말년에 어느 어린 설교에서 한 것으로, 그이 종교 체험 전체를 대변해 주고 있다.

> 나는 아주 어린 시절부터 체험을 통해 구주를 아는 축복을 누려 왔다. 내가 그분을 사랑하게 된 것은 어린 시절 그로스헤너스도르프에서였다. 나는 어린이답게 그분과의 우정을 이어 나갔고, 때로는 마치 친구 사이처럼 다정하게 그분과 이야기를 나누기도 하고 깊은 사색에 잠기기도 했다. 나는 예수님과의 이렇게 친밀한 인격적 교제를 무려 50년 동안이나 누려왔고, 지금도 날마다 행복감 속에서 지내고 있다.¹

진젠도르프는 스페너 류(類) 경건주의의 영향을 받은 독일의 귀족 가문 출신이었다. 그는 1700년 5월 26일 삭소니 지방 드레스덴의 한 루터교 가정에서 태어났다. 진젠도르프가 태어난 지 불과 6주만에 사망한 그의 아버지는 스페너에게 '크게 매료되어' 있었다.²

4. 모라비안주의 135

진젠도르프가 네 살 나던 해에 어머니가 재혼하자, 이 어린 백작은 과부인 외할머니 헨리에타 폰 게르슈토토르프의 손에 맡겨지게 된다. 그는 보헤미아와의 국경에서 그리 멀지 않은 삭소니 지방 지타우 근교에 있는 가족 소유지로 가서 외할머니와 함께 살았다. 이같은 환경 속에서 어린 백작은 경건주의의 루터-아른트적 영성을 흡수했고, 그의 생애 전체를 특징짓는 꾸밈없고 순진한 기독교 신앙을 일찍부터 갖게 되었다. 그로스헤너스도르프에서 그는 경애하는 외할머니의 다소 오만한 기질과 다양한 관심사들을 흡수했을 뿐 아니라, 그녀의 종교적 헌신에 깊이 감화되었다.[3] 그의 생에는 그의 종교적인 체험은 물론이려니와 그의 귀족 신분에 의해서도 특징지워진다. 그는 채 열 살도 되기 전에 그가 할 수 있는 한 최대한 널리 복음을 전파하기로 결심하였다.

할레에 연고자가 많았던 전젠도르프였으므로, 그가 열 살 나던 해에 프랑케가 설립한 학교에 들어가게 된 것은 자연스러운 일이었다. 그는 거기서 1710년부터 1716년까지 공부했다. 그는 어린 나이에 친구뿐만 아니라 적도 만들었다. 그는 자기처럼 열심히 그리스도를 사랑하는 학생들과 더불어 굳게 결성된 모임을 만들어 나갔다. 그는 나중에, "이들 가운데 몇 모임은 1710년부터 1716년까지 줄기차게 지속되었고, 나는 사랑하는 프랑케 교수님께 일곱 개의 모임을 알려 드렸다."고 말한다.[4] 이 시절 그는 이미 영적인 지도력과 선교사로서의 재능, 그리고 초교파적인 비전을 지니고 있었다.

하지만 이 시기는 그에게 매우 어려운 시기였다. 그는 다소 엄하게 다루어졌던 것 같다. 그의 독자적인 행동 양식과 지나치게 원기 왕성하고 지나치게 종교적인 태도를 교정하려고 한 다른 학생들은 그를 조롱을 하기도 했다. 그의 후계자이자 그의 전기를 썼던 아우구르트 슈팡엔베르그(August Spangenberg)는 당시의 진젠도르프에 관하여 다음과 같이 기술한다. "나는 할레에서 그가 알게 된 훌륭한 인물들을 많이 알고 있다. 예수님에 대한 그의 사랑이 사람들에게 심어 준 깊은 인상은, 그들로 하여금 평생 동안 그를 존경하고 사랑하게 만들었다. 하지만 백작이 살아 있는 동안 받아야 했던 질시와 반대 역시 할레에서 시작되었다."[5]

진젠도르프는 어린 시절부터 신학과 목회자 직분에 대하여 지대한 관심을 보였으나 그의 후견인인 오토 크리스찬 백작이 이를 단념시켰던 것 같다. 당시에는 목회자 직분이 귀족에게는 어울리지 않는 것으로 일반적으로 생각되었기 때문이다. 그래서 진젠도르프는 1716년 법률도 공부하고 외교관으로서의 소양도 길러 나가기 위해 정통 루터교의 중심지이자 한 세기 전에 루터가 「95개 논박문」을 써 붙였던 비텐베르그 대학교로 보내졌다. 거기서 보낸 3년 동안 그는 여가 시간에 시와 신학 논문을 썼다. 공직을 준비하던 그는, 1717년 자기가 궁극적으로 몸담아야 할 자리는 목회자라는 확신을 갖게 되었다.

비텐베르그에서 보낸 기간 역시 진젠도르프에게 그리 행복한 시기는 못되었다. 그는 스스로 경건주의자로서의 신념과 관행을 체득해 나갔지만, 마음속 깊은 곳에서는 경건주의에 대한 지지자와 반대자 사이를 오락가락했다. 그는 스페너와 프랑케, 그리고 할레의 기관들에 대한 당시 세인들의 반대에 맞서 싸웠다. 그럼에도 불구하고, 그가 알고 있던 경건주의자들 가운데에는 그가 할레를 떠나 비텐베르그로 간 것을 못마땅하게 여기는 사람들이 많았다. 그러므로 할레와 비텐베르그의 신학 지도자들을 서로 화해시키려는 그의 노력이 실패로 돌아간 것은

4. 모라비안주의

당연한 일이었는지도 모른다.⁶

1719년 봄부터 진젠도르프의 학문적 순례가 시작되었다. 그는 독일을 거쳐 네덜란드, 프랑스, 룩셈부르그, 바젤 등지에서 공부했다. 이 동안 그는 스페너의 저서들을 포함하여 영어 등 여러 과목을 공부했다. 그는 네덜란드에서 개혁교회의 행습과 신학에 친숙해졌고, 파리에서 몇 달 동안 머무르는 동안에는 추기경을 비롯한 여러 로마 가톨릭 교회의 지도자들과 알게 되었다. 이러한 만남들은 그의 초교파적 비전을 길러 주었고 신앙 노선을 초월한 친교의 장(場)을 이룩하려는 열망을 불붙게 해 주었다. 진젠도르프 자신은 그가 교분을 맺을 수 있었던 신실한 종교 지도자들 덕분에 파리에서 매우 보람있는 시간을 보냈다고 말했다. 하지만 이어서 그는 이렇게 덧붙였다.

"세상 사람들은 나를 어떻게 보아야 할지 알지 못했다. 왜냐하면 내가 궁정에서 열리는 무도회에 참석하지 않고 파리 시내에서 카드 놀이를 하지 않는 것을 제외하고는 다른 사람들과 별로 다를 바가 없었기 때문이다. 나를 아는 많은 사람들이 내가 세례 서약을 준수한다고 생각했다. 일부 무분별한 사람들은 내가 경건주의자일 거라고 했지만, 정작 경건주의자들은 나를 그들 가운데 한 사람으로 끼워 주려고 하지 않았다."⁷

진젠도르프는 병 때문에 이모인 카스텔 백작 부인의 성에서 몇 달 동안을 지낸 적이 있다. 여기서 그는 이종 사촌 누이와 사랑에 빠지게 되나, 인간적인 사랑으로는 진정한 행복을 찾을 수 없음을 깨닫게 된다. 나중에(1722년 9월 7일) 그는 에르드무드 도로테아 폰 로이스-에베르스도

르프 백작과 결혼했다.⁸

이 무렵 진젠도르프는 가족들의 소망에 따라 드레스덴에서 삭소니 왕의 법률 고문 자리를 맡게 된다. 하지만 그는 할레에서 봉사할 생각으로 프랑케를 찾아갔고, 1721년 5월 프랑케는 백작의 가족들이 승인하는 것을 조건으로 자신의 기관에서 일할 것을 제의했다.⁹ 쉬팡엔베르크에 의하면, 그 일이 그의 경력과는 걸맞지 않는다는 이유로 백작의 친구들이나 친척들이 맹렬히 반대했기 때문에 결국 그는 그 직책을 수락하지 못했는데, 이것이 이후에 진젠도르프와 프랑케 사이에 잠시 오해와 '불편한 관계'가 생긴 원인이 되었다고 한다.¹⁰

드레스덴에 일하는 동안 진젠도르프는 그로스헤너스도르프 근처 베르텔스도르프의 땅을 할머니로부터 사들여, 친구인 요한 안드레아스 로테(Johann Andreas Rothe)를 그 마을 목사로 추대하였다. 그는 그 영지에 정착할 목적으로 집을 짓기 시작했다.

진젠도르프는 1732년 3월까지 드레스덴에서 공직에 있었으나, 정부 일은 거의 하지 않은 채 되도록 많은 시간을 종교와 베르텔스도르프에 있는 자기 영지에 관련된 일을 하며 지냈다. 1727년 그는 궁정으로부터 장기 결근 허락을 받았고, 마침내 1732년에는 공직을 완전히 물러나게 된다. 그 이후로 진젠도르프는 그의 모든 정열은 오로지 교회의 갱신과 복음 전파에만 쏟았다.

진젠도르프는 할레의 모델을 따라 종교적 갱신의 중심지로 삼을 목적으로 베르텔스도르프의 땅을 사들였던 것 같다. 그는 "육체를 따라 지혜 있는 자가 많이 아니하며, 능한 자가 많이 안이하며, 문벌 좋은 자가 많이 아니하도다."라는 「고린도전서」 1장 16~28절의 말씀과 "가난한 자에게 복음이 전파된다"는 「누가복음」 7장 22절의 말씀에 큰 감명을 받았다. 경건주의의 영적인 원동력과 비전, 그리고 할레에서의 프랑케 기관들의 성공이라는 맥락에서, 나아가 그 자신의 정열과 독창성을 바탕으로, 진젠도르프는 "그리스도께서 가난한 영혼들을 위해 피흘리셨으므로 그 역시 그런 사람들을 충실하게 돌보고 특히 억압받고 소외된 사람들을 한 곳에 모아 보호해 주려는 결심을 하게 된다."[11]

헤른후트 공동체의 시작

1722년 몇 몇 사건들과 인물들이 결합하여, 진젠도르프가 전혀 예상치 못했던 방식으로 그이 비전이 성취되고 모라비아교회의 발흥과 '갱신'이 일어나게 된다. 여기에 관련된 핵심 인물은 요한 안드레아스 로테와 크리스찬 다비드(Christian David)였다.

직업이 목수였던 크리스찬 다비드는 1690년 12월 31일 모라비아의 젠프트레베에서 태어나 로마 가톨릭 교인으로 성장했다. 그는 개신교와의 수차에 걸친 접촉을 통해 가톨릭 신앙에 대한 의문을 품게 되면서부터 몇 년간의 영적인 방향기를 보냈다. 그는 혼자서 성경을 집중적으로 공부하면서 성경의 권위에 확신을 갖게 되었지만, 여전히 영혼의 평화를 누릴 수는 없었다. 루터교인들을 만나 보리라는 생각으로 헝가리로 갔던 그는 개종한 사람들에 대한 박해의 위험이 있으므로 삭소니로 가라는 조언을 듣게 된다. 베를린을 비롯한 여러 곳을 순방한 그는 결국 1717년에 고를리츠로 갔는데, 신병(身病)을 얻어 거기서 여러 달 동안 머물렀다. 그는 그곳에서 머무는 동안 경건주의의 영향 아래 분명한 회심을 체험을 하고 나서 로테를 알게 되었다. 병을 앓는 동안 그는 인근 지방 니이더비제의 목사 쉬베들러(Schwedler)의 심방을 받곤 했는데, 나중에 그는 "그(쉬베들러)로부터 그리스도의 복음이 처음으로 나의 영혼에 힘있게 다가왔다."고 술회했다.[12] 다비드는 고를리츠에서 결혼하여 1717년부터 1722년까지 5년간을 그곳에서 지냈다. 이 기간 동안 그는 "모라비아에 있는 나의 친척들에게 복음을 전하러" 세 번 모라비아를 방문하였다.[13]

크리스찬 다비드는 모라비아 일부 지방에서 이미 영적인 각성과 부흥의 희망이 솟아오르고 있음을 느낄 수 있었다. 그것은 주로 당시 심한 박해를 받았던 '연합형제단'(United Brethren)의 잔존자들 사이에서 일어난 비밀 지하운동으로, 그 뿌리를 '체코 종교개혁'과 존 후스(John Hus)와 피터 첼키키(Peter Chelcicky)의 영향으로까지 거슬러 올라갈 수 있다.[14] 그가 모라비아에서 행한 설교와 접촉은 그곳 사람들 사이에서 굉장한 관심을 불러 일으켰다.

1722년에 로테는 크리스찬 다비드를 진젠도르프 백작에게 소개했다. 이 젊은 백작은 모라비아에서의 각성과 박해에 관한 이야기를 크리스찬 다비드에게서 들으며 비상한 관심을 나타내 보였다. 진젠도르프는 그에게 이렇게 말했다. "당신의 친구들을 이곳으로 데리고 오시오. 내가 집 지을 땅과 휴식을 그들에게 주겠소."[15] 곧장 모라비아로 돌아간 다비드는 1722년 5월 최초로 10명을 비밀리에 국경을 넘어 삭소니로 오게 했다. 그들은 6월 8일에 베르텔스도르프에 있는 진젠도르프의 영지에 도착했다. 그로부터 일주일 후, 다비드와 모라비아교도들은 베르텔스도르프로부터 1마일 가량 떨어진 곳에서 나무를 베고 그들이 정착할 집을 짓기 시작했다. 진젠도르프의 집사인 요한 하이츠(Johann Heitz)는 그 정착지에 '주님이 지켜보시는 곳'이라는 뜻의 '헤른후트'(Hermhut)라는 이름을 붙여 주었다. 1722년 10월 말경 아내와 함께 베르텔스도르프를 방문한 진젠도르프는 처음으로 그 모라비아 이주자들과 사귀게 되었다.

크리스찬 다비드는 몇 차례 더 모라비아로 가서 여러 가족들을 이끌어 왔고, 어떤 이들은 스스로 찾아오기도 했다. 그들은 2년이 채 안되어 150여 명의 대식구로 불어났다. 1727년경 이 공동체에 200여 명의 모라비아 이주자들 외에도 그들에게 합류하기를 원했던 여러 부류의 사람들의 살고 있었다.[16] 이것이 바로 헤른후트 공동체의 시작이었는데, 이곳은 곧 진젠도르프의 주도 하에 널리 확산된 선교 및 갱신운동의 중심지가 되었다.

베르텔스도르프 영지(로테가 목사로 있던 마을을 포함하여)의 영주로서의 지위와 갱신에 대한 비전 때문에, 진젠도르프는 자신이 헤른후트의 새로운 공동체를 책임져야 한다고 생각했다. 그는 아내와 더불어 그곳 영지 내에 새로 지은 집으로 이사를 왔고, 헤른후트와 마을 교회에서 적극적인 역할을 하기 시작했다. 로테의 힘있는 설교와 다양한 혁신 조치들은 점점 더 많은 사람들의 관심과 흥미를 끌었다. 마을 교회에서는 음악이 폭넓게 활용되었고, 로테는 설교를 하고 나서 청중들과 더불어 그 설교에 관한 이야기를 나누곤 했다. 로테는 또한 주일 오후마다 진젠도르프의 집에서 또 다른 모임을 열곤 했는데, 거기서는 진젠도르프가(그의 부재중일 때에는 로테가) 아침 설교를 요약하곤 했다.

진젠도르프는 가난한 사람들을 돕고 새로운 이주자들을 원조하기 위해 어느 정도 할레의 본을 딴 시설들을 베르텔스도르프에 건립하기 시작했다. 거기에는 성경 등 종교 서적을 저렴한 가격으로 출판하기 위한 인쇄소, 서점, 약국, 학교 등이 포함되었다. 진젠도르프는 1724년 할레를 방문했을 때 이같은 사업에 대한 프랑케의 승인을 구했으나 뜻을 이루지 못했다. "그 노(老) 스승과 그의 옛 제자는 할레라는 부흥의 중심지에 대한 각 지방의 의존도에 대하여 다른 생각을 갖고 있었다."[17] 이 시점부터 특히, 1727년 프랑케가 사망한 이후로 할레와 베르텔스도르프의 새 중심지 사이의 오해와 긴장은 점점 더 고조되어 갔다.

1723~1727년의 기간은 헤른후트가 매우 불안정한 시기였다. 헤른후트는 박해를 피할 수 있는 피난처이며 신약이 제시하고 있는 교회의 이상을 추구할 자유가 있는 곳이라는 소문이 퍼져 나갔고, 각종 난민들을 비롯하여 모라비아와 보헤미아로부터 온 피난민들, 루터파, 개혁파, 재세례파, 분리주의자 심지어 로마 가톨릭 교회를 배경으로 하는 사람들까지 속속 헤른후트로 몰려들어 다양한 기대와 이념 속에서 논쟁과 갈등이 일기 시작했다. 게다가 로테와 칼빈주의자 집사 하이츠 사이에는 다른 점이 많았고, 모든 이주자가 루터교인으로서의 신앙고백을 하고 루터교의 예배 의식을 따라야 한다는 로테의 주장을 놓고 로테와 헤른후트 이주자들 사이에도 갈등이 일어나기 시작했다. 진젠도르프는 1724년 가을에 공동체의 일치를 회복하기 위해 이 문제에 직접 뛰어들었다. 크리스찬 다비드는 "그가 우리에게 성경을 올바르게 이해할 수 있는 지침을 주었다."고 말했다. 이는 "그 형제단 최초의 커다란 변화이자 최초의 융합이었다."[18]

1725년 헤른후트에서 조력자-교사-권고자 체계를 비롯하여 어느 정도의 구조가 갖추어지게 되었다. 그러나 이러한 조치들이 모두 다 적절한 것은 아니었기 때문에 진젠도르프는 점차 드레스덴보다는 베르텔스도르프에서 보내는 시간이 늘었고, 공동체 일을 위해 거의 날마다 헤흔후트를 방문하곤 했다. 마침내 그는 영지 내에 있던 자신의 집으로부터 헤른후트의 거처로 이사하기로 결심했다. 그는 1726년 6월 당시 건축 중이었던 고아원 건물로 이사했고, 이로부터 헤른후트 공동체의 가장 주목할 만한 갱신, 창조, 성장의 시기가 시작되었다.

슈팡엔베르그는 이렇게 말한다.

> 백작은 이제 새로운 삶의 국면에 접어들었다. 그는 가난한 난민들에 대한 봉사와 영적·물질적 복지를 증진하는 일에 몸 바쳐 일했다. 그가 그들을 위해 하는 일은 그 어느 것도 어렵거나 하찮은 것이 없었다. 그는 어떠한 경우에든 외부의 도움 없이 자신의 재산으로 꾸려 나갔다. 하지만 그에게는 처음부터 불명예가 누적되어 있었으므로 어떠한 명성도, 존경도 기대할 수 없었다.[19]

1725년 5월 12일 진젠도르프는 헤른후트 공동체 회의를 소집하였다. 무려 세 시간에 걸친 연설과 권면의 말을 마친 그는 「영지 내의 규약」(*Herrschaftliche Gebote und Verbote*)이라는 문서를 낭독했다. 그 문서는 본질적으로 단순히 한 마을의 규약을 정한 것으로, 다른 귀족들이 영지를 획득할 때 작성하는 문서와 거의 다를 바가 없었다.[20] 하지만 이 규약에서 진젠도르프가 매우 적극적으로 헤른후트 사람들을 보살피겠다고 공약했기 때문에, 거기에는 영적인 의미도 담겨져 있었다. 슈팡엔베르그의 말에 의하면, 이 날이야말로 그 형제단이 이기심, 방자함, 불복종, 자유사상을 포기한 헤른후트 최초의 자발적인 생활 및 교리 개혁의 날로서 그들에게 길이 기억될 만한 날"이었다.[21] 이 규약을 통해 진젠도르프의 권위가 헤른후트에 확고하게 세워지게 되었다.

이어서 7월 4일에는 사실상 헤른후트 사람들(헤른후트에 살지 않는 일부 사람들을 포함하여)을 독특한 종교적 집단으로 규정한 자발적인 협약 「형제 연합 및 맹약」(Bruderlicher Verein und Willkur)이 나왔다. "이 형제 맹약은 더 큰 집단(이 경우에는 지방 루터교회)에 대한 충성의 의무에다 공동생활에 대한 동의를 추가한 자발적인 사회의 창조, 바로 그것이었다."[22] 스퇴플러는 이렇게 덧붙였다. "이제 백작은 스페너의 '교회 안의 교회'를 삶 전체가 종교적 이상에 의해 좌우되는 자치 부락으로 변형시키려 했던 사람들의 집단에 합류하게 되었다."[23]

5월 12일의 회의와 그 이후의 모임을 통해서 헤른후트 공동체는 더욱 확고한 조직을 갖추게 되었다. 진젠도르프가 감독관으로 임명되었고 12명의 장로들이 선임되었다. 크리스찬 다비드를 포함한 장로들 가운데 네 명은 5월 20일에 있었던 제비뽑기에서 '주무 장로'로 선택되었다. 여러 다른 직책에도 사람들이 골고루 배정되었는데, 거기에는 교사, 관리인, 권고와 규율 책임자, 문병 책임자, 가난한 이들을 위한 구제품 관리인 그리고 "실행 가능한 한도 내에서 모든 사람에게 일할 기회를 제공하고 각종 직책을 적절히 배분하는 일을 관장하는" 관리인들이 포함되었다.[24]

진젠도르프는 규칙적으로 장로들과 만났고, 수많은 회합을 통해 세부사항에 이르기까지 공동체 생활 전체에 지대한 관심을 갖고 감독하였다. 예를 들어, 그는 화요일에는 조력자들을, 수요일에는 교사들을, 목요일에는 관리인들을, 그리고 금요일에는 권고와 규율 책임자들을 만났다. 진젠도르프는 아마도 공동체의 세부적인 영적·물질적 사항을 감독할 뿐 아니라, 여러 유능한 사람들과 더불어 생산적이고도 의미있는 관계를 형성해 나가려고 했던 것 같다. 슈팡엔베르그에 의하면, 백작은 "어떻게 하면 모든 형제들에게 교회에서 일정한 직책을 맡길 수 있는지를 궁리했는데, 마치 이 분야에 필요한 은사를 하나님으로부터 충만히 받은 사람처럼 보였다. 그는 이어서, 모든 사람이 자신에게 부과된 임무를 충실히 수행하고, 모든 일들이 적절한 시기에 적절한 규모로 이루어지게 하는 데 전념했다."[25]

1727~1732년 기간 중의 여행에서 진젠도르프는 할레와 예나의 여러 대학교들을 방문했는데, 거기서 그는 헤른후트에서 전개된 일들에 관하여 많은 사람들이 관심을 쏟고 있다는 사실을 발견하였다. 1727년 그는 예나에서 경건주의 학자 요한 부데우스(Johann Budeus) 교수를 만났고, 또 그의 집에서 일군 학생들과 교수들을 만났는데, 그들 가운데는 아우구스트 슈팡엔베르그도 있었다. 1728년 다시 예나를 거쳐 할레에 간 그는, 그 두 도시에서 헤른후트 운동에 관하여 더 많은 것들을 알고 싶어 하는, 영적으로 자각한 1백여 명의 학생들을 알게 되었다. 이같은 접촉을 통해 슈팡엔부르그의 영향 아래 회심한 예나의 대학생 피터 뵐러(Peter Boehler)는 슈팡엔베르그와 함께 모라비아 형제단과 운명을 같이 하기로 결심했다.

1727년의 부흥

헤른후트의 발전은 단순히 진젠도르프의 리더십과 개인의 힘 때문만은 아니었다. 그것은 1727년이라는 운명적인 해 8월에 이 공동체를 휩쓸었던 영적 각성 덕분이기도 했다. 모라비아 교회는 이 각성을 줄곧 '연합형제단의 갱신된 교회'(Renewed Church of the United Brethren)의 탄생일로 기념해 왔다. 이 각성이 있기 전 수 주일 동안의 사건들, 특히 헤른후트 사람들 사이에서 펼쳐진 진젠도르프의 광범위한 활동 및 '형제연합 및 맹약'에 대한 비준은 이러한 각성을 위한 길을 닦아 놓았던 것 같다.

헤른후트 공동체는 8월 31일 '주의 만찬' 의식에서 사도행전에 나오는 오순절 성령 체험을 하게 된다. 모라비아 교인이 된 스웨드 아비드 그라딘(Swede Arvid Gradin)은 당시의 일을 다음과 같이 묘사한다.

> 1727년 8월 13일, 우리는 모두 그리스도의 피를 통한 화해의 말씀에 커다란 감동을 받았다. 우리의 마음은 구주를 향한 새로운 믿음과 사랑으로 불붙어 오르기 시작했고, 서로에 대한 사랑에 넘친 나머지 서로 얼싸안고 눈물을 흘렸다. 우리는 또한 옛 모라비아 형제단의 연합체를 마치 폐허에서 일으키듯 다시 세워서 거룩한 연합체 안에서 모두 함께 성장해 나갔다.[26]

진젠도르프는 이 날을 '회중들 위에 성령이 부어진 날' 또는 '회중들의 오순절 날'로 묘사했다. 슈팡엔베르그는 "그 때 우리는 하나의 사랑으로 성령 세례를 받았다."고 했고, 크리스찬 다비드는 "가톨릭, 루터교파, 개혁파, 분리주의자 등 수많은 종파를 배경으로 한 우리가 모두 하나로 녹아 붙을 수 있었던 것은 진정 하나님이 일으키신 기적이었다."고 말했다.[27]

비록 공동체가 방언의 은사를 체험하지는 못했다 하더라도, 1727년과 그 이후 10년 동안 헤른후트에서 전개된 사건들은 가히 '카리스마적 갱신'이라 불릴 수 있는 것이었다. 1731년에는 다양한 성령의 역사, 특히 기적적인 치유가 일어나기 시작했다. 진젠도르프는 그 같은 현상들을 환영하면서도 거기에 너무 지나치게 몰입하는 일이 없도록 조심했다. 슈팡엔베르그는 이렇게 말한다.

백작은 형제·자매들이 그 같은 일들을 엄청난 일로 여긴 나머지 거기에 지나치게 몰입하는 것을 원치 않았다. 하지만 즉석에서 병이 치유되는 것 같은 기적적인 사건들이 발생할 때에는, 그것들을 이미 알려져 있는 일로 간주하여 별 언급을 하지 않았다. 그는 기적을 일으키는 믿음의 은사를 지니고 있다고 해서 다른 사람들보다 더 훌륭한 하나님의 자녀가 되는 것은 아니며, 오직 그리스도를 사랑하고 모든 일을 그분께 맡기는 것이 훨씬 더 안전한 길이라고 주장했다.[28]

이 시기의 헤른후트 공동체에서 특히 중요한 것은 공동체 안에 있었던 '속회'(band) 등 소규모 모임들이었다. 또 다른 혁신으로는 철야 기도가 있었다. 집단적인 기도건 개인과 개인으로 연결되는 기도건 하루도 빠짐없이 24시간 동안 기도가 이어져 내려갔다. 이 기도는 1백 년 이상이나 계속되었다. 이것이 그 유명한 '백년 기도 모임'이다.

'속회'(나중에는 '작은 공동체'라 불리게 된다.)는 1727년 7월에 헤른후트에서 처음으로 조직되었다. 이 모임은 보통 2~3명으로 구성된 소규모 모임으로, 성별 또는 기혼 여부에 의해 나뉘어져 일주일 1~2회, 보통 저녁 때 모이곤 했다. 이러한 모임들이 헤른후트의 혁신이었고, 전형적인 경건주의 모임인 '경건한 모임'보다 비교적 작으면서도 열성적인 모임이었지만, 실제로는 옛 모라비아 전통을 갱신한 것이었다.[29] 진젠도르프는 점차 공동체 전체를 '속회'로 나누고, 각 모임마다 한 사람씩을 속회 지도자(Bandhalter)로 임명하였다. 백작은 이렇게 조직된 모임들의 제멋대로 행동하는 일을 막기 위해서 수시로 헤른후트 사람들과 깊이 있는 대화를 나누곤 했다. 그는 사람들의 개성과 욕구에 따라 모임을 만들어 나갔으며, 그 구성이 주기적으로 바뀌도록 조정했다. 생산적이지 못한 모임들은 중지되거나 재조정되었다. 마르틴 슈미트는 "모든 것이 너무나 개인적이고 긴밀했기 때문에, 속회는 제도적인 성격보다는 카리스마적인 성격을 더 짙게 띠고 있었다."고 말한다.[30]

속회 체제는 곧 헤른후트 공동체 전체에 적용되었고, 모라비아교도들이 가는 곳이면 어디에서건 결성되었다. 이 형태는 몇몇 이웃 마을로도 확산되어 나갔으며, 예나 대학교와 튀빙겐 대학교 교수들, 학생들 사이에서도 조직되었다.[31] 1732년 헤른후트 공동체가 5백여 명으로 수가 늘어났을 무렵, 전체 속회의 수는 80개에 이르렀다.[32] 이 숫자는 공동체의 성원에 거의 대다수가 속회원이었음을 나타낸다. 존 웨슬리는 1738년에 헤른후트를 방문했을 때, "그곳에 90여 개의 속회가 있으며 각 속회는 적어도 일주일에 2~3회씩 만나서 자기의 잘못을 서로 고백하고 치유를 위해 서로 기도해 준다는 것"을 알게 되었다.[33]

1728~1736년의 기간 중 이 공동체는 점차 연령, 성별, 기혼 여부에 따라 '조'(Choir)를 편성해 나갔다. 그러자 속회는 보다 큰 모임인 '조'의 하부 조직이 되었다. 이같은 '조'들은 대부분 자기들의 내적인 조직을 지니고 있었으며(어린이들로 구성된 '조'만은 예외로 하고) 다음과 같은 열 가지 종류가 있었다.

기혼자 조, 독거노인 조, 미망인 조, 독신자 조, 독신녀 조, 청소년(남자) 조, 청소년(여자) 조, 어린 소년 조, 어린 소녀 조, 유아 조

진젠도르프와 장로들의 철저한 감독 덕분에, 다소 정교했던 이 조직은 처음부터 상당히 성공적으로 움직여 나갔던 것 같다.

근본적으로, 이같은 공동체 조직은 약간의 경미한 변동이 있었을 뿐, 오랫동안 꾸준히 지속되어 나갔다. 여자들 역시 헤른후트에서 다양한 직책을 맡고 있었지만, 공동체의 기능이 성별로 엄격히 나뉘어져 관리 기능이 오직 남자들에게만 주어졌다.

이토록 일사불란하고 광범위한 공동체적 조직은, 헤른후트 공동체와 그곳으로부터 일어난 운동이 스페너식 경건주의나 심지어 할레의 제도적인 경건주의보다 훨씬 더 급진적인 성격을 띠고 있었음을 보여준다. 그 공동체의 삶의 개인적·경제적·사회적·종교적 차원들이 하나의 공통된 체계로 통합된, 하나의 기독교적인 가족으로서의 완전한 공동체였다. 비록 공동체적인 이념을 완벽하게 구현하지는 못했다 하더라도, 이 공동체의 결속 수준은 상당히 긴밀한 편이었다. 진젠도르프는 공동체를 결성하고 유지시켜 나가는 데 천재적인 자질을 지니고 있었다. 그는 "나는 친교 없는 기독교는 상상초차 할 수 없다"고 말했다.[34]

헤른후트의 운영 방식은 오늘날의 기준으로 볼 때에는 거의 불가

능할 정도로 긴박한 것이었다. 공동체 전체가 찬송과 기도를 위해 겨울에는 새벽 5시, 여름에는 새벽 4시에 모였다. 그리고 찬양과 예배와 가르침을 위한 일반적인 모임은 보통 일주일에 세 번씩 열리곤 했으며, 어린이들과 노약자들을 위한 특별 모임이 있었다. 베르텔스도르프에서 예배 의식과 오후 3시의 방문객 예배를 포함하여, 주일에는 여러 차례의 예배가 새벽 5시부터 밤 9시까지 열리곤 했다. 진젠도르프는 헤른후트에 있을 때면 언제나 토요일이 되면, 사람들과 상담하는 일에 네 시간씩을 할애하였다. 그는 또한 공동체의 모든 구성원들이 적어도 2주일에 한 번씩은 심방을 받을 수 있는 체계를 수립해 놓았다.

농장 일이건 선교활동이건 헤른후트에서 행하여지는 모든 일들은 '어린 양'을 섬기는 일로 간주되었다. 진젠도르프는 이렇게 말했다. "형제들이 자기 자신의 이익을 구하지 아니하고 교회 전체의 유익을 위해서 어느 곳에건 참된 공동체 정신으로 일하는 것이 매우 중요하다. 수백 명의 형제들의 가난과 고통의 와중에 있는 세계 곳곳에서 땀을 흘리고 있는 이때에 우리 자신의 안위만을 도모하는 것은 예수님의 십자가를 모독하는 행위 일 것이다."[35]

그들은 여러 가지 사업을 벌였는데, 그것들은 모두 중재위원회의 엄격한 규제를 받았다. 당시의 상황을 루이스(Lewis)는 이렇게 말한다.

> 독신 형제들의 양털실 제조업은 매우 번창하였고, 독신 자매들이 짠 천과 섬세한 자수품들은 유럽 왕실에까지 유명하게 되었다. 더닝거 회사는 국제적인 명성을 얻었고, 농장과 제과점은 모범적으로 운영되었으며, 모든 이익금은 공동 기금인 '예수의 금고'에 넣어졌다.[36]

루터교도인가 모라비아교도인가?

그러나 헤른후트의 공동체 생활이 발전해 나감에 따라 진젠도르프는 두 가지 심각한 문제, 하나는 내적인 문제이고 또 하나는 외적인 문제에 부딪치게 된다. 내적인 문제는 헤른후트와 루터교회 간의 관계는 물론이거니와 이 공동체가 사실상 옛 '연합형제단'이 부활한 것이 되어야 한다는 개념과 관련된다. 외적인 문제는 헤른후트 실험에 대하여 보헤미아, 삭소니 등지의 정치·종교 집단들 사이에서 고조되어 가던 논쟁과 관련된다.

진젠도르프와 로테는 헤른후트 공동체가 루터 교회의 일부이자 베르델스도르프 교회의 일부이어야 한다고 생각했다. 1727년 7월, 진젠도르프는 지타우 도서관에서 존 아모스 코메니우스(John Amos Comenius)가 지은 『연합형제단의 구성 원리』(Ratio Disciplinae of the Unitas Fratrum)라는 라틴어판을 발견한다. 그는 이 책을 통해 처음으로 '연합형제단'의 본래 특성과 구조를 알게 되었으며, 불과 몇 주 전에 헤른후트에서 비준된 '형제 연합'(Brotherly Union)과의 유사성에 크게 놀랐다.

진젠도르프는 헤른후트에 있는 모라비아 이주민들에게 연합형제단의 구성 원리 독일어 발췌문을 회람시켰다. 그러자 헤른후트 사람들은 그들의 교회가 옛 원리에 의해 갱신되고 있다는 사실에 크게 고무되었다. 나중에 진젠도르프가 좀 더 완전한 루터교인이 되도록 헤른후트 사람들을 설득하자, 모라비아교도들은 옛 형태와 구조가 유지되어야 하며 루터파 교회에는 내적인 규율이 부족하다는 점을 지적하면서 그의 말을 들으려고 하지 않았다. 모라비아교도들은 '연합형제단'으로서의 정체성을 포기하느니, 차라리 헤른후트를 떠나 다른 곳으로 가겠다고 했다.

처음에 진젠도르프는 모라비아교도들의 이같은 주장에 동의하지 못했으나, 그 특유의 폭넓은 시각으로 이 문제를 숙고하였다. 그는 다음과 같은 몇 가지 결론에 도달했다. 모라비아교도들로 하여금 옛 전통을 포기하도록 강요할 어떠한 근거도 없다는 것, 사실상 루터교회가 그러한 원리를 채택하는 편이 바람직하다는 것, 이 문제에 있어서 모라비아교도들의 자유를 제한하는 것은 결국 이롭지 못한 결과를 초래하게 되리라는 것, 그리고 주님께서는 이 문제에 있어서 어떤 특별한 섭리를 마련하고 계시다는 것 등이 그것이었다. 그는 "만약에 그 형제들을 우리와 연합시킬 이 기회를 놓치게 된다면, 나는 결코 루터의 친구가 될 수 없을 것이다."라고 말했다.[37]

1731년 헤른후트 사람들은 단순히 루터교인이 되기 위한 목적으로 모라비아식 제도를 포기해야 하는가의 여부를 놓고 제비뽑기를 했다. 결국, 모라비아식 제도를 그대로 유지하자는 결정이 내려졌다. 진젠도르프에게는 이것이 하나님께 모라비아 형제단을 특별한 목적을 위해 부흥시키셨음을 새롭게 확인하는 기회가 되었고, 확산 일로에 있던 그 운동을 이끌어 가는 일에 헌신하겠다는 그의 결심을 더욱 굳세게 만들었다.

그 당시 진젠도르프는, 예전의 '연합형제단'이 하나의 독자적인 교회라기보다는 교회 안에 존재한 집단에 불과했다고 믿고 있었다. 따라서 그는 '교회 안의 교회'라는 개념과 사랑의 누룩이 되겠다는 비전, 그리고 모든 교회의 융합이라는 차원에서 모라비아교도들을 지원할 수 있었다. 윌리엄 애디슨(William Addison)의 말처럼, 진젠도르프의 의도는 "독자적인 모라비아 교회를 세우는 것이 아니라, 하나의 폭넓게 개방된 평등한 '예수의 공동체' 안에서 모든 그리스도인이 하나가 되게 한다는 이상을 구현하는 것이었다."[38]

이제 진젠도르프는 모라비아교도들 사이에서 일기 시작한 자신의 지도자 역할에 대한 비판을 다소라도 누그러뜨릴 목적으로 루터교의 성직 수임—안수—을 받기로 결심했다. 그는 루터교적 정통성을 인정받아 1734년에 목사가 되었다. 한편, 모라비아 선교사들이 비루터교 지역으로 파송되면서, 헤른후트에서는 완전히 모라비아식의 목회자 직분과 관련하여 훨씬 더 큰 문제가 일어나고 있었다. 헤른후트 사람들은 모라비아 형제단이 '연합형제단'의 감독 계승을 받아야 한다고 주장했다. 당시 '연합형제단'의 전통은 두 명의 주교, 코메니우스의 손자로서 당시 베를린에서 개혁교회 궁정목사로 일하고 있던 다니엘 에른스트 야블론스키(Daniel Ernst Jablonski)와 1734년에 '연합형제단' 주교로 임명된 폴란드의 크리스챤 시크코비우스(Christian Sitkovius)에 의해 명맥을 유지해 오고 있었다. 헤른후트 사람들은 1735년 3월 13일 목수이자 모라비아 '연합형제단' 가정 출신의 다비드 니취만(David Nitschman)을 선출하였고, 니취만은 시트코비우스의 서면 동의로, 베를린에 있는 그의 자택에서 야블론스키에 의해 모라비아 주교로 임명되었다. 그로부터 2년 후에는 진젠도르프 자신이, 역시 시트코비우스의 서면 동의를 받아 야블론스키와 니취만에 의해 모라비아 주교로 임명되었다. 다소 특이한 양상을 띠었던 이 성직수임식은 프러시아의 왕 프레데릭 윌리엄과 캔더베리 대주교 당선자 존 포터(John Potter) 두 사람의 승인 하에 거행됨으로써, 프로이사아에서 모라비아 교회가 인정을 받는 길과 영국에서 모라비아식 사역을 행할 길을 마련하는 계기가 되었다. 이제부터 진젠도르프는 공식적인 모라비아 형제단의 주교이자 논쟁의 여지가 없는 형제단 교회 지도자가 되었다. 진젠도르프는 1737년 12월 15일 피터 뵐러를 모라비아 목사로 임명함으로써 최초로 성직수임식을 거행하였다.[39]

논쟁과 성장

그 당시에 진젠도르프가 직면해 있던 좀 더 외적인 문제들은 헤른후트 사건들이 도처에서 유발시킨 논쟁과 비난으로부터 생겨난 것이었다. 모라비아 공동체는 1732년과 1736년에 정부로부터 조사를 받았다. 비록 이 조사로 인해 모라비아 공동체의 교리적 오류와 모라미아 지방으로부터 사람들을 끌어 들이려 한다는 오해기 해소되기는 했시만, 논쟁은 여전히 계속 되었다. 1732년 이후로 진젠도르프는 모라비아나 보헤미아 이주민들이 그의 영지에 정착하는 것을 더 이상 허용하지는 않았다. 1732년 적들의 선동으로 그에게 영지를 매각하라는 명령이 떨어졌을 때, 그는 아내에게 모든 법적인 권리를 양도했다. 그는 또한 1736년 3월 삭소니 왕 프레데릭 아우구스트 3세로부터 추방 명령을 받아, 1737~1738년간의 몇 달 동안을 제외하고는 헤른후트를 떠나 있어야 했다. 그는 이 기간 동안 그가 '순례 회중'(Pilgrim Congregation)이라 불렸던 모라비아 형제단의 여러 속회원들과 더불어 널리 여행을 했다. 결국 삭소니 왕은 마음을 바꿔 헤른후트를 방문하고 나서 추방 명령을 철회

했으며, 1749년 삭소니에서 그 형제단의 완전한 양심과 예배의 자유를 인정하는 포고령을 발표했다.

추방 기간 동안에도 진젠도르프는 헤른후트와 밀접한 관계를 유지해 나가면서 모라비아 선교 상역을 확장하는 일에 전념하였다. 1732년 레오나드 도버(Leonard Dober)가 서인도 제도의 덴마크 령에 있는 노예들에게 파송되었고, 1733년 1월에는 크리스찬 다비드와 다른 두 명의 형제가 그리인랜드 선교사로 파송되었다. 이즈음 그 형제단은 대륙의 여러 지역과 광범위한 접촉을 하고 있었다. 1734년에는 아우구스트 슈팡엔베르그를 포함한 여러 형제들의 공동체를 설립하고 인디언들을 회심시키기 위해 조오지아에 파송되었다. 1735년 여러 가족을 포함한 비교적 큰 모라비아 집단이 영국을 경유하여 조오지아로 가고 있었는데, 바로 이 때 미국으로 가고 있던 존 웨슬리와 찰스 웨슬리 형제가 우연히도 그들과 접촉하게 된다.

모라비아교도들은 1727년경부터 영국과의 접촉을 계속해 오고 있었다. 조만간 영국에서는 초기 모라비안주의와의 긴밀한 상관관계 속에서 강력한 모라비아 운동이 일어나기 시작했다. 진젠도르프는 신세계에서의 모라비아 사역에 관계하는 당국자들을 만날 겸, 그리고 모라비아 주교단에 대한 영국 교회의 승인을 얻을 겸, 1737년에 직접 런던을 방문하였다. 그는 캔터베리 대주교 당선자인 존 포터와 회담을 가졌고, 최근 조오지아에서 돌아와 있던 찰스 웨슬리와도 사귀게 되었다.(이 때 존 웨슬레는 계속 조오지아에 머물고 있었다.)

런던에 있는 동안, 진젠도르프는 제임스 오글토프(James Ooglethorpe) 장군과 의논하여 '모라비아 디아스포라 협회'(Moravian Diaspora Society)를 설립하였다. 그 후 백작은 1755년 3월 헤른후트로 되돌아오기까지 영국에 자신의 본부를 두었다. 그는 1760년 5월 9일 헤른후트에서 사망했다.

한편, 아우구스트 슈팡엔부르그는 점차 모라비아교도들의 핵심적인 지도자로 부상하고 있었다. 그는 백작이 사망했을 때 그의 후계자로 임명되었고 사실상 모라비아 교회를 대표하는 위치에 오르게 되었다. 스퇴플러의 말처럼, 공평한 관리 능력과 1779년의 『기독교 교리에 대한 짧은 소견』(*Brief Idea of Christian Doctrine*)의 출판으로 슈팡엔베르그는 "진젠도르프식 운동을 본질적으로 루터교 신앙고백에 대한 경건주의적 이해로 돌려놓는 데 성공했다. 하지만 그로 인해 그 운동에서 초기의 원동력이 다소 사라져 버렸고, 수적인 성장에서도 괄목한만한 성과는 거두지 못하게 되었다."[40]

진젠도르프가 이끌어간 모라비안주의는 독일 이외의 지역에 대하여도 상당한 영향을 주었다. 헤른후트는 대륙과 영국, 베들레헴과 나사렛, 그리고 신세계의 펜실바니아 같은 곳에 세워진 여러 모라비아 공동체들의 모델이 되었다. 이러한 정착촌들은 광범위한 설교와 선교활동의 전초기지가 되었다. 이렇게 볼 때, 이 시기의 모라비아교도들은, 오늘날 세계에서 가장 큰 선교 조직이라 일컬어지는 '예수전도단' 같은 조직과 많은 유사점을 보여 준다.[41] 애디슨은 이렇게 말한다.

> 전형적인 모라비아 정착촌은 경제적·사회적·종교적인 훈련 체계 그 자체라고도 할 수 있었다. 중세의 수도 마을처럼, 형제단은 인구밀집지역으로부터 멀리 떨어진 조용한 곳에서 회합을 갖곤 했다. 몇 년 후 영국에서 종교적인 관행들과 경제적·법적인 관행들이 함께 어우러져 모라비아식의

헌신적 이상에 기여하는 군구(郡區)들이 생겨났다. 친교와 순결성을 유지하기 위해 사회생활과 오락은 규제되었고, 적절한 직업과 사업이 육성되었다. 병자들과 노인들은 공동체가 돌보았으며, 다양한 형태의 '조'들을 위한 숙박시설이 마련되었다.⁴²

진젠도르프의 교회관

진젠도르프에게 교회는 '성령 안에 있는 하나님의 회중'이자 '상처받은 양들의 작은 무리'였다.⁴³ 진젠도르프는 교회를 '성령 안에 있는 하나님의 회중'이라는 말로 자주 묘사했다. 하지만 교회와 기독교적인 체험에 관한 그의 언어는 그리스도의 상처와 고통, 그리고 양이라는 이미지에 집중되어 있으므로, '상처받은 양들의 작은 무리'라는 말이 그의 교회에 대한 근본적인 개념을 훨씬 더 적절히 표현해 준다고 볼 수 있다. 결국, 그는 지역교회를 그리스도의 작은 무리로 보는 한편, 보다 더 보편적인 교회는 '성령 안에 있는 하나님의 회중'으로 보았다고 할 수 있다.⁴⁴

스페너나 프랑케와 마찬가지로, 진젠도르프 역시 정통 루터교의 교리를 받아들이면서도 그 제도적인 측면보다는 살아있는 유기체적 본질을 강조했다. 1740년대에 마리엔보른에서 모라비아 신학생들에게 「아우그스부르그 신앙고백」을 해설하는 가운데, 진젠도르프는 "그리스도 교회라는 말이 '모든 진정한 신도들과 성도들의 모임'이라는 말보다 더 적절한 뜻을 내포할 수는 없다."고 말했다.⁴⁵ 진젠도르프는 또한 이

것이, "교회가 불쌍한 죄인들과 예수 그리스도의 피를 통해서 자신의 죄를 용서받은 사람들로 이루어져 있다."고 말하는 것과 똑같은 의미라고 말했다.[46]

교회사에 대한한 관심을 갖고 있었던 진젠도르프는 그 당시에 씌어져 있던 것보다 더욱 적절한 역사, 즉 이단의 발전 과정 이상의 것을 다루는 역사를 쓰고 싶어했다.[47] 그의 교회론의 핵심은 다음의 인용문에 잘 나타나 있다.

> 거룩한 그리스도 교회가 항상 존재해 왔었는가? 그렇다면 교회는 '예수의 고난'에 관한 교리를 늘 실천해 왔어야 했고, 언제나 예수 그리스도께서 우리의 죄와 영혼을 위해 걸머지셨던 굴레와 채찍이 동참할 각오가 되어 있어야만 했다.[48]

진젠도르프의 교회론 가운데 가장 특색있고 주목할 만한 특징은, 교회가 세밀하게 짜여진 공동체('작은 무리')라는 강조와 결합시킨 방식이었다. 이 점에 있어서 그의 교회론은 재세례파 또는 급진적 개신교의 전통과 유사점을 나타내고 있다. 그는 심지어 잘못된 종파들 가운데서도, 그리고 가장 어두운 시대에 있어서조차도 하나님의 백성들로 이루어진 눈에 보이지 않는 교회가 모든 나라에 존재한다고 보았다. "거기서도 구주께 속한 영혼들은 다소 그릇된 교리에도 불구하고 구원에 반드시 필요한 부분에 있어서는 공정하게 보호된다."[49] 교회의 '하나됨'에 관하여 진젠도르프는 다음과 같이 말했다.

오늘날 그리스도의 교회는 어느 한 곳에 국한되어 존재하는 것이 아니라 세상 이곳저곳에 산재해 있다. 그러므로 교회의 '하나됨'에는 세 가지 종류가 있다고 할 수 있다.

첫째, 나는 그리스도인이라 자처하는 어떤 사람이 있을 때, 내가 그 사람을 잘 알게 되어서야 비로소 그 사람과 성령 안에서 하나가 되었다고 말할 수 있다.

둘째, 모든 사람에게 찾아오는 하나의 영과 일치를 이룬 사람은 나와 똑같은 진리를 소유하고 있으며 나와 똑같은 기초 위에 서 있다.

셋째, 하지만 실제로 나는, 오직 같은 제도 안에서 같은 방식으로 구성원이 된 사람들과만 한 몸을 이룬다.[50]

진젠도르프는 눈에 보이는 교회 안에는—심지어 모리비아 교도들 가운데에도—밀과 가라지가 뒤섞여 있다고 보았다. 그는 "비록 우리들 가운데 믿지 않는 사람들이 많은 것은 아니지만 단 한 사람도 없다고는 말할 수 없다. 예수님의 제자들에게 있어서도 그랬던 것처럼, 믿음과 불신은 항상 뒤섞여 있게 마련이다."라고 말했다.[51]

그리스도 공동체와 보다 더 폭넓은 보편적 교회라는 두 개의 초점이, 갱신 운동 및 그 안에서의 모라비아교도들의 위치에 대한 진젠도르프의 비전에서 중심을 이루고 있었다. 이는 실제로, 스페너와 프랑케의 비전이 확대된 형태였다. 왜냐하면 그는 비전은 초기 경건주의자들의 것보다 훨씬 더 치밀한 공동체 체험을 제공했고, 교회의 전체의 더욱 포괄적이고도 철저한 갱신을 요구했기 때문이다. 이같은 비전 속에서, 진젠도르프는 모라비아 형제단이 핵심적인 역할을 담당해야 한다는 부르심을 받았다고 느꼈다. 그는 새로운 형제단을—단순히 지류로서가 아니라 교회의 '하나됨'을 초래하는 핵심 매체로서—하나의 '거룩한 보편적 교회'라는 대양의 합류하는 작은 시냇물로 보았다.[52] 루이스의 말처럼, 당시 진젠도르프의 생각은 다음과 같은 것이었다. "모라비아 교회에서 이룩된 갱신이 보여 주듯이, 하나님의 회중이자 그리스도의 백성이라는 표를 더욱 많이 지니는 일, 양적인 것보다는 질적인 것을 추구하는 일, 모든 교파가 하나가 되어야만 하는 까닭을 밝히는 일, 그런 후에는 무대로부터 기꺼이 사라질 준비를 갖추는 일이야말로 교회의 '하나됨'의 본보기가 되어야 할 형제단의 영광스러운 임무였다."[53]

'작은 교회', '대'(隊) 그리고 '디아스포라'

교회와 교회갱신, 그리고 모라비아교도들의 세상에서의 역할에 대한 진젠도르프의 견해를 이해하기 위해서는 그의 '대' 이론은 분명히 '교회 안의 교회' 사상의 확장 및 변형이다. 실제로, '작은 교회' 개념의 경건주의적 변형이라는 맥락을 이해하지 못하고서는 진젠도르프가 어떻게 '대' 이론을 도출해 낼 수 있었는지 알기 어려울 것이다.

진젠도르프는 어린 시절부터, 특히 스페너와 그의 주변 사람들을 통해서 '교회 안의 교회' 사상에 접하게 되었다. 헤른후트가 본격적인 궤도에 오르기 시작하자, '형제단'이야말로 독일 루터교회 속의 '작은 교회'일 것이라는 게 진젠도르프의 생각이었다. 처음에 그는 이것이 예전의 형제단이 지니고 있던 정체성과 일치한다고 생각했다. 백작의 선교적 관심과 결합된 헤른후트 정착민들의 자의식과 확대된 공동체 규모는, 모라비아 신도들이 갱신과 '하나됨'과 선교라는 세 가지 목표를 위해서 전체 교회 내의 '작은 교회'가 될 수 있다는, 또한 그렇게 되어야 한다는 사상을 일어나게 했다. 이같은 비전은 모라비아교도들의 갱신에 있어서 하나님의 도움 뿐 아니라, 각 교파가 분명한 가치관을 지니고 있다는 생각을 전제로 하고 있었다. 각 교파는 하나의 '대', 즉 보다 큰 그리스도의 몸에 속한 독특한 구성체다. 모라비아 역사가인 테일러(J. Taylor)와 케네스 해밀턴(Kenneth G. Hamilton)은 이렇게 말한다.

1744년 5월 12일부터 6월 15일까지 열린 '마리엔보른 종교회의'(Synod of Marienborn) 기간 동안, 진젠도르프는 이 '대'(Tropus) 개념을 발전시켰다. 이 용어는 훈련 방법을 뜻하는 그리스어 '트로포이 파이데이아스'(*tropoi paideias*)에서 유래된 것이다. 진젠도르프는 개신교 교회들의 본질적으로는 하나이지만, 각 교회는 자체 전통에 따라 영혼들을 훈련시킬 고유의 특별한 재능을 소유한다고 믿었다. 그러므로 형제단 안에는 루터교, 개혁교회, 모라비안 그 후 메서디즘까지 '대'가 있어서 영혼들이 각 교파 고유의 강조 사항에 적응하면서 훈련을 받을 수 있어야 했다. 왜냐하면, 어떠한 교회도 단독으로 영혼들을 치유할 수 있는 완벽한 방법을 지니고 있지는 못했기 때문이다.[54]

진젠돌프는 실제로, 다양한 '대'의 지도자들을 임명함으로써 자신의 계획을 실천에 옮기려고 시도하였다. "진젠도르프는 마침내 여기서 모든 교파의 귀중한 유산을 보존하면서 그리스도인이 된 사람들을 하나로 뭉치게 할 수 있는 수단을 발견했다고 생각했다."[55]

각 교파의 전통이 독특한 기여를 하게 되리라는 진젠도르프의 믿음은 '삶과 계시의 다양성'에 대한 깊은 이해로부터 자연스럽게 유발되었을 뿐, 정치적 또는 실제적인 고려에서 나온 것만은 아닌 것 같다.[56] 진젠도르프는 다음과 같이 기술하였다. "자연은 각기 다른 경향을 지닌 온갖 피조물로 가득 차있다. 이같은 사정은 영적인 세계에 있어서도 역시 마찬가지이다. 그러므로 우리는 사상의 다양성을 아름답다고 보아야 할 것이다."[57] 각각의 '대' 안에서 예수님은 하나의 보편적인 교회에 참여할 수 있도록 그분의 양무리를 준비시켰다. 루이스의 말처럼 "비록 이들 가운데 어느 것도 그 자체가 목적은 아니었지만, 진젠도르프는 이 '대' 가운데 어느 것 하나도 파괴하려고 하지 않았다."[58]

진젠도르프는 이처럼 다양한 교파들 가운데서 유독 모라비아교도들만이 해 낼 수 있는 독특한 역할을 감지하였다. "어떤 교파에 속한 그리스도인들의 지식을 넓혀 주거나 그들이 추구하는 원리들을 수정해 주는 것이 우리의 임무는 아니다. 우리의 임무는 그들에게 예수님의 형상을 입혀 주고, 모든 교파들이 경건하게 우러러보는 우리의 고난을 당하신 하나님의 모습을 새롭게 아로새겨 주는 것이다."[59] 바로 이것이 다양한 교파들 가운데서 모라비아교도들이 이행해야 할 특별한 소명이었다.[60]

그가 살던 시기와는 걸맞지 않게, 진젠도르프는 교파와 전통의 다양성 속에서 타당성과 가치를 발견했다. 그는 루터교인이나 칼빈주의자들의 신앙고백이 구원받기 위한 전제조건이 될 수는 없으며 단지 각자 나름대로의 개념에 따라 사람들을 구별할 수 있게 해 줄 따름이라고 하면서, 각기 상이한 교파들의 주장을 철저히 상대적으로 보면서 그 가치를 인정해 주었다.⁶¹ 1747년에 그는 이렇게 말했다.

> 그리스도인들 사이에 존재하는 기존의 교파들은 인간이 만들어 낸 것이라기보다는 하나님이 만들어 내신 것이라고 보아야 한다. 소위 '국가 종교'가 존재하는 데에도 그럴 만한 충분한 근거가 있다. 교회법 같은 것이 아니고서는 다스려 나갈 수 없는 나라가 있기 때문이다.
>
> 그렇다. 각 교파에는 일반적으로 오직 그들만이 지니고 있는 몇 가지 보석(진리의 명확성, 관대한 기질 등)이 있는 법이다. 개신교와 구별되기 이전의 옛 형제단은 거의 모든 교파와의 접촉을 유지하고 있었다. 그들은 한편으로 자신들의 보석을 확실하게 보존하고(그들은 좀 더 엄격하게 성경적인 교회의 가능성을 역설하곤 했다.), 그러면서도 다른 교파에 칭찬할 만한 점이 있으면 그것을 분명하게 인정했다. 이것이 바로 이 평범한 그리스도의 종들이 지켰던 원칙이었다.⁶²

진젠도르프는 사망하기 2년 전인 1758년에도 이와 비슷한 말을 했다. "기독교에 수많은 교파들이 다양하게 존재하는 데에는 깊은 하나님의 뜻이 깃들어 있다. 그것을 통해서 하나님의 영적인 나라가 통일성을 유지할 수 있음은 물론, 전 세계적인 '교회-제국'(Church-Emprie)이 새롭게 일어날 수도 있는 것이다".⁶³

지칠 줄 모르는 낙관주의자였던 진젠도르프는 모라비아 형제단이 50년 이내에 초교파적인 선교사역을 완수할 것으로 생각했다. 다양한 '대'들은 교회가 예수 그리스도 안에서 완전히 하나가 될 때 스스로 사라져 버리고 말 것이다.⁶⁴

진젠도르프의 '대' 사상은, 영국에서 모라비안주의를 합법적인 감독 교회로 인정받게 하려는 그의 노력 및 다양한 교파 지도자들과의 잦은 만남과 대화를 통해 형성된 것이었다. 하지만 이 개념이 실제로 구현될 수는 없었고, 다른 상황에서 그것이 가능했는지의 여부도 미지수다. 진젠도르프의 제안은 너무나 대담하고 논쟁의 여지가 많았다. 모라비아교도들을 인정받게 하려는 과정에서 자신이 교회의 보편적인 '하나됨'을 옹호한다고 말할 때마다, 진젠도르프는 종종 기회주의자라는 의혹을 사기도 했다. 심지어 모라비아교도들까지도 '대' 개념을 이해하지 못하거나 거기에 공감하지 않았다.[65] 1749년 진젠도르프는 이교로부터 회심한 '신개종자'(Neophyte) 및 '순례 회중'의 '대'와 마찬가지로 루터파, 개혁파, 모라비아파, 메노나이트파, 성공회 등의 '대'들이 이미 형성되었다고 주장했다. 하지만 루이스는, 1789년 경에는 '대'들이 계속 유지되어야 한다는 주장이 자취도 없이 사라져 버리고, 각 '대'의 지도자들도 더 이상 임명되지 않았다고 지적한다.[66]

진젠도르프의 모라비아 '디아스포라' 및 '순례 회중'이라는 개념도 '대' 개념과 연관되어 있었다. 이들 개념 역시 보다 더 큰 교회 안에서—그리고 그 교회를 위한—모라비아교도들의 역할을 바라보는 관점이었다는 점에서 '작은 교회' 개념의 확장이라고 할 수 있었다.[67]

「베드로전서」 1장 1절을 바탕으로 한 모라비아 '디아스포라' 개념은 모라비아교도들이 기독교 세계 전역에 일치와 갱신의 대리인으로 퍼져 있음을 말하는 것이었고, '순례 회중'은 모라비아교도들 간의 의사소통과 여행의 중추 역할을 했던 소규모 이동 공동체를 의미했다.

비록 진젠도르프가 1749년까지는 '디아스포라'라는 용어를 사용하지 않았지만, 실제로 헤른후트 사람들이 기독교 지역으로 흩어지기 시작한 것은 1727년 8월 헤른후트에 있었던 '오순절 체험' 이후부터였다.[68] 모라비아교도들은 가능한 곳이라면 어디서든 기도와 친교를 위한 그리스도인들의 '디아스포라 신도회'를 조직하곤 했다. 그들은 특히 단순성과 비공식적인 측면을 강조했다. "그곳 사람들은 찬송하고 기도하며 서로 이야기를 나눌 수 있기만 하면 되었다. 그들에게 있어서 기독교적인 체험에 관한 논의를 벗어나는 것은 그릇된 일이었다."[69]

'디아스포라 신도회'의 구성원들은 여전히 자신이 속해 있던 교파에 그대로 속해 있으면서 모라비아 형제단과 친밀한 교제를 나누고 모라비아 문서와 찬송을 함께 하곤 했다(하지만 모라비아식 '주의 만찬'만은 받아들이지 않았다).[70] 이같은 사실은 다음 장에서 논의하게 될 웨슬리 형제가 1738~1740년까지 참여했던 런던의 '페터 레인 신도회'(Fetter Lane Society)의 본래 성격과 의도를 상당 부분 설명해 준다.

'디아스포라 신도회'들은 (예컨대, 문학과 음악을 활용하고 '주의 만찬'이 각자의 교파 전통과 동일시함에 있어서 일차적인 징표가 되었다는 점에서) 오늘날 카톨릭이나 개신교의 카리스마적 친교 또는 기도 모임과 상당한 유사성을 지니고 있었다. 이같은 형태는 실제로 스페너의 경건주의에 그 뿌리를 둔 것으로, '디아스포라 신도회'들은 스페너가 '경건한 모임'에 기대한 것만큼이나 활발히 움직여 나갔다. 그들의 공통점은 교리적 논쟁으로부터 자유로운 친교와 상호 교화였고, 주요 차이점은 모라비아 류(類)의 초교파적 입장이었다. 루이스는 이렇게 말한다. "모라비아교도들은 '디아스포라'들이 여러 교파들 속에 결성한 모임 및 '신도회' 조직망을 통해서 기독교 세계에 생기와 일치의 바람을 불어넣었다."[71] 전하는 바에 의하면, 1745년 경에는 159개의 '신도회'가 조직되었다고 한다(루터교 88개, 개혁교회 38개 모라비아 교파 30개, 기타 3개).[72]

1735는 진젠도르프의 추방으로부터 싹터 나와 1743년에 처음으로 조직되었던 '순례 회중'은 본질적으로 '선교 단위'[73]—"거대한 복음주의 운동과 초교파적 증거 운동을 위해 양육, 조직, 파송하는 역할을 했던"[74]—였다. 그것은 공동의 재정으로 이루어진 공동체였으나 대부분의 비용을 진젠도르프가 충당하였으며 다른 사람들의 기부나 차용으로 일부 보충되기도 했다.[75] "'순례 회중'은 각계각층의 신도회로 구성되어 있었지만 모든 사람이 다 함께 어려움을 나누었고 같은 음식, 같은 물건을 나누어 썼다. 그 누구도 임금을 받지 않았으며, 어떤 순례자에게 개인적인 수입이 생겼을 때에는 공동의 필요를 위해 기부하곤 했다."[76] 그들은 진젠도르프와 함께 대륙과 영국을 떠돌아 다녔는데, 진젠도르프가 본부로 쓰기 위해 구입했던 런던의 '린제이 하우스'(Lindsey House)를 1750년대 몇 년간 자신들의 거점으로 사용하기도 했다.[77]

모라비안주의의 경우, '교회 안의 교회' 개념에는 교회 안에서 갱신을 이루는 공동체로서의 형제단과, 분리된 교파(그들은 점차 이렇게 되어 갔다.)로서의 형제단 사이에 긴장이 존재했다. 루이스는 이렇게 보았다. "진젠도르프는 초교파적인 모라비아 '디아스포라'라는 이 개념을 완전한 조직을 갖춘 모라비아 교회의 설립과 결코 조화시킬 수가 없었다. 이렇게 '디아스포라' 개념과 교회 개념 사이에 해결되지 않은 긴장은 18세기 내내 대부분의 모라비아 지도자들에게 그랬던 것처럼 끝까지 진젠도르프를 괴롭혔다."[78]

공동체로서의 교회

진젠도르프의 교회론은 매우 기독론적일 뿐만 아니라(상처받은 구주의 무리) 매우 성령론적(성령의 공동체)이었는데, 이 두 가지 측면 모두가 공동체로서의 교회 개념을 강조하였다.

교회를 공동체로 생각한 점에서 진젠도르프는 스페너의 유기체적 교회 상(像)을 바탕으로 하면서도 그것을 더욱 발전시켜 나갔다고 할 수 있다. 헤른후트에서의 공동체 체험은 진젠도르프가 품고 있던 생각을 드러내 보여 준다. 예수님은 때때로 그분의 회중 또는 작은 무리에게 모습을 드러내신다고 말했을 때, 그는 분명 헤른후트를 염두에 두고 있었다. "때때로 그분의 숨결이 그들 사이에서 움직인다. 그리고 이런 일이 하나님의 회중에게 일어날 때면, 바로 그 순간부터 그들에게 커다란 변화가 일어나곤 한다."[79]

스페너와 마찬가지로, 진젠도르프는 신앙고백을 그리스도인의 성장에 필수적인 것으로 보았으며 거기에는 교회의 공동체 생활이 매우 중요한 위치를 차지한다고 보았다. 소규모 모임들은 바로 이같은 목적에 잘 부합되었다. 진젠도르프는 이렇게 주장하였다.

신앙고백이 자신의 마음 그대로임을 서로 이야기할 수 있어야 한다. 그래야만 올바르고 정직한 무리를 얻을 수 있음은 물론, 그들로 하여금 마음속의 진실을 표현하는 일에 익숙해지게 하고, 적어도 확실치 않은 것에 대하여는 그런체하지 않도록 만들 수 있기 때문이다.[80]

진젠도르프는 복음전도와 증거를 위해서는 농도 짙은 공동체 체험이 반드시 필요하다고 보았다. 그는 이렇게 말했다.

우리는 다음과 같은 원리에 따라 행동해야 한다. 수많은 사람들의 영혼 속에 자리 잡고 있는, 억누를 길 없는 행복한 소명은 '집' 안의 작은 무리를 전제로 한다. 그들은 모두 몸과 영혼으로 우리 구주를 갈망하고 있으며, 그분 안에 있는 모든 사람들과 한몸이 되어 있다. 만약에 우리가 "모든 것이 준비되어 있으니 어서 오세요. 그러면 이곳에 있는 사람들을 당신에게 보여 주겠소. 그러니 와서 보세요."라고 말할 수 있다면, 이 작은 무리로부터 복음 설교가 저절로 이루어질 수 있을 것이다.[81]

이같은 공동체에서 부자나 권력자가 가난한 사람보다 더 가치 있게 취급되지 않는다. 복음 증거에서 부자들이 제외되는 것은 아니지만, 그들 때문에 지체되는 일이 있어도 안 된다. 공동체는 "아무 것도 내세울 것이 없는 불쌍한 피조물들을 찾아 그들을 위로해 주어야 할 것이다. 그런 식으로 그들을 부르면, 여러분이 그들의 환영을 받음은 물론 많은 사람들이 여러분을 찾아오게 될 것이다."[82]

진젠도르프가 공동체의 일치를 이토록 강조했던 것은, 그가 성장을 성공으로 보기보다는 위험으로 보았다는 것을 뜻한다. "모든 교파와 종파는 더 크고 강하게 성장하기 위해 노력한다. 하지만 우리는 우리를 떠나는 모든 이에게 항상 문을 열어 놓으면서도, 그들을 받아들이는 일에 더욱 신중을 기해야 할 것이다." 그는 이어서 이렇게 덧붙였다. "우리 시대의 교회는 그 규모가 작아서라기보다는 오히려 너무 방대하기 때문에 병들지 않을까 두렵다."⁸³ 그는 또 헤른후트에서의 공동체 체험을 회상하며 다음과 같이 말했다. "현재 우리공동체에 가입을 희망하는 사람들이 너무나 많기 때문에, 공동체는 구주의 승인 없이는(아마도 제비뽑기에 의해 결정될 것이다) 어떤 사람도 추가로 받아들이지 않기로 공식 발표하였다."⁸⁴

성령에 관한 진젠도르프의 독특한 개념 역시 이것과 관련이 있다. 그는 성령에 관한 언급할 때마다, 상당히 신중하게 여성적인 이미지를 사용하곤 했다. 이는 분명 교회를 공동체 또는 가족으로 본 그의 관점의 일부였다. 그는 성령에 관하여 '우리를 낳으신 어머니'(우리는 예수님의 상처들을 통해 성령으로 거듭난 존재다.),⁸⁵ '인류의 유모',⁸⁶ 또는 '거룩한 영의 어머니 같은 역사(役事)'⁸⁷ 같은 말들을 사용하여 예수와 성령과 공동체를 서로 결합시켰다. 그는 "하늘의 우리 어머니인 성령과 우리 영원한 신랑이신 예수"께서 교회를 위해 중재하고 계신다고 믿었다.⁸⁸ 성령은 "연인이신 예수"를 위해 역사하신다.⁸⁹ (이런 어투는 모라비아교도들의 편지에서도 흔히 발견된다).

진젠도르프는 그런 어투를 사용했기 때문에 종종 루터교인들로부터 비난을 받곤 했다. 그러나 그것은 어디까지나 은유적인 표현에 불과했고, 거기에 담겨져 있는 이미지는 교회에 대한 그의 독특한 이해를 강조하는 역할이었다. 그러므로 진젠도르프는 이렇게 기술했다. "성령의 교제에는 이같은 우리 어머니의 뜻에 대한 즉각적이고도 어린이다운 분별력과 성령의 자녀답게 보일 수 있도록 성령의 본성을 닮아야 한다는 조건이 따른다. 복되신 삼위일체 각각의 모습이 우리 모두에게서 드러나야 한다."⁹⁰ 진젠도르프는 외할머니를 회고하면서, 성령이신 "우리의 어머니는 우리를 위로하고 훈계하시며, 우리의 나쁜 습관들을 고쳐 주시고 우리를 올바르게 이끌어 주신다."고 말했다.[91] 그는 또 "우리의 마음에 미치는 성령의 영향을 고려할 때, 우리는 성령님께 '어머니'라는 호칭을 붙여도 무방할 것이다. 그렇다고 해서 하나님 고유의 존재 양식을 규정하려는 것은 아니다."[92] 진젠토르프는 「이사야」 66장 13절의 "어미가 자식을 위로함 같이"라는 구절을 인용하여 자신의 말을 변호하면서 다음과 같이 말했다.

이제 우리가 이 구절을 해석하면서 성령의 '위로'라는 말을 사용한다면, 아무도 잘못을 들춰 내려고 하지는 않을 것이다. 하지만, '어머니'라는 말을 성령께 적용할 경우에는 사람들로부터 시끄러운 반대의 말을 듣게 될 것이다. 나는 사람들이 그토록 까다로운 편견을 갖는 이유를 이해할 수 없다. 왜냐하면, 성령께 속한 행위나 기능이 있는 것처럼 그분께 걸맞은 호칭이 있을 수 있기 때문이다. 그래서 우리 회중은 성령과 삼위일체의 다른 위격들을 인간 가족의 호칭을 통해 성격을 나타내려고 시도하였다. 그리스도는 우리의 신랑이시고, 그분의 아버지는 우리의 아버지, 그리고 성령은 우리의 어머니이시다. 이는 매우 가족적인 이미지들은 성 삼위에게도 적용되어, 우리와의 관계 속에서 숙고되고 있는 것이다.[93]

모라비아교도들은 그들 교회 뿐 아니라 헤른후트의 모(母) 공동체에도 어머니 이미지를 적용했다.[94] 이같은 가족 이미지를 공동체에 적용함에 있어서 그는 스페너의 유기체적 이미지를 당시에 수용할 수 있는 한계 너머까지 확대했다.

교회의 질서와 규율

진젠도르프의 공동체로서의 교회관은 교회의 규율과 구조에 대한 그의 실제적인 관심과 밀접하게 연관되어 있었다. 여기서는 특히 두 가지 강조점이 주목할 만하다. 즉, 공동체를 세우고 유지하기 위한 구조의 필요성과 그 구조가 제도주의나 쓸모없는 정통주의로 빠져들지 않기 위한 유연성의 필요성이 그것이다.

진젠도르프는 구조에 대한 자신의 접근방법을 다음과 같이 요약하였다. "그들(모라비아교도들)은 어떤 모임이나 조직이 유용할 때에는 그것을 충실히 유지시켜 나갔지만, 그것이 올바른 교화에 무익하다고 판단될 때에는 당분간 또는 영원히 배제시켜 버리곤 했다."[95]

진젠도르프는 공동체를 위한 규율과 질서가 반드시 필요하다는 것을 인정하지만, 그것을 신중히 운용하지 않을 경우에는 성령과 인간의 영혼에 반작용을 일으킬 수도 있다고 보았다. "교회 규율이 완벽하면 할수록 더욱 더 세련된 위선자를 만들어 낼 뿐이다. 은혜가 진정으로 규율을 지배하는 곳인 우리들의 마음속에서는 예수님의 공덕이 바로 최상의 규율이다. 왜냐하면 우리 가운데 어느 누구도, 그분이 어떠한 대가를 치르고 우리를 구원해 주셨는지를 잊지 못하기 때문이다."[96] 그러므로 "모든 사람에게 언제든 우리를 떠날 수 있는 자유를 보장하되, 예수님의 고난을 진정으로 받아들인 영혼은 아주 가버리는 법이 없다는 사실을 확신시켜 주어야 한다."[97]

질서에 대한 이러한 접근방법은 헤른후트를 비롯한 여러 모라비아 공동체 조직에 나타났다. 하지만 진젠도르프가 자신의 원칙을 항상 따른 것은 아니었다. 모라비안 운동이 너무나 빨리 그리고 널리 확산되어 나갔기 때문에, 그는 혼자서 이 운동을 적절히 관리할 수가 없었다. 모라비아 공동체가 특별한 방식으로 나아가야 한다는 그의 주장은 때때로 혼동과 갈등을 야기했고, 어떤 경우에는 좌절에 부딪치기도 했다. 소위 헤른후트와 헤른하그에서의 '감별기'(sifting time) 동안 진젠도르프의 감성적인 이미지가 극단적으로 부각되었던 것은 주로 그의 부재 때문이었다. 그리고 영국의 풀넥에서 모라비안 공동체가 실패했던 것도 주로 진젠도르프의 그릇된 조언과 그 집단이 자신의 의견을 따라야 한다는 그의 고집 때문이었다. 조셉 허튼(Joseph Hutton)에 의하면, "풀넥의 모라비아교도들의 지역에 그들의 모든 사업을 집중시켜서 헤른후트 또는 헤른하그 모델에 바탕을 둔 정착지를 건설해야 한다는 진젠도르프의 주장은 영국적이라기보다는 독일적이었고, 교회의 확장을 위한 길이 아니라 교회의 쇠퇴의 길이었다."[98]

성직수임, 안수, 성례전에서도 진젠도르프는 정통 루터교의 교리를 받아들였는데, 그는 그것을 형제단의 운영 원리에 포함시켜 모라비아 감독제와 혼합시켰고 선교 공동체라는 그의 교회 개념에 조화시켰다. 루이스에 다르면, 진젠도르프는 감독제에 대하여 어떤 특별한 이론을 갖고 있지 않았으며, 단순히 그것을 초교파적 관계를 촉진시키는 데 유용한 "그리스도 교회의 연합과 연대성을 위해 역사적으로 발전된 방법과 상징"으로 보았다.[99]

진젠도르프는 1739년 에베르스도르프 종교회의에서 "우리의 주교들은 장로들에게 복종해야 하며, 성직수여 이외에는 어떠한 기능도 행할 수 없다."고 말했다.[100] 이렇듯 주교직에 관한 모라비아식 개념은 순전히 영적인 리더십의 개념이었다. 진젠도르프가 공식적인 구조에도 불구하고 형제단에서 평생 동안 지도자 역할을 수행했던 것은 어쩔 수 없는 일이었다.

진젠도르프는 프랑케와 마찬가지로 '만인제사장직'을 신학적으로 거의 강조하지 않았다. 그러나 그가 형제단을 하나의 선교 공동체로 본 것과 모든 모라비아교도들을 '예수의 전사들'로 본 것 그리고 모라비아 공동체 안의 수많은 봉사 기능과 선교사역을 행할 수 있는 폭넓은 기회는 다양한 종류의 평신도 리더십과 평신도 사역으로의 길을 넓혀 주었다. 실제로 모라비아교도들에게 몇 가지 사역이나 봉사가 할당되어 있었기 때문에 '만인제사장직' 교리는 일반적으로 루터교 경건주의자들 사이에서보다는 모라비아교도들 사이에서 훨씬 더 광범위하게 적용되고 있었다. 경건주의를 통해서 영적인 각성을 하게 된 수많은 젊은 루터교인들은 사실상 사역의 수단으로서 선교회나 선교 단체에 가입하는 오늘날의 젊은이들처럼 형제단이 제공하는 사역 및 선교 기회 때문에 모라비아교도들에게 매력을 느꼈던 것이다. 뷜러와 슈팡엔베르그는 루터파 경건주의에서 모라비안주의로 옮긴 대표적인 예다.

'상처 신학'(wounds theology)과 초교파적 관심이 반영된 진젠도르프의 성례전적 관점도 공식적으로는 정통을 따랐지만 나름대로 독특한 면이 있었다. 그는 "성례전에는 오직 두 가지만 있을 뿐이다."라고 말했지만, 어떠한 개신교 평의회에서도 성례전의 종류에 대해 확고한 결정을 내린 적은 없었다. 따라서 다른 성례전들도 이 두 성례전에 비추어 이해되었을 것이라고 볼 수 있다.[101] 사실상 결혼은 성례전에 관한 정의를 충족시키는, 「에베소서」 5장의 의미에서 보자면 하나의 신비다.[102] 진젠도르프는 (모라비아교도들 사이에서 매우 특별한 의미를 지닌) 주의 만찬에 관하여, "우리는 실재에 대한 믿음과 실체의 임재 그리고 영성체를 필요로 한다."고 말했으나 '화체설'(transubstantiation)은 거부했다.[103] 세례는 예수에게서 흐르는 피에 몸을 담그는 것이다. 그것은 "예수 그리스도의 심장의 피를 한 영혼 위에 쏟아부어 그로 하여금 고통의 바다에서 헤엄치게 하는 것이다."[104] 진젠도르프의 성례전 찬송 가운데 하나인 "예수, 당신의 피와 의"는 지금도 개신교 찬송가로 널리 불리고 있다.

진젠도르프는 그의 선교적·초교파적 목표에 비추어, 종말론 문제를 지나치게 강조하는 것은 반작용을 일으킬 소지가 다분히 있다고 보았다. 이 문제에 관한 한, 그에게는 성경의 기록들이 모순되게 보였고 핵심 진리로부터 빗나가 있다고 생각했다.[105] 그는 "나는 내 형제들이 앞으로 될 일들이라는 주제에 결코 관심 갖지 않기를 진심으로 바란다."고 말했다.[106] 그럼에도 불구하고, 그는 천년왕국이 비밀스럽게 도래하리라고 믿었다.[107] 다음은 하나로 갱신된 교회에 대한 그의 비전이다.

사방에서 바람이 부는 이 세상 각처로부터 당신의 백성들을 다시 한 곳에 모으고, 흩어져 있는 당신의 자녀들을 규합하는 방법에 대하여는 하나님이 가장 잘 알고 계신다. 그분은 이 목적에 우리를 사용하시지 않을 것이며, 더더욱 그 목적을 위해 군대를 필요로 하거나 어떤 군주를 왕좌에서 끌어 내리거나 이 세상의 제도를 바꾸는 일은 하지 않으실 것이다. 그러나 그때가 되면 사단이 우리 구주의 나라를 멸시하도록 묵인되지도 않을 것이고, 그 나라를 혼란스럽게 만들도록 허용되지도 않을 것이며, 여러 나라에 복음이 퍼지는 것을 방해하도록 놓아두시지도 않으실 것이다. 그리고

모든 사람이 그리스도의 영적인 나라를 동경하게 될 것이다.[108]

그때가 바로 종교와 양심의 보편적인 자유의 시대가 될 것이다. "그리하여 인간은 인간답게 통치할 것이며, 사단의 영향이 아니라 합리적인 이성을 따르게 될 것이다."[109]

현재의 경제 또는 분배체제는 십자가의 나라로 이미 시작된 새롭고 영원한 경제체제 또는 의로운 나라에 이르게 되며, 그때가 되면 그 나라가 지금 땀을 흘리며 열심히 일하는 모든 사람에게 완전하게 드러날 것이다.[110]

"의와 평화와 성령 안에서의 기쁨(롬 14:17)인 하나님 나라는 영성이 충만한 사람들 안에서 영광스럽게 드러난다."[111]

진젠도르프의 종말론에서 가장 주목할만한 점은 현재의 세계 질서 속에서도 하나님의 영광이 드러날 것이라는 영원한 하나님의 나라라는 개념이었다. 하나님의 은혜는 현재 이 세상 안에서 역사한다.[112] 예수께서는 모든 사람을 위해 돌아가셨고 지금도 이렇게 말씀하고 계신다. "모든 영혼이 다 나의 것이니, 나의 자녀들과 내 손으로 이룬 역사를 볼 것이다."[113] 그러므로 "세상의 창조자인 예수 그리스도의 주권적인 능력을 통해서 구원받지 못할 사람은 단 한명도 없다."[114] 진젠도르프는 이렇게 믿었다. "비록 어떤 (죄인이) 구원받아야 한다는 생각을 갖지 않는다고 해서 그에게 구원의 은혜가 거부되는 것은 아니다. 그러므로 형제를 바라보는 시선으로 바라보지 못할 영혼은 하나도 없다."[115] 그는 또한 다음과 같은 생각으로 예정과 선택을 조화시켰다. "모든 영혼의 주님이신 그 아들은 그가 구원하려고 하는 사람이면 누구나 구원하실 능력이 있다. 그분은 선택에 구애받는 분이 아니시다. 따라서 우리는 첫 열매에 불과한 선민일 뿐 아니라 모든 사람에게 구원의 길이 열려 있다고 믿어야 한다."[116]

요약하면, 진젠도르프의 교회론은 루터교적 경건주의의 토대 위에 있었지만, 그의 특별한 은사와 개성 그리고 모라비아-보헤미아 사람들의 영향을 받은아 공동체와 선교의 방향 면에서 보다 완전한 발전을 보였다. 특히 스페너와 프랑케와 비교했을 때 다음과 같은 점들이 주목할만하다.

첫째, 스페너와 프랑케보다는 진젠도르프가 공동체를 더 강조했지만, 공동체의 유기체적 이미지라는 관점에서 보았을 때 그의 교회론은 프랑케의 교회론보다는 스페너의 교회론에 더 가까워 보인다. 실제로 진젠도르프에게서는 스페너의 교회론이 지니고 있는 독특한 특징들이 많이 발견되고 있다.

둘째, 진젠도르프는 스페너만큼 중생을 강조하지도 않았고 '참회의 투쟁'을 강조한 할레의 입장에 대해서도 반대했다. 이는 그것이 자기 체험의 일부가 아니었기 때문일 것이다. 비록 감정적인 면에서 훨씬 더 격렬하기는 했지만, 그의 영적인 순례는 스페너의 영적인 순례와 비슷했다. 콜은 이렇게 말했다. "진젠도르프가 할레를 떠났을 때, 그는 '참회의 투쟁'이라는 경건주의적 개념도 떠났다. 그에게는 그리스도의 주권과 완전한 사랑이 더욱 중요했고, 어떠한 조건 없이 모든 사람이 구주께로 나아올 수 있다는 사실을 그는 깨달았다."[117] 진젠도르프에게는 기독교적인 믿음이 중생(비록 이것이 중요하기는 하지만)보다는 친밀한 공동체 안에서 이루어지는 사회적 믿음의 체험을 중심으로 하고 있었다.

길리안 골린의 말처럼, 진젠도르프와 모라비아교도들은 '종교적 체험의 사회적 성격'에 대한 심오한 의식을 지니고 있었다.[118]

셋째, 훈련과 규율에 대한 진젠도르프의 강조는 스페너나 프랑케, 특히 프랑케와 매우 유사하다. 앞에서 살펴보았듯이, 진젠도르프는 다양한 기독교 전통들을 하나님의 백성들을 위한 훈련소로 보았다. 그러나 스페너가 규율과 훈련을 주로 '모임'을 통해 지역 교구에 일어나는 것으로 보았고, 프랑케가 교육과 자선기관들을 통해서 규율과 훈련을 조장하려고 했던 반면, 좀 더 포괄적인(그래서 아마도 덜 현실적인) 진젠도르프의 비전은 하나로 갱신된 교회를 키워 나가기 위해 다양한 '대'들을 통해 자유롭게 활동하시는 하나님에 관한 것이었다. 물론, 진젠도르프 역시 모라비아교도들 사이의 소규모 모임, 조직, 교육기관에 크게 의존하고 있었다.

넷째, 훨씬 더 강렬한 공동체 개념 안에서, 진젠도르프는 가난한 사람들에게 복음을 전하고 그들을 결속시키는 일에 스페너나 프랑케보다 훨씬 더 역점을 두었다.(진젠도르프의 경건주 선배들에게도 이같은 태도가 완전히 결여된 것은 아니었다).

다섯째, 진젠도르프의 교회론은 로마 가톨릭에게까지 개방적인 입장을 취하고 있었다는 점에서 스페너나 프랑케의 교회론 보다 훨씬 더 초교파적인 성격을 띠고 있었다.

여섯째, 우리는 이 세 사람 모두에게서 은혜와 교회갱신, 개혁의 가능성에 대한 강한 낙관주의를 발견하게 된다. 스페너의 '더 나은 시대에 대한 소망'은 그리스도 나라의 성장과 이 세상 모든 그리스도인들이 친교를 통해 하나가 되리라는 진젠도르프의 낙관주의와 걸맞는다. 이들은 모두 갱신을 가치 있는 것이며 반드시 하나님의 도움을 받아야만 가능한 것이라고 생각했다.

모라비안주의의 내적인 원동력

모라비안주의와 경건주의를 비교할 때 우선 받게 되는 인상은 모라비안주의의 조직이 훨씬 더 복잡하다는 것이다. 이는 헤른후트를 비롯한 여러 모라비아 정착지에서의 상당히 폭넓은 공동체적 생활과 광범위한 모라비아 선교단체 때문이었다. 모라비안주의는 진젠도르프 밑에서 고도로 기동력 있는 선교단체가 되었고, 그 후 슈팡엔베르그 밑에서는 훨씬 더 전통적인 교파 유형으로 정착되었다.

진젠도르프의 개성과 천재성은 분명히 모라비안주의 원동력의 핵심 요소였다. 그러나 이 운동은 올바르게 이해하려면, 이 운동 자체가 어떻게 움직여 나갔는지를 좀 더 상세하게 알아볼 필요가 있다. 우리는 모라비아 '속회'와 '조' 체계를 상세히 살펴본 후, 모라비아 정착촌들이 공동체로서 어떻게 움직여 나갔는지를 알아보고 모라비아 선교단체들의 활동에 관하여 관찰하게 될 것이다.

'속회'와 '조' 체제

앞에서 살펴보았듯이, '속회'라고 하는 구역모임은 1727년 헤른후트에서 형성되어 약 10년에 걸쳐 '조'체제로 발전되었는데, 이 체제는 당시 모라비아 정착촌에서 널리 활용되었다. 골린은 이렇게 말한다.

> 이들 '속회'가 '조'의 전신(前身)이기는 했어도 '조'와 같은 것은 아니었다. '속회'는 계층간의 구분도 덜 엄격했을 뿐더러 회원 가입이 자발적으로 이루어졌던 반면, '조'의 회원 가입은 공동체 모든 구성원들의 의무였다.[119]

'조'체계는 보다 큰 모라비아 공동체 안에 준(準) 독신주의 남녀들을 탄생시킴으로써(결혼이 금지되었던 것은 아니다), 그 자체가 마치 개신교 선교단 같은 기능을 했다. 결혼한 부부는 대체로 함께 살았으나, 육아는 어린이 '조'체제를 통해 공동으로 이루어졌다.[120] 그러므로 부모들은 자유롭게 공동체 일을 하거나 다른 곳에서 선교활동을 할 수 있었다. 사회학적으로 볼 때 이같은 '조'체제는 사실상 "모라비아교도들이 가족적인 의무를 종교적인 의무에 종속시킴으로써 공동체의 종교적 목표에 대한 각 개인의 의무를 극대화시키려는 대체(代替) 가족체제였다."[121]

따라서 '조'체제는 긴밀한 공동체와 선교활동의 확산이라는 이중의 목적에 아주 적합하였다. 이 체제는 결혼한 부부에게는 독신자들과 비슷한 기동성과 자유와 융통성을 제공하였고, 독신자들에게는 결혼한 사람들과 비슷한 가족의식을 느끼게 해 주었고, 과부와 노인들에게는 안식처를 제공해 주었다.

'속회'에서 '조'로의 발전은 주로 종교적인 구조로부터 사회·경제적인 구조로의 변천이었다. 이 변천은 사실상 '경건한 모임'을 여러 가지 다양한 상황에 적용시킨 것이라 할 수 있다. '경건한 모임'은 신자들이 경제적·사회적으로 세상과 관련을 맺고 있는 교구 상태를 전제로 했던 반면, 모라비아 정착촌의 신자들은 대체로 그들끼리만 접촉했다. 그러므로 함께 기도하고 예배드리는 사람이 곧 함께 먹고 일하는, 때로는 함께 사는 사람이기가 십상이었다. 그렇다면 전체 공동체 또는 공동체 전체 삶을 나이와 결혼 여부에 따라 일관성 있게 더 작은 그룹으로 조직하는 것은 어떨까? 모라비아 정착민들은 바로 그렇게 했다. 그때까지는 경건의 연습이 중심을 이루었으나, 더 이상 그것이 그룹을 조직하고 움직이는 유일한 토대는 아니었다.[122]

헤른후트에서 '속회'로부터 '조'로 점진적인 변화가 이루어 진 것은 아주 자연스럽고도 이해할 만한 일이다. 수많은 독신 남녀들과 루터교 대학생들이 1727년 부흥 기간 이후 헤른후트에 매력을 느꼈다. 그들의 종교생활은 지속적으로 반복되는 대규모 예배에 의해서만 아니라 소규모 '속회' 체제를 통해서 결속되었다. 그리고 독신 남성뿐 아니라 독신 여성들도 공동체 생활에 참여하기 시작했기 때문에, 공동체의 셀 조직이 주로 이와 같은 구조 속에서 이루어져야 했던 것이다. '조' 체제는 독신 남성들 사이에서 처음으로 시작되어 독신 여성들에게로 퍼져 나갔고, 마침내는 공동체 전체로 확산되었다. 존 세슬러(John Sessler)는 헤른후트와 미국 베들레헴에서의 '조' 체제의 시작에 대하여 언급하면서 다음과 같이 지적한다.

처음에 이 체제는 오직 독신 남성과 독신 여성에 대하여만 적용되었지만 나중에는 모든 계층의 사람들에게 적용되었다. 헤른후트에는 그들을 위한 커다란 집들이 세워졌고, 그곳에서 젊은 남성과 여성들은 엄격한 감독을 받으며 서로 분리되어 살았다. 각 건물에는 침실, 예배실, 부엌, 거실 등이 갖추어져 있었다. 그리고 이들 시설과 연결된 작업실이 있었는데, 거기서 남자들은 각자에게 할당된 작업을 했고 여자들은 주로 천짜기와 수예를 했다. 사람들은 각자의 수입으로 숙비와 식사비를 지불했다. 헤른후트의 배타적인 마을체제와 미국의 개척 상황이 그들로 하여금 이같은 제도를 채택하게 만든 것이다.[123]

우리는 이러한 전개 과정 속에서 종교적인 목적을 위해 한 곳에 모인 공동체가 공동생활의 물질적·사회적·경제적 측면과 씨름하고 있는 모습을 보게 된다. 즉 선택적인 사회·경제 체제의 출현을 보게 되는 것이다. 세슬러는 이렇게 말한다.

그 공동체는 육체적인 욕구가 시간과 돈을 가능한 한 최소한으로 요구하도록 조직되었고, 능률적인 경제 활동에서 오는 경제적 이점은 부차적으로 고려되었다. 하지만 이 사실은 여전히, 그들의 종교와 그들의 물리적 환경 모두가 능률적인 공동체 조직을 요구했음을 보여 준다. '조' 체재는 이같은 목적에 적절히 이바지했다. 이런 체제 하에서는 음식과 의복을 충분히 공급할 수 있었고, 많은 사람들이 함께 살 수 있는 커다란 집이 숙소 문제를 해결해 주었다.[124]

1728년 헤른후트에서 독신 남성들의 '조'가 결성된 데 이어 1730년 봄에는 독신 여성들의 '조'가 결성되었다.[125] 독신 남성들의 '조'는 처음에 헤른후트 인구의 8%인 26명으로 구성되어 있었는데, 1733년에는 90명(공동체 전체 인구의 15%)으로 늘어났다. 독신 여성들의 '조'는 1730년에 18명으로 시작되어 1734년에는 62명(공동체 전체 인구의 10%)으로 늘어났다. 1742년에 헤른후트에는 120여 명의 독신 여성들이 있었으나, 그들을 위한 주책이 아직 마련되어 있지 않았으므로 그들 가운데 1/3 가량은 독신 여성들의 '조'가 아니라 각자의 가족들과 함께 살았다.[126]

'조'체제는 기혼자들과 어린이들에게는 비교적 느린 속도로 확대되었으나, 1740년대 말 경에는 공동체 구성원 거의 모두가 거기에 포함되었다.

소규모 '속회' 모임들은 주로 서로간의 신앙고백과 격려와 기도를 위한 것이었다. 하지만 이 모임들은 공동체의 일상적인 삶 가운데 일부에 불과했다. 각각의 '조'들은 모두 나름대로의 찬송과 기도문을 갖고 있었다. 보스트(Bost)는 다음과 같이 지적한다.

> '조'의 하부 조직인 '속회'는 형제들로 하여금 최대한의 솔직함과 상호신뢰에 익숙해지게 만들 만큼 중요한 축복의 수단이었다. 그들은 일주일 중 어떤 특정한 날에 만나곤 했다. 심지어 어린이들 까지도 이러한 유형의 모임을 갖고 있어서 그로부터 많은 유익을 얻었다. '속회' 지도자들은 그들이 관찰한 내용들을 서로 전하기 위해 주일날마다 모이곤 했다.[127]

'속회'와 '조' 체제는 이런 식으로 공동체의 전체적인 목회구조에 통합되었다. 장로들은 필요할 때마다 변경과 수정을 가하면서 다양한 모임들의 움직임을 감독했다.

모라비아 공동체

'속회'와 '조'체제는 '작은 교회' 유형이 각기 다른 차원으로 확산된 것이었다. 진젠도르프에게는 형제단 자체가 보편적인 교회 안의 하나의 '작은 교회'였다. 한편, 각 모리비아 정착촌은 성별과 나이에 따라 구별된 '조'들로 이루어진 회중으로 나름대로 하나의 '작은 교회' 체제를 형성하고 있었다. '조'는 또 다시 영적인 양육을 위한 더 작은 모임으로 나뉘어졌다.

이런 차원의 '작은 교회'들 이외에도, 헤른후트에는 광범위한 직책과 사역이 있었다. 이것들은 공동체 내의 여러 모임들에게 종교적·사회적·경제적 삶의 다양한 기능을 중심으로 한 곳에 모일 것을 요구했다. 진젠도르프의 관심은 질서정연하고도 영적인 교회를 통해 공동체 생활을 규제하는 것뿐만 아니라, 은사들이 폭넓게 발휘될 수 있는 기틀을 마련하는 데 있었다.

「고린도전서」12장의 유기체적 이미지에 민감한 반응을 나타내면서 진젠도르프는 이렇게 말했다.

> 한 사람에게 교회의 모든 임무를 떠맡겨서는 안 된다는 것은 발로 먹을 수 없고, 손으로 달릴 수가 없으며, 눈으로 들을 수 없다는 것을 굳이 보여 줄 필요가 없는 것처럼 자명한 이치다. "하나님은 그 원하시는 대로 지체를 각각 몸에 두셨다."(고전 12:18). 예를 들어, 천성적으로 성격이 부드럽고 온유한 사람에게 다른 사람들의 허물이나 잘못을 들추어내는 일을 맡긴다면, 그 사람은 괴로움을 당할 뿐 아니라 번번이 속임을 당하게 될 것이다.

한편, 거친 성격과 예민한 심성을 가진 사람이 훈계하는 직책을 맡게 된다면, 논쟁이 끝없이 일어나고 그의 훈계는 전혀 효과가 없거나 아주 나쁜 결과를 초래하게 될 것이다. 하지만 이 두 사람이 서로의 직책을 바꿔 맡는다면, 진리와 사랑이 함께 지켜질 것이다.[128]

12명의 장로와 목사 그리고 바론 드 와드빌(Baron de Watteville)과 진젠도르프의 지도 하에 다양한 지도자들과 조력자들이 활동했다. 그들 가운데에는 단호하지만 동정심을 갖고 충고와 견책을 행하는 '충고자', 교회 안에서 일어나는 모든 사건들을 공정하게 관찰하여 기독교 정신이나 교회의 질서에 위배되는 사항을 '충고자'에게 은밀히 보고할 의무를 지닌 '감독자', 간병인, 가난한 사람들을 돕는 '분배 관리인', 애찬식 등 모임을 준비하는 '봉사 형제단' 등이 포함되었다.[129] 보스트는 대부분의 이같은 직책에 상응하는 여성들의 직책이 있었는데, 이는 양성(兩性)의 구별이 모라비아교도들 사이에서도 근본적이고 변치 않는 법칙이었기에 반드시 필요한 것이었다고 한다.[130]

길리안 골린(Gillian Gollin)은 『두 세계의 모라비아교도』(Moravians in Two Worlds)에서, 헤른후트와 베들레헴 공동체의 원동력을 사회학적으로 분석하였다. 그녀는 두 공동체에서 '조'가 어떻게 해서 점차적으로 중심적인 경제적·사회적 기능을 갖게 되었는지를 보여 주고 있다. 이들 공동체의 이야기는 영적인 양육과 체험의 이야기일 뿐 아니라, "주택 이전과 집세 협상 그리고 건축 양식 발전의 역사이기도 하다."[131] 독자적인 '조' 체제는 헤른후트를 찾아온 많은 사람들, 특히 미혼 여성들의 주택 문제에 뛰어난 해결책을 제시해 주었다. "독신 형제들과 독신 자매들의 '조'는 대체로 혼잡하고 사생활 침해를 받기 쉬운 공동 숙소에 대하여 종교적이고도 이상적인 돌파구 역할을 했다."[132] 헤른후트와 베들레헴을 비롯한 여러 정착촌의 모라비아교도는 만약에 이들 공동체에서 그들이 발견한 깊은 영적·사회적 의미가 없었더라면, 고생과 불편함 그리고 종종 겪게 되는 경제적인 어려움을 그토록 쉽고 은혜롭게 참아낼 수 없었을 것이다.

1754년 당시 베들레헴의 독신 형제들의 집에 관한 다음과 같은 묘사는 '조'가 모라비아 공동체 내에서 어떻게 사회적·경제적 단위가 되었는지를 보여 준다.

> 그것은 마치 성(城)과도 같았다. 사암(砂岩)으로 지어졌고 5층으로 된 이 건물에는 70개 이상의 크고 작은 방들이 있었다. 지하실에는 여러 개의 목공소들이 있었고, 1층과 2층에는 두 개의 식당 겸 거실이 있었는데 거기에는 하나에 20명 씩 앉을 수 있는 5개의 식탁이 놓여 있었다. 3층은 모두 200개의 침대가 놓인 침실들로 구성되어 있었고, 4층에는 비단을 짜는 공장이 있었는데, 5층에는 형제들의 옷을 걸어 놓았다.[133]

이 체제는 생산과 소비 양면에서 괄목할 만한 경제 규모를 갖추고 경제적·사회적·종교적 기능을 집중, 결합시켰다. 하지만 골린은 각 '조'가 다소 독립적인 경제 단위로 기능했고, 모든 '조'가 다 같이 번성했던 것은 아니기 때문에 점차로 커진 '조'체제의 의미는 유리한 쪽으로 작용하기도 했지만 불리한 쪽으로 작용하기도 했다고 말한다. 특히 엄격한 성적인 구별은 경제적인 불이익을 초래할 때가 많았다. 아마도 이같은 문제는 재산 전체를 공유함으로써 해결되었을 것이다. 이는 실제로 1741년 시작될 때부터 1762년까지 베들레헴에서 실행되었으나, 헤른후트에서 전체적으로 실행된 적은 없다. 공동체 초기에 헤른후트 독신 자매들의 '조' 지도자였던 안나 니취만은 나중에 이런 글을 썼다. "처음에 우리는 재산 전체를 공유하며 살았으나, 나중에는 몇몇 사람들 사이에 의심과 불신이 번지고 사랑도 크게 흔들리기 시작했다."[134]

골린은 "'조'가 개인의 일상적인 삶에 대해 점점 많은 부분을 통제하게 되자, 그 사회적 기능의 범위가 상당히 넓어지게 되었다."고 말한다.[135] '조'는 공동체에 새로이 가입한 사람들이나 새로운 회심자들 뿐만 아니라, 특히 어린이들을 위해서 점차 중요한 사회화 기능을 떠맡게 되었다. 어린이들은 아주 어릴 적부터 부모의 품을 떠나 적절한 '조'의 보살핌을 받았다. "세례식은 아이에 대한 책임이 부모로부터 공동체로 이전됨을 분명히 하였다."[136] 베드레헴에서 어린아이의 육아를 담당하고 있던 한 감독자는 1746년에 진젠도르프에게 보낸 편시에서 다음과 같이 쓰고 있다. "어머니들은 이제 막 젖을 뗀 아기를 어떻게 육아실로 보내겠느냐고 눈물로 호소하고 있습니다."[137]

처음에 진젠도르프는 '조'가 부모들보다 더 효과적으로 그리고 경건하게 아이들을 훈련시킬 수 있으리라고 믿었다. 어떤 의미에서 그것은 실질적으로 전통적인 가족체제를 철폐함으로써 프랑케가 수립한 할레 모델에서 한 걸음 더 나아간 것이었다. 실제로, 프랑케가 세웠던 고아원이 헤른후트에 진젠도르프가 만든 양육시설의 모델이 되었다. 진젠도르프는 1727년 할레의 모델을 본 따서 헤른후트에 고아원을 설립하였지만, 1743년 미국에서 돌아온 이후로는 그것을 헤른후트 공동체

만의 육아시설로 변형시켰다.[138]

나중에 진젠도르프는 '조'체제가 모라비아 선교활동을 위해 젊은이들을 과잉으로 교육한다는 결론을 내리고, "부모들은 자녀들이 어린 시절부터 삶의 노고를 보며 일하는 것을 배우게끔, 직접 자기 자녀들을 키워야 한다."고 주장했다 "그렇지 않으면, 우리는 일반 사병이 아닌 왕, 제사장, 청지기만을 얻게 될 것이다."[139] 그럼에도 불구하고 20~40년 동안 가족보다는 '조'가 모라비아교도 사이에서 공식적인 사회화 대행자 역할을 했다고 골린은 말한다.[140]

'조'체제의 외관상의 성공은 결국 사회적·경제적인 문제를 일으키게 된다. 부모의 권위는 자녀들과 별거로 인해 약화되었다. '조' 대부분이 더 작은 다양한 하부조직을 갖고 있었음에도 불구하고, 너무나 비대해진 나머지 충분한 친밀도를 유지할 수 없었다.[141] 어떤 '조'들은, 특히 미국에서 이윤과 경제적인 가치의 동기가 종교적인 동기를 능가하기 시작할 정도로 경제적인 번영을 누렸다. 해밀턴은 이렇게 말한다. "베들레헴에서의 '조' 시설의 산업화는 본질적으로 부패의 씨앗을 내포하고 있었다. '조'가 종교보다는 이익의 관점에서 생각하기 시작한 것은 피할 수 없는 파국이었다."[142] 한편, 어떤 '조'들, 특히 독신 자매들의 '조'들은 경제적으로 실패했다. 골린에 의하면, "경제적인 관점에서 보았을 때, 독신 자매들의 '조'의 역사는 끊임없는 슬픔의 연속이었다. 자매들은 새로운 업종을 도입하려고 시도했음에도 불구하고 그들 스스로를 부양할 수 있을 만큼 이익이 되는 사업을 찾을 수 없었다."[143] 그들이 지닌 문제의 일부는, 경제적 기능이 종교적 기능에 너무나 종속되어 있었기 때문에, 생산적인 일을 위해 할애할 수 있는 시간이 하루에 단 몇 시간 밖에 되지 않았다는 점이었다.

게다가 점점 늘어나는 고아와 과부 그리고 모라비아 선교사들의 자녀들도 경제적인 부담을 가중시켰다. 또한 한 공동체로부터 다른 공동체로의 작은 왕래도 경제적인 부담의 원인이 되었다. 비교적 유능한 사람들은 개척 선교사역에 파송될 경우가 잦았다. 골린은 이렇게 주장한다. "선교사 파송을 중요시하는 종교 공동체는 필연적으로, 자기들의 종교 엘리트들을 다른 지역의 이방인들에게 보내야 할지 또는 그들 사회의 잠재적인 이방인들 틈에 두어야 할지를 결정해야 하는 문제에 직면하게 된다. 모라비아교도는 그러한 선택에 수반되는 위험을 완전히 깨닫지는 못한 채 전자를 택한 것 같다."[144]

헤른후트에서는 귀족 출신들의 이주가 문제를 일으키기도 했다. 부유한 사람들의 기부나 유증은 공동체가 경제적인 파탄을 모면하는 데 도움이 되기는 했으나, 그들은 계급의식을 고수하려는 경향이 있었고 공동체 본래의 선교 열정을 어느 정도 약화시켰던 것 같다.

이토록 다양한 문제들이, 모든 종교 운동 및 긴밀하게 맺어진 공동체의 영원한 숙제, 즉 본래의 열정과 비전을 2세, 3세까지 유지해 나가는 문제와 결합되었다. 골린은 이렇게 말한다.

1750년 경에는 공동체의 2세대가 성장하고 있었는데, 그들 가운데 그들의 부모들로 하여금 헤른후트에 동화하게 만들었던 회심을 체험한 사람은 거의 없었다. 그들은 '조'의 보살핌을 받으며 자라난 세대였고, 유아 시절부터 부모의 품을 떠나 부모와의 접촉이 거의 없이 자라난 세대였다. 그들 가운데 모범적인 행동을 했던 젊은이들이 없지는 않았겠지만, '조'체제 아래서 사회화된 대부분의 젊은이들이 진젠도르프가 소망했던 종교적·사회적 은혜를 구현해 내지 못했다. 그들은 너무나 세속화되었기 때문에 그들의 부모들의 특징이었던 종교적인 헌신과 열정을 결여하고 있었으며, 공동체의 목표를 위한 종교적 참여 의식을 발전시켜 나가지 못하고 있었다. 한편, 세속적인 유혹을 물리칠 수 있는 사람이라 할지라도, 그들 부모 세대의 활발한 투사정신(Streitergeist)가 결여되어 있기는 마찬가지였다.[145]

이렇게 다양한 갈등의 결과로, 모라비아 공동체들의 권위가 실추되고 전통적인 가족 형태로의 복귀가 이루어졌으며, '조'체제의 변형이 자생적으로 일어나게 되었다. 어린이 '조'와 기혼 남녀의 '조'는 완전히 사라져버린 반면, 독신 남성과 독신 여성의 '조'는 19세기까지, 어떤 경우에는 20세기까지 지속되었다.[146]

모라비아 정착촌들이 부딪쳤던 문제들 가운데 원래부터 해결할 수 없는 문제는 없었다고 할 수 있다. 그리고 그들은 공동체의 친밀성과 통일성, 종교적 열성, 경제적 성장력, 활발한 선교활동을 유지할 수 있는 방법을 찾을 수도 있었을 것이다. 하지만 대부분의 경우, 문제의 해결에 많은 장애물들이 나타나곤 했다. 결국 슈팡엔베르그의 도움으로 경제적·사회적 안정을 되찾을 수 있었지만, 최초의 공동체 및 운동의 원동력 면에서는 상당한 희생을 감수해야만 했다.

모라비아교도의 선교활동

모라비아 공동체들은 주로 선교를 위해서, 특히 외국에 대한 선교활동을 위해서 존재했다고 해도 과언이 아니다. 그들은 불과 몇 년 사이에 수많은 젊은 선교사들을 세계 도처에 급속하게 파송했는데, 이는 가장 주목할 만한 모라비아교도들의 업적들 가운데 하나다. 루이스는 이렇게 말한다. "확실히 어떠한 개신교회도 그렇게 다양한 민족에게 눈길을 돌리거나 그토록 다양하고 기동성 있게 움직여 나가는 선교사와 목회자들을 보유하지 못했다. 그들은 당황할 정도로 급속히 사역지를 옮겨 다니곤 했다."147

세슬러는 모라비아 선교의 시작을 필연적인 일로 보고 있다. 즉, 1733년부터 삭소니 정부가 더 이상의 망명자들이 헤른후트에 머무는 것을 금지시켰기 때문에, 어쩔 수 없이 그들을 다른 곳으로 보내야만 했다는 것이다.148 하지만 비록 자격을 갖춘 망명자들과 루터교 학생들이 선교활동의 인적 자원이 되기는 했어도, 그 뿌리는 어디까지나 진젠도르프가 성공적으로 전 세계에 알렸던 선교 비전에 두고 있었다. 다비드 샤트슈나이더(David Schattschneider)는 다음과 같이 기술한다. "선교사들이 그들이 속한 공동체의 완벽한 지원 하에 파송된 것은, 1732년에 최초의 모라비아 선교사들이 서인도제도에 간 것은 개신교 역사상 처음이었다. 그들의 활동은 '전 교회의 선교'라는 개념을 개신교에 도입했다."149

그러나 이 말에는 약간의 수정이 필요하다. 왜냐하면 16세기의 재세례파 역시 비록 외국 선교라는 의미에서는 아니었지만 교회를 선교공동체로 보았기 때문이다.

1760년까지 모라비아교도는 226명의 선교사들을 외국에 파송하였다. 그 해에 형제단은 그리인랜드, 자메이카, 덴마크령, 서인도 제도, 안

티구아, 수리남, 바베이도스 그리고 북미 인디언들 사이에 총 13개 지부를 통해 3,057명이 세례를 받고 6,125명이 모라비이교도의 보살핌을 받고 있다고 보고했다.[150]

이는 '모라비아 디아스포라 신도회'와 영국, 북미, 유럽 대륙에 있는 모라비아 정착촌들이 포함되어 있지 않은 숫자였다. 1800년, 형제단에는 161명의 선교사가 활동하고 있었고, 2만4천여 명의 사람들이 그들의 선교활동에 관련되어 있었다.[151]

모라비아교도의 선교활동에 있어서 그 초기의 개척 활동의 범위와 규모는 특히 주목할 만하다. 하지만 모라비아 교회 자체는 결코 큰 교파로 성장하지 못했다. 그 이유는 자체 성장보다는 교회 전체의 유익을 추구한 그들의 목표 때문이기도 했고, 초기의 선교 열정이 다소 식었기 때문이기도 했다. 또 1760년 진젠도르프의 사망 이후 재정적인 이유로 통합과 축소가 필요했기 때문이기도 했다. 초기의 선교적 확장은 주로 진젠도르프 자신의 비전과 할레 경건주의 선교사역의 전례(前例)들 그리고 1720년대에 헤른후트의 갱신으로 인해 발산된 영적인 에너지에 의하여 발화되었다. 그것은 또한 훈련, 재정, 구조 등의 문제가 별로 없었기에 가능한 일이기도 했다. "진젠도르프 시절에는 선교사들이 항구까지 가는 데 드는 비용만 교회로부터 받았을 뿐, 그 이후 바다를 건너는 데에는 뱃삯을 내는 대신 배에서 일을 했다. 선교 지역에 가서는 겨우 입에 풀칠만 할 수 있어도 무슨 일이든 기꺼이 했다."[152] 이러한 접근방법을 통해, 개척 선교사역과 모라비아 신앙 및 열정에 관한 영웅적이고 극적인 이야기들이 무수히 탄생하였다.

모라비아교도의 선교적 영향은, 주로 그들 자신의 실례와 '디아스포라' 증거를 통해서 다른 집단들 사이에 선교적 비전을 불러일으키는 촉매 역할을 한 데 있다. 유럽에서의 바젤 및 라이프찌히 선교협회 설립과 영국에서의 런던 및 침례교선교협회의 설립에서도 모라비아교도의 영향력이 발견된다.[153] '모라비아 디아스포라 신도회'는 1727년 말 경 발족할 때부터 헤른후트에서 두세 명씩 짝을 지어 보낸 사역자들을 통해서 갱신의 불길을 퍼뜨렸고 유럽 전역의 수많은 형식적인 그리스도인들에게 활기를 불어넣어 주었다. "불과 3년도 채 못되어 '디아스포라'의 씨앗이 유럽 도처에 뿌려졌다."[154] 특히 발틱 지방에는 매우 의미 있는 각성이 점화되어 몇 년 안에 4만5천여 명의 사람들이 모라비아교도의 후원을 받는 디아스포라 신도회에 가입했다.[155]

음악은 갱신 초기부터 모라비아교도가 가는 곳이라면 어디든 따라다녔고, 모라비아 형제단의 갱신의 핵심요소가 되었다. 진젠도르프 자신의 다작(多作) 시인이자 찬송가 작곡가였으며, 모라비아교도의 찬송 예배 중에 즉흥적으로 찬송가를 작곡하기도 했다. 루이스는 이렇게 밀한다. "모라비아교도들은 그 당시 어떠한 기독교 집단보다도 더 많은 찬송가와 다양한 자료를 바탕으로 찬송을 불렀으며 세계 곳곳에서도 자신들의 방식을 따라 찬송을 부름으로써 수많은 장벽을 깨뜨렸다."[156] 모라비아교도들의 음악은 존 웨슬리에게 큰 영향을 미쳐서, 그로 하여금 수많은 모라비아 찬송가들을 번역하게 했다. 루이스에 의하면, (1735년 모라비아교도들의 찬송집에 영향을 받은) 1741년 웨슬리의 찬송집과 1742년 영어판 모라비아 찬송집은 영어로 된 최초의 찬송집이었다고 한다.[157] 그러므로 음악은 운동으로서 모라비안주의의 원동력에 기여한 핵심 요소들 가운데 하나로 마땅히 인정받아야 할 것이다.

갱신에 관련된 문제들

모라비안주의가 갱신운동으로 자리 잡게 된 시기는 진젠도르프가 주도적인 역할을 했던 1727년부터 1760년까지 33년의 기간이었다. 진젠도르프의 신학과 그가 이끌어 갔던 형제단에 대한 지금까지의 분석은 갱신에 관련된 수많은 문제들을 제기한다. 우리는 특히 다음의 다섯 가지 문제에 주목하려 한다.

첫째, 모라비아교도들은 일반적으로, 독일의 경건주의보다 '만인제사장직'을 한 걸음 더 앞서서 구현했다. 그들은 이 주제를 교리적으로 발전시키는 일에는 거의 관심이 없었지만, 형제단의 전통과 진젠도르프는 교회를 선교 공동체로 간주하고 있었다. 이는 각 구성원들에게 사역 의식을 심어 주었고, 성직자와 평신도 사이를 구별하는 의미를 약화시켰다. 모라비아교도들은 분별의 은사를 통해서 그리고 때로는 제비뽑기를 통해 많은 사람들에게 다양한 직책을 맡겼다. 교회를 모든 사람에게 개방된 하나의 친교 모임 또는 공동체로 보고 또 모라비아교도들을 '어린 양의 전사들'로 본 진젠도르프의 탁월한 상상력 역시 모든 신자들에게 사역자로서의 의식을 고취시키는 데 한 몫을 했다.

실제로 진젠도르프 지휘 하의 모라비아교도들은 선교단체이자 선교 공동체였다. 모라비아교도가 된다는 것은 곧 모라비아 선교 동참하는 것을 뜻했다. 한편, 모라비아교도들은 기존의 교파 안에서 갱신 요인으로 기능하면서 성직자들을 포함한 기존의 교회 구조 및 유형을 존중해 주었다. 그리고 '만인제사장직'이라는 말은 주로 경건주의적인 종교 체험이 모든 사람에게 열려져 있으며, '속회'는 평신도 그리스도인들이 이끌어 간다는 의미에서 해석되었다.

　모라비아교도들은 또한 음악과 시 그리고 감정적인 열정 면에서도 경건주의 주류보다는 훨씬 더 폭넓은 목회사역과 자기표현의 여지를 남겨 주었다. 비록 성적인 구별이 엄격하게 지켜지고 전반적인 권위가 남성에게 집중되어 있었음에도 불구하고, 공동체 생활의 모든 분야에서 폭넓은 여성들의 사역이 요구되었다.

　결국 모라비아교도들은 스페너가 설교했던 것들을 더욱 완벽하게 실천해 옮겼고, '만인제사장직' 면에서, 특히 여성들 사이에서 경건주의가 했던 것보다 한걸음 앞서 나아갔다.

　둘째, 모라비아교도들의 체험에는 몇 가지 새로운 방식으로 '작은 교회' 문제가 부각되어 있다. 모라비아교도들은 형제단 자체를 하나의 '작은 교회'로 생각함으로써 이 개념을 좀 더 높은 차원으로 끌어 올렸을 뿐 아니라, 모라비아 정착촌의 '속회'와 '조'를 통해 그것을 더욱 강력하게 구현하였다.

　신학적으로 진젠도르프의 교회론은 '작은 교회' 유형을 바탕으로 하고 있었다. '대', '디아스포라 신도회', '정착촌', '속회', '조' 등은 모두 보다 큰 교회 안의 특별한 기능을 지닌 하부 조직들이 다양한 차원에서 구성된 것이었다. 실제로 진젠도르프는 그 당시에는 독특한 것이었던 폭넓은 초교파적 신학을 다듬기 위해 경건주의의 '작은 교회' 개념을 이용하였다.

　'작은 교회' 개념을 이렇게 이용했다는 것은 모라비아 실험의 모든 차원에 '교회'와 '작은 교회' 사이의 긴장 관계가 원래부터 존재했다는 것을 뜻한다. 진젠도르프는 이 두 개념 사이의 긴장 관계를 적절히 유지함으로써, 그것을 영적으로나 사회적으로 운동으로서의 모라비안주의에 있어서 갱신의 원동력으로 작용하게 했다.

셋째, 또 하나의 관련된 문제는, 교회에서 공동체 체험을 과연 어떠한 차원에서 어떠한 깊이로 해야 하는가의 문제이다. 진젠도르프는 기독교 공동체에 대하여 매우 높은 이상을 지니고 있었고, 그 이상을 자기의 능력이 닿는 데까지 최대한으로 추구하였다. 그가 비록 모든 그리스도인의 전반적인 재산 공유를 옹호하지는 않았지만, 모라비아교도 사이에서는 종종 높은 수준의 경제적 분배가 이루어졌고, 진젠도르프는 이 운동을 위해 자기의 개인 재산 전부를 헌금했다.

여기서 쟁점은 두 갈래로 나뉜다. 함께하는 삶의 정도가 어떠해야만 그리스도인 회중들에게 성경적으로, 실제적으로 그리고 모범적으로 보일 수 있겠는가 하는 문제와 긴밀하게 조직된 기독교 공동체가 보다 큰 '교회' 안의 '작은 교회'로서 상호 존중과 용납하는 마음으로 평화롭게 기능을 다할 수 있겠느냐 하는 문제가 그것이다.

이와 아울러 논의될 수 있는 주제가 한 가지 더 있다. 교회는 하나의 공동체이므로, 그 안에는 여러 가지 다양한 형태의 하부 공동체들이 있을 수 있다. 하지만 그것들은 사회적 정황이나 관련된 사람들의 욕구와 이상, 그리고 그 밖의 여러 요인들에 의해 각기 다른 보습들과 성격을 띠게 된다. 이 때 우리는 주어진 상황 속에서 과연 어떠한 기준에 의해 신실한 기독교 공동체를 분별해 낼 수 있을 것인가?

넷째, 모라비아교도의 체험은 갱신에 대한 원래의 열정과 비전을 어떻게 다음 세대로 전달할 것이냐는 문제를 날카롭게 제기한다. 사회학적으로 볼 때, 이는 제2, 제3세대의 종교적 사회화에 관한 문제며 모든 종교들(그리고 일반 문화)이 부딪치게 되는 문제지만, 시류에 거스르거나 본질상 반복되기 어려운 상황에서 일어나는 갱신운동의 경우에 더욱 심각하게 제기되는 문제다.

신학적으로 이 문제는 교회갱신과 교회의 규범적 생명력 사이의 긴장 관계와 관련된다. 갱신운동은 차후의 갱신이 불필요하도록 또는 어느 정도 '자동적으로' 일어날 수 있도록 그들이 발견한 것들을 교회 생활의 규범적 유형으로 고정화 시킬 수 있겠는가? 갱신과 퇴락의 주기적인 순환은 불가피한 것인가?

다섯째, 모라비아교도의 강력한 선교사역 추진은 교회의 삶과 갱신에 있어서 선교의 문제를 폭넓게 제기한다. 비록 경건주의가 교회를 갱신하는 임무를 띠고 있다고 자처하고 있었지만, 모라비안주의는 경건주의보다 훨씬 더 선교지향적이었다. 여기서 문제는, 일반적으로 교회 외부의 사회에 대한 강한 선교 의식이, 갱신 운동 차체 및 그 안의 '작은 교회' 구조의 활력과 지구력에 어느 정도 영향을 미치는가 하는 점이다.

제5장

메서디즘

_웨슬리

제5장

모라비안주의가 헤른후트에서 일어난 운동에 연합되어 가던 1720년대 말부터 1730년대 초 무렵, 존 웨슬리는 옥스퍼드 대학교의 학자로서 갓 안수를 받은 성공회 신부였다. 당시 경건하고도 모범적인 삶을 추구하던 그는 뜻을 같이하는 옥스퍼드 대학교의 동료들과 긴밀한 모임을 가져 오던 터였다. 모라비아교도들과 접촉하기까지 아직 몇 년의 세월이 흘러야 했지만, 그때 웨슬리는 이미 '대륙 경건주의'의 영향을 받고 있었다. 이 영향은 경건주의 서적들을 읽은 결과였고 또 수십 년 전 영국에서 시작된 '신도회 운동'(Religious Society Movement)으로부터 받은 것이었다.

존 웨슬리는 그의 부모님을 통해 프랑케를 적어도 1730년대 또는 이전에 이미 알고 있었던 것 같다. 그는 1735년 조오지아로 향하던 길에 프랑케가 쓴 책을 읽고 있었다.[1]

그는 아른트의 『진정한 기독교』를 높게 평가했으며, 나중에 자신의 저서 『기독교 저작』(Christian Library) 제1권에 그 책 내용을 요약해 놓기도 했다. 그는 1736년 조오지아에서 아른트의 글(『진정한 기독교』로 추측)을 읽고 있었다.[2] 그가 이보다 더 일찍이 아른트를 알았던 것은 틀림없지만, 그것이 정확히 언제였는지는 분명치 않다.[3] 그밖에도 웨슬리는 리

5. 메서디즘 201

처드 백스터의 저서를 비롯하여 경건주의자들과 경건주의 이전 독일 루터교도들 사이에 널리 읽혀지던 영국 저술가들의 책들을 높이 평가하고 있었다.

신도회 운동

이러한 맥락 가운데 특히 중요한 것은 '신도회 운동'—비록 여기서 경건주의와의 관련은 다소 간접적인 것이기는 하지만—이었다.

기록에 의하면, 영국에서 '신도회 운동'을 일으킨 핵심 인물은 1671년부터 1697년에 세상을 떠날 때 까지 런던의 사보이 교회에서 일했던 안토니 호네크(Anthony Horneck) 박사였다. 호네크는 성실한 목회자로서 그리고 영향력 있는 설교자로 널리 알려져 있었다. 1675년 경, 그는 소위 「각성을 촉구하는 설교들」이라는 제목의 일련의 설교를 통해 '신도회 운동'—비록 규모는 작지만 의미 있는 운동—의 바람을 불러일으켰다.

호네크는 매우 영향력 있는 성공회 목회자로 실은 독일 태생이었다. 개혁파 경건주의 가정에서 성장한 그는 하이델베르그 대학교에서 수학한 후 20세 때인 1661년에 영국으로 이주해서 성공회 교인이 되었다.[4] 그는 1663년 옥스퍼드 퀸스 대학교(Queen's College)에 입학했는데, 특히 동양어에 두각을 나타냈다. 그는 1671년 사보이 교회에서 사역을 시작하기에 앞서, 1669년에 독일을 방문하였다.[5] 스퇴플러의 말에 따르면, 호네크는 독일에서 스페너를 알게 되었고, 스페너와 마찬가지로 쟝

드 리바디와 직간접으로 교분을 나누었다고 한다.⁶

런던에서 주로 호네크의 영향 아래 '신도회 운동'이 진행되고 있을 무렵, 독일에서는 스페너의 영향 아래 '경건한 모임'들이 생겨나기 시작하고 있었다.⁷ 이 신도회들은 그 성격상 분명히 성공회에 속해 있었지만, 이들에게 영향을 준 영감과 조직 모델은 호네크를 통해 대륙 경건주의까지 그리고 좀 더 폭넓게는 영국과 대륙 사이의 접촉으로까지 거슬러 올라갈 수 있다. 호네크와 동시대의 전기 작가인 리처드 키더(Richard Kidder) 주교의 말에 의하면, 호네크는 "바다 건너 학식 있는 사람들과 많은 서신 교류를 했으며 자주 그들의 방문을 받곤 했다."⁸

안토니 호네크는 경건주의 스타일의 성실한 목회자였다. 키더는 호네크가 "젊은이들을 가르치고, 병든 사람들을 방문하고, 회의에 빠진 사람들을 지도하고, 모든 선한 일들을 격려하고, 가치 있는 일들을 계획하고, 그가 만나는 사람들을 사랑과 선행으로 이끌어 가는 일에 온갖 노력을 다 기울였다"고 한다.⁹ 그는 매일 일기를 썼으며 매일 영적 훈련을 했다. 그는 또한 가난한 사람들과 교회의 삶을 개혁하는 일에 특별한 관심을 기울였으며, 이 분야에서 괄목할 만한 성공을 거두기도 했다. 특히, 그의 설교를 듣기 위해서 많은 사람들이 모여들곤 했다. 키더는 호네크가 젊은이들에게 경건한 삶을 권고 했으며, 몇몇 '청년 신도회'를 지도하면서 그 모임들을 위한 규칙을 만들어 주기도 했다.¹⁰

호네트가 주도한 신도회들은 그 영감을 어디서 받았든 간에, 성격이나 조직상 엄밀히 성공회에 속해 있었다. 대륙의 '경건한 모임'(*collegia pietats*)들이 체험 지향적인 경건을 열렬히 추구했던 반면, 이 신도회들은 성공회적 성사(聖事) 위주의 영성을 호흡하고 있었다. 하지만 이들은, 그

밖에는 당시 독일에서 일어나고 있던 경건주의 집단들과 거의 흡사했다. 이들 가운데 대부분이 호네크와 리챠드 스미시즈(Richard Smythies)의 영향 아래 자라나고 있는 동안, 이와 유사한 형태의 신도회들이 거의 같은 시기거나 약간 늦은 시기에 독립적으로 생겨나기 시작했다.[11]

신도회들은 원래 거룩한 삶을 추구하는 일에 관심이 깊은 성공회 청년들로 다소 엄격하게 조직된 집단들이었다. 호네크가 제정한 다음과 같은 규칙들은 이들 신도회의 성격을 잘 대변해 주고 있다.

제1조. 신도회에 가입한 사람들은 거룩하고도 진지한 삶을 살 각오를 해야 한다.

제2조. 신도회에 가입하려는 사람은 16세 이상으로 주교의 승인을 받아야 하며, 세례 서약을 준행하겠다는 맹세를 해야 한다.

제3조. 신도회는 영국 국교회 소속 목회자의 기도를 받아야 한다.

제4조. 신도회의 모임에서는 신성(神性)과 상반되는 어떠한 주제에 관해 설교해서는 안 된다.

제5조. 교회의 조직 체계와 정부에 관해 설교해서는 안 된다.

제6조. 신도회의 모임에는 교회에서 이미 사용하고 있는 기도문 외에는 어떠한 기도문도 사용할 수 없다. 사죄(赦罪) 등 사제의 고유 권한에 속한 행위 역시 행하여서는 안 된다.

제7조. 신도회의 모임을 지도하는 목회자는 이 모임을 통해 신성이 드러날 수 있도록 지도해야 한다.

제8조. 신도회 모임에서는 기도와 성경 봉독이 끝난 후, 시편 찬양을 드릴 수 있다.

제9조. 모임이 끝나고 나서 시간적 여유가 있을 경우에는 각자의 영적인 관심사에 관하여 이야기를 나눌 수 있다. 하지만 이것은 결코 규정된 관행이 될 수 없으며 그 누구에게도 강요를 해서는 안 된다.

제10조. 신도회 모임은 일주일에 한 번, 정해진 날에 모이되 주일은 피하도록 한다. 이유 없이 결석한 사람은 3페니를 헌금해야 한다.

제11조. 신도회 모임이 열릴 때마다 참석자들은 6페니를 헌금해야 한다.

제12조. 일년 중 하루, 성령강림 주일 화요일에 두 명의 집사를 선출하고, 저녁식사를 준비하여 설교를 하고, 가난한 사람들에게 돈을 나누어 주어야 한다.

제13조. 이 규칙들은 반드시 문서로 보관한다.

제14조. 이 신도회를 관장하는 목회자 승인이 없는 한, 아무도 새로운 회원으로 가입하거나 준회원으로 선발할 수 없다.

제15조. 양심에 관련된 문제가 발생하였을 경우, 반드시 목회자를 통해서 해결해야 한다.

제16조. 신도회를 떠나려는 사람은 5실링을 납부해야 한다.

제17조. 신도회의 운영은 다수의 결정에 따름을 원칙으로 한다.

제18조. 신도회 회원들은 다음과 같은 규칙들을 준수해야 한다.

- 서로를 사랑하라.
- 다른 사람에게 욕을 먹더라도 되받아 욕하지 말라.
- 다른 사람에 관하여 험담하지 말라.
- 다른 사람에게 해를 끼치지 말라.
- 가능하면 하루에 일곱 번씩 기도하라.
- 성공회와 긴밀한 관계를 유지하라.

- 모든 일을 평화롭게, 그리고 유연하게 처리하라.
- 서로에게 도움이 되라.
- 항상 거룩한 생각 가운데 모든 행동을 취하라.
- 매일 밤마다 자신을 성찰하라.
- 모든 사람에게 공평하게 대하라.
- 영적인 문제든 세속적인 문제든 항상 상급자에게 복종하라.[12]

신도회의 성쇠는 정치적 상황에 따라 다소 차이를 보였는데, 윌리엄과 메리 치하에서는 특히 번성하여, 런던 전역을 비롯하여 옥스퍼드와 케임브리지 등 영국의 여러 지역으로 퍼져 나갔다. 신도회의 조직이나 규칙은 그 후 수십 년의 세월을 거치면서 다양한 면모로 발전되어 나갔다.

조시아 우드워드(Josiah Woodward)는 다음과 같이 말한다. "이 젊은 이들은 곧 그들의 모임이 얼마나 유익한가를 깨닫게 되었다. 몇몇 젊은이가 자랑스럽게 나에게 말해 준 바에 의하면, 그들은 각자의 체험을 서로 나눔으로써, 자기 자신이 타락해 가고 있는지의 여부와, 악마의 유혹에서 대처해 나갈 수 있는 길을 손쉽게 찾아낼 수 있었다고 한다."[13]

1700년 경에는 런던만 해도 40여 개의 신도회가 모임을 갖고 있었으며, 아일랜드의 더블린에서는 총 300여 명의 그리스도인들이 9~10개의 신도회로 모이고 있었다.[14] 1694년 런던에 16개의 신도회가 조직되어 있었다는 기록에 의하면, 그 구성원 대부분이 중류 내지는 하류 계층의 노동자, 도살업자, 은세공업자, 철사제조업자였다고 한다.[15]

엄격한 규칙을 준수하는 외에도, 이들 신도회 회원들은 "가난한 사람들의 집을 방문하여 구제 활동을 하고, 그들에게 일자리를 마련해 주고, 죄수들의 석방 운동을 하고, 가난한 대학생들을 후원해 주고," 가난한 사람들을 위한 자선학교를 설립했다.[16] 하이첸라터(Heitzenrater)는 이 일에 관하여 다음과 같이 기술한다. "1700년 경에는 이같은 형태의 종교 조직들이 기독교적 경건성과 사회적 관심의 표현으로서 교회 구조 안에 확고히 자리 잡게 되었다. 영국 국교회는 이러한 신도회들을 허용하고 적극 권장함으로써, 교회 구조 안에 개력의 바람은 처음부터 많은 논란의 대상이 되었다."[17] 그러나 신도회들은 처음부터 많은 논란의 대상이 되었다. 반대론자들은 그들을 분리주의자들 또는 '개혁교회의 세련된 분파'로 보았다. 신도회들을 변호하는 입장에서, 우드워드는 다음과 같이 말했다.

> 신도회 회원들은 그들을 비방하는 사람들이 그들을 '개혁교회의 세련된 분파'라 부르는 이유를 알지 못한다. 만약 그 말이, 그들이 우리 개혁교회의 교리를 왜곡시키려 한다든가 교회 당국에 반기를 들려 한다는 것을 뜻한다면, 그들의 모든 활동은 즉시 중지되어야 할 것이다. 하지만 그것이 그들의 관행 면에서 좀 더 개혁교회 교리의 순수성에 가까워지기 위해서 그들 자신과 다른 사람들을 갱신, 개혁코자 한다는 것을 뜻한다면, 그들은 추호의 의심 없이 그들의 활동을 추진해 나가되 모든 선한 사람들의 기도가 뒷받침되어야 할 것이다.[18]

이들 성공회 신도들과 대륙 경건주의 사이의 관계는 아직 연구할 바가 많지만, 독일의 경건주의자들과 신도회에 관련된 성공회 교도들 사이에 접촉이 있었다는 기록은 손쉽게 발견할 수 있다. 1678년, 일찍이 스페너는 암스텔담에서 프리드리히 브레클링(Friedrich Brecking)으로부터 영국의 신도회들에 관한 편지를 받았다.[19] 1678년 4월 5일자의 이 편지는, 이미 1678년 이전에 몇몇 신도회가 조직되었다는 분명한 증거가 되고 있다. 스페너가 그의 책 『경건한 열망』 라틴어판을 준비했던 것에는 성공회 신도회들과 접촉하려는 목적이 포함되었던 것 같다.[20]

프랑케는 다니엘 자블론스키(Daniel Jablonski)가 번역하여 1699년에 베를린에서 독일어판으로 발간된 우드워드의 책 『보고서』(Account)를 통해서 신도회를 알게 되었다. 프랑케는 1700년 1월 21일자로 된 '영국의 몇몇 신사들'에게 보낸 편지에서 신도회들과 우드워드의 『보고서』에 관한 언급을 하고 있으며, 우드워드는 4장에서 프랑케가 할레에서 행한 활동을 소개한다. 영국에서 신도회 운동을 이끌어 가던 지도자들과 독일의 경건주의자들은 분명히 서로를 알고 있었고, 그들의 운동이 서로 유사한 성격을 띠고 있음을 인식하고 있었다.

그러나 영국의 신도회들과 대륙의 경건주의 모임들 사이에는 적어도 두 가지의 근본적인 차이점이 있었다. 첫 번째, 신도회들은 경건주의의 가장 큰 특징이라 할 수 있는 개인적 종교 체험에 대한 열정과, 경건주의의 중심을 이루었던 중생에 대한 의식이 대체로 부족했던 것 같다. 이같은 사실은 신도회들이 어째서 경건주의 운동의 일부로 합류해 들어가지 않았는가를 이해함에 있어 중요한 열쇠가 된다. 한 가지 흥미로운 사실은, 호네크 자신의 삶과 신학이 신도회보다는 경건주의 쪽에 더 가까웠으며, 그가 개인적으로 회심과 중생을 매우 중요시했다는 것이다.[21] 그러나 당시의 성공회 상황에서 회심은 이미 기정사실화되어 있

었고(신도회 회원들은 이미 세례를 받은 교인들이었다), 따라서 거룩한 삶을 추구하는 일고 관련하여 그다지 강조되지 않고 있었다. 실제로, 믿음에 의한 칭의의 주관적 의미는 거의 완전히 퇴색되어 있었다. 이토록 성화의 기초로서 중생의 교리가 사실상 무시되고 있었다는 사실은, 1738년 올더스케이트에서의 체험에 이르기까지 존 웨슬리의 영적인 투쟁 기간을 이해할 수 있게 해 준다.

신도회들과 경건주의 모임들 사이의 두 번째 차이점은, 신도회들이 자선행위와 가난한 사람들을 위한 사역 그리고 '방법론상의 개혁'을 훨씬 더 강조했다는 것이다. 대륙 경건주의가 윤리성을 전혀 나타내지 않았던 것은 아니지만, 성공회 신도회들은 특히 가난한 사람들을 위한 실제적인 봉사에 적극적으로 헌신했으며, 그것을 거룩한 삶의 필수적인 부분으로 간주했다.

이 신도회 운동으로부터 1691,2년에는 '개혁 방안 협회'(Society for the Reformation of Manners), 1698년에는 「기독교 지식 증진 협회」(SPCK) 그리고 1701년에는 그 자매기관인 「해외 복음전도 협회」(Society for the Propagation of the Gospel in Foreign Parts, SPG)가 탄생했다.

SPCK는 이미 신도회 운동을 활발히 전개하고 있던 런던의 동호인들에 의해 설립되었으며, 그 핵심 인물들은 성공회의 성직자 토마스 브레이(Thomas Bray)와 네 명의 성공회 평신도였다. 이 협회의 설립 목적은 다음과 같은 것이었다.

- 잉글랜드와 웨일즈 전역에 자선학교의 설립을 권장 및 추진한다.
- 국내 및 해외에 성경과 각종 종교서적을 보급한다.
- 가능한 최선의 방법을 통해 국내와 해외에 기독교적인 지식을

전파함으로써, 하나님의 영광을 드러내고 인류의 복지를 증진시킨다.[22]

이 협회는 곧 많은 종교서적과 교리문답서를 발간하여 배포하기 시작하여, 불과 2~3년 안에 1백만여 권에 달하는 성경, 기도서, 교리문답서, 그리스도인의 삶에 관한 책들을 보급했다. 이 협회는 또한 SPG와 더불어 북아메리카를 비롯하여 세계 여러 지역에서 성장하고 있던 선교사역을 지원하는 일에 관계하였다.[23]

앞서 지적했듯이, 프랑케는 처음부터 SPCK와 접촉하여, 일찍이 이 협회의 통신회원이 되었다. SPCK와 대륙 경건주의자들 간의 연관은 이 협회와 인도, 치겐발크(Ziegenbalg), 플루챠우(Plutschau) 등지에 대한 덴마크와 할레의 선교활동을 지원하기 시작한 1711년부터 더욱 강화되었다.

나중에 SPCK는 몇 가지 면에서 존 웨슬리와 경건주의를 이어주는 연결고리 역할을 하게 된다. 웨슬리는 옥스퍼드 대학생 시절인 1732년 8월, 통신회원으로 SPCK에 가입하였다. 웨슬리에게 이 협회는 해외선교를 위한 정보 및 서적의 중요한 공급원이었다. 그의 부친 사무엘 웨슬리는 일찍이 SPCK를 지원한 바 있었고, 1702년에는 그이 엡워스(Epworth) 교구에 동일한 형태와 목적을 지닌 조직을 설립하였다.[24] 웨슬리에게 미쳤던 경건주의자들의 영향은 선교자들을 통해 치겐발크와 플루챠우 지방에도 미치게 되었다. 인도에 파송된 네덜란드와 할레의 선교사들에 관한 이야기는 그 선교사들의 편지들을 편집하여 1709년 안톤 뵈메에 의해 런던에서 처음으로 출판된 이래 판을 거듭하여 출판되었다.[25] 웨슬리는 1730년에 이 책을 읽었고, 나중에는 자신이 편집한 책을 내기도 했다.[26] 그 책은 웨슬리의 선교적 열정을 불러일으키기에 충분했으며, 그가 1735년에 조오지아로 가게 된 결정적인 동기가 되었다.

더욱 의미 있는 것은 아마도 이 책이 20년도 더 이전에 웨슬리의 어머니 수산나 웨슬리에게 미쳤던 영향일 것이다. 1712년 2월 6일자로 된, 남편에게 보내는 편지에서 그녀는 『덴마크 선교사들에 관한 이야기』를 읽었다고 한다.

> 저는 지금까지 이토록 벅찬 감동에 휩싸여 본 적이 없는 것 같아요. 저는 그날 저녁 내내, 당신(하나님)의 영광을 위해 그들로 하여금 그토록 커다란 열정을 품게 하신 하나님의 선한 뜻을 찬양하며 기도할 수밖에 없었답니다. 여러 날 동안 다른 것들은 생각나지도, 말할 수도 없었지요. 마침내 저는, 비록 제가 남자도 아니고 목회자도 아니지만, 제 마음을 온전히 주님께 바치고 그분의 영광을 위한 진정한 열정을 품는다면, 저도 많은 일들을 할 수 있다는 자신감을 갖게 되었어요. 또 그들을 위해 더 많이 기도하고, 제 주변의 모든 사람들에게 더욱 따뜻한 애정으로 대해야겠다고 결심했어요. 우선은 매일 저녁마다 시간을 내어, 아이들 하나하나와 단 둘이서만 대화를 가지려고 해요. 그래서 월요일에는 몰리와, 화요일에는 헤티와, 수요일에는 낸시와, 목요일에는 재키(존 웨슬리)와, 금요일에는 패티와, 토요일에는 찰스와 그리고 일요일에는 에밀리, 서키와 더불어 이야기를 나누기로 했어요.[27]

이런 점만 보아도 우리는 수산나가 존 웨슬리(당시 8세)를 비롯하여 여러 자녀들의 영적인 성장에 얼마나 많은 관심을 쏟고 있었는가를 알 수 있다. 그녀는 남편이 장기간 런던을 떠나 있는 동안, 엡워스 목사관에서 비공식적이지만 매우 헌신적인 모임(사실상의 '경건한 모임')을 열기 시작했다.[28]

존 웨슬리

존 웨슬리는 1703년 6월 17일, 엡워스에서 태어났다. 독실하고 교양 있는 성공회 가문 출신인 그는 어린 시절부터 깊은 열정을 지닌 믿음과 거룩한 삶에 대한 높은 이상 가운데 자라났다. 그는 열 살 나던 해에 런던에서 북쪽으로 100마일 가량 떨어진 링컨셔 주의 엡워스를 떠나, 런던에 있는 챠터하우스 스쿨(Charterhous School)에 입학했다. 이어서 1720년에는 옥스퍼드 대학교에 입학하여, 15년 동안 그곳에서(엡워스에는 자주 왕래하며) 보내게 된다. 1726년 3월 옥스퍼드 링컨 대학교(Lincoln College)의 특별연구원으로 선발된 그는, 그해부터 이 대학에서 가르치기 시작했으며, 이듬해 2월에는 석사학위를 취득하게 된다. 1726년부터 1735년까지 옥스퍼드 메서디즘 협회가 형성되던 기간 동안, 웨슬리는 옥스퍼드 대학교의 특별연구원으로 있으면서 소수의 학생들을 가르쳤다. 그리고 그는 자신이 최상이라고 생각하던 종교적 이상을 추구하면서 삶을 정돈해 나갈 수 있을 만큼 충분한 자유를 누리고 있었다.

부친의 충고에 따라 성직자로서 안수를 받기 위한 공부에 착수한 1725년, 웨슬리의 영적인 추구는 본격적인 궤도에 오르기 시작했으며, 그의 방향은 처음부터 분명했다. "나는 내적인 거룩을 목표로 기도하기 시작했다."²⁹ 웨슬리는 1725년 9월에는 집사 안수를 그리고 1728년에는 성직자로서 안수를 받았다. 이 기간 동안 그는 폭넓은 독서를 했으며 신비주의에 강한 매력을 느꼈다. 그는 1726년에 처음으로 출간된 윌리엄 로(William Law)의 『그리스도인의 완성』(*Christian Perfection*)은 물론이려니와, 1728년에 출간된 로의 『경건한 삶으로의 부르심』(*Serious Call to a Devout and Holy Life*)를 접하게 되었다. "이 책들은 무엇보다 어중간한 그리스도인이란 절대로 있을 수 없다는 사실을 나에게 확신시켰다. 나는 하나님의 은총—내가 그 절대적인 필요성을 깊이 인식하고 있던—을 통해서, 오직 그분께 헌신하고 나의 영혼과 몸과 나의 존재 전체를 그분께 바치기로 결심하게 만들었다."³⁰

옥스퍼드에서 존 웨슬리와 그의 동생 찰스는 개인적인 거룩을 추구하는 일에 전념하였으며, 이 일에 다른 사람들을 동참시키기 위한 노력도 게으르지 않았다. 존은 1734년, 부친에게 다음과 같은 내용의 편지를 보냈다. "저의 삶에서 단 한 가지 목표는 개인적인 거룩을 추구하는 것입니다. 저 자신이 거룩하지 못하면서 다른 사람들에게서 진정한 거룩을 불러일으킬 수는 없을 터이니까요."³¹ 웨슬리 형제는 이러한 목적으로, 그들 주변의 마음을 같이하는 동료들과 작은 모임을 조직했다. 그들의 모임은 옥스퍼드 일원에게 '거룩한 모임'(Holy Club)으로 알려지기 시작했으며, 1732년 이후로는 거의 모든 중요한 과업마다 일정한 방법(method)을 적용하곤 했던 존 웨슬리의 경향과 그들의 규칙적인 훈련 때문에 일반적으로 '메서디스트'(Methodists)라 불렸다.

옥스퍼드의 '거룩한 모임'은 경건주의자들의 '경건한 모임'도 아니었고, 오늘날 거론되는 셀 조직도 아니었다. 그들은 헌신적이고도 성사적(sacramental)인 경건성에서는 성공회의 영성수련 모임과 비슷했지만, 몇 년의 기간을 거치면서 학구적인 연구 모임으로부터 좀 더 엄격하게 헌신적인 모임으로 발전해 나아간, 다소 유동적이면서 무정형적인 집단이었다. 이 기간 동안 그들은 옥스퍼드 일원의 가난한 사람들과 죄수들을 상대로 지속적인 사역을 전개해 나아갔다.

웨슬리 형제와 밥 커크햄(Bob Kirkham) 그리고 윌리엄 모건(William Morgan)으로 구성된 최초의 '거룩한 모임'은 1729년 6월에 정기적인 모임(공식적인 조직이나 고정된 계획 없이)을 갖기 시작했으며, 존이 몇 주 동안 엡워스에 있다가 옥스퍼드로 되돌아 온 11월 21일부터 '네 명의 젊은 옥스퍼드 신사들'은 빈번한 모임을 갖게 되었다. 나중에 존의 기록에 의하면, 1730년 3월부터 네 사람은 '고전을 두루 섭렵하기 위해' 일주일에 네 번씩 모임을 가졌으며, 주일 저녁에는 특히 신학 서적과 경건 서적을 읽었다고 한다. 그 이듬해부터 그들은 모건의 제안에 따라, 가난한 사람들과 죄수들을 찾아 나서기 시작했다.[32]

1732년 8월 경, 이들은 거의 매일 모이다시피 했으나 전체적인 모임은 주일 저녁에만 열리는 것이 보통이었다. 이 무렵 그들의 관심은 헬라어 신약성경, 아우구스트 프랑케의 저서를 포함한 경건 서적들 그리고 초대교회의 신앙생활에 집중되어 있었다. 그 해 말 옥스퍼드 메서디스트들은 7명의 핵심 그룹, 비교적 덜 정규적이면서 규모가 큰 모임 그리고 웨슬리 형제나 다른 구성원들과 어느 정도 연관이 있는 사람들(때로는 웨슬리의 제자들)로 이루어져 있었다.

웨슬리는 1733년 1월 1일 옥스퍼드 대학교에서 행한 '마음의 할례'라는 제목의 설교에서, 그가 시도하고 있던 일의 신학적 원리를 천명하였다. 이에 관하여 하이첸라터는 다음과 같이 말한다.

> 이 무렵 옥스퍼드에는 아무런 망설임 없이 '메서디즘'라 불릴 수 있는 것이 탄생하게 되었다. 존 웨슬리를 반대하는 사람들은 마치 웨슬리 자신이 그 용어를 인정했고, 그에 관한 역사적·신학적 원리가 분명히 정립된 듯이 그 같은 명칭을 붙였다. 메서디스트들은 이미 옥스퍼드 뿐만 아니라 영국 전역에 널리 알려져 있었고, 반대자들의 악의에 찬 목소리는 유력한 지지 세력에 의해 어느 정도까지는 상쇄된 상태였다. 이 운동은 점차 힘과 강도를 더해 가면서, 비록 작기는 해도 적극적이고도 강력한 추종자 집단들을 형성해 나가는 것 같았다.[33]

비록 그 후 2년 동안 거룩한 모임들의 조직과 운동에 어느 정도 동요가 있기는 했어도, 그들 집단은 성장을 계속하여 일치된 목표 아래 단합을 이루게 되었다. 1733년 초에는 벤자민 잉햄(Benjamin Ingham)이 그 집단의 핵심 인물로 영입되었고, 같은 해 말에는 조지 휫필드(George Whitefield)가 가세했다.[34] 1734년 무렵에는 "옥스퍼드 대학교 안에 어느 정도는 존 웨슬리의 착상에 따라," 7명을 핵심 멤버로 하는 수십 명의 셀 조직이 형성되었다.[35]

1734년 말, 웨슬리는 매일 저녁 한두 개의 모임을 인도했는데,[36] 그들을 위해 기도문을 비롯한 경건 훈련 자료들을 편집, 발간한 것이 그의 장기적인 집필 경력의 시발점이 되었다. 1734년 1월에 출간된 그의 첫 번째 저서는 『기도문 선집』(*A Collection of Forms of Prayer for Every Day in the Week*)이었다. 이 책에는 웨슬리가 여러 해 동안 자료들을 수집, 정리한 기도문들과 상당한 수준의 편집과 수정 과정을 거친 자기 훈련을 위한 '일반적이고' '개별적인' 질문들이 실려 있었다.

1735년 웨슬리가 옥스퍼드를 떠날 무렵 옥스퍼드의 거룩한 모임 숫자는 대략 45명 가량이었으며, 이 숫자는 옥스퍼드 메서디즘의 상한 선이었다. 이때부터 메서디즘 운동은 몇 년 후 휫필드와 웨슬리 형제의 설교를 통해 '메서디즘 부흥'이 일어날 때까지 내리막길을 걷게 된다.

벌리아미(Vulliamy)는 1733~1734년 당시의 '거룩한 모임'을 다음과 같이 묘사한다.

> 그들은 아침과 저녁으로 한 시간씩 개인적인 기도에 힘썼으며, 9시와 12시 그리고 오후 3시에는 기도문을 낭송하였다. 또 때로는 종교적 열정을 유지하고 은총의 표적을 구하려고 엄격한 자기 훈련을 행하였다. 그들은 경건한 절규를 했고, 자주 성경을 찾아보았으며, 일상적인 삶 가운데 일어나는 특별한 일들을 일기장에 암호로 기록해 놓곤 했다. 그리고 매일 한 시간씩 할애하여 명상에 잠기곤 했으며 일주일에 두 번씩 금식을 행하였다. 그들은 교회의 모든 축일(祝日)을 준수하였고 주일마다 성례전을 행하였다. 또 그들의 대화가 무의미한 잡담이 되는 것을 막기 위해서 모임에 나갈 때마다 할 말을 미리 준비해 두곤 했다. 그들이 알고 있는 범위 내에서, 초대교회는 그들의 본보기로 받아들여지고 있었다.[37]

1735년 런던을 방문했던 웨슬리 형제는, 미국 조오지아에 새로운 식민지를 정착시키는 데 도움이 될 사람들을 물색 중이던 모험가이자 자선가인 제임스 오글토프 장군을 만나게 된다. 두 형제는 장군과 함께 미국으로 건너가, 존은 인디언들을 대상으로 선교활동을 펴 나가고, 찰스는 장군의 비서 역할을 맡기로 했다. 그 해 10월, 시몬즈호에 몸을 실은 그들은 신세계를 향하여 항해를 시작했다.

존 웨슬리 자신의 말에 의하면, 그가 조오지아로 간 일차적인 목적은 그 자신의 영혼을 구원함은 물론 인디언들에게 설교를 행하는 가운데 복음의 진정한 의미를 발견하려는 것이었다. 그는 '해외 복음전도협회'로부터 1년에 50파운드씩 지원받기로 했다.[38] 존 웨슬리는 결코 홀로 행동하려고 하지 않았다. 그는 동생 찰스와 두 명의 친구, 벤자민 잉햄과 찰스 델라모트(Charles Delamotte)와 시몬즈 호 선상에서 '메서디스트들의 거룩한 모임'에 해당하는 모임을 결성하였다. 델라모트를 제외한 세 사람이 모두 옥스퍼드 거룩한 모임였으므로, 사실상 '옥스포드의 거룩한 모임'이 이 작은 선상의 모임으로 이어진 셈이었다. 당시 존은 32세의 나이로 그들 가운데 가장 연장자였고, 잉햄과 델라모트는 20대 초반이었다. 영국을 떠나면서 그 네 명의 동역자들은 다음과 같은 내용을 서약을 했다.

> 아래에 이름이 쓰어진 우리는, 우리들 사이에 완전한 결합이 없이는 이교도들 사이에서 하나님의 일을 추진할 수 없음을, 그리고 각자가 자신의 의견보다는 다수의 의견을 존중하고 하나님의 도움으로 다음에 동의하지 않는 한 상기의 결합이 존속될 수 없음을 굳게 확신한다. 첫째, 우리 가운데 어느 누구도 우선 다른 세 사람에게 제안하지 않고서는 어떠한 일에도 착수치 않을 것이다. 둘째, 우리의 판단이 서로 어긋날 때에는 다수의 결정에 따른다. 셋째, 우리의 판단이 대등하게 맞설 경우에는 하나님의 인도하

심을 구한 후 추첨에 의해 결정한다.³⁹

웨슬리와 모라비아교도

조오지아로 가는 장시간의 선상 여행을 통해, 웨슬리는 처음으로 모라비아 형제단을 자세히 관찰할 기회를 갖게 되었다. 다비드 니취만이 인솔하는 소규모의 모라비아 선교단이 승객들 사이에 끼어 있었기 때문이다. 7~8시 사이의 저녁 시간을 그들과 함께 보내곤 하던 웨슬리는 1736년 1월 25일(일요일)자 일기에서 다음과 같이 기술하였다.

"7시에 독일인들에게로 갔다. 이미 오래 전에, 그들의 행동이 얼마나 진지한 지를 잘 보아 온 터였다. 그들은 다른 승객들을 위해 어느 영국인도 하려고 하지 않는, 노예와 같은 일들을 함으로써 그들의 겸손함을 분명히 증거하였다. 만약 누군가가 그들을 밀치고 때리고 넘어뜨렸더라도, 그들은 한마디 불평도 없이 다시 일어나 자기들이 할 일을 해나갔을 것이다."⁴⁰

웨슬리는 모라비아교도의 경건함과 선행, 폭풍이 몰아치는 동안에도 조용히, 그러면서도 확고히 믿음 가운데 서 있는 그들의 태도에 깊은 인상을 받았다. 조오지아에서 지내는 2년 동안, 그는 모라비아교도—선교 지도자인 아우구스트 슈팡엔베르그를 포함하여—와 매우 가까운 관계를 유지했다.

조오지아에서, 거룩함을 추구하는 웨슬리의 열정은, 프랭크 베이커(Frank Baker)가 표현하듯이, "교회에 새로운 활력을 불어 넣고, 한 성공회 교구에 전형적인 기독교 공동체를 건설하려는 불타는 의욕"으로 나타났다.[41] 조오지아 같은 개척지에서 웨슬리의 열정적인 노력이 그 진가를 인정받기란 매우 힘든 일이었다. 하지만 그는 이미 공중예배에서 찬송을 부른다든지, 평신도들에게 교구 일을 맡기는 등 과감한 혁신을 시도하고 있었다.[42] 그의 열성과 혁신 때문에, 그는 "영국 국교회로부터 로마 가톨릭과 청교도 분리주의라는 두 개의 문으로 동시에 빠져나갔다."는 비난을 받았다. 하지만 실제로, 그의 시도는 단순히 초기 기독교의 정신과 형식을 되찾으려는 의욕으로부터 나온 것이었다.[43]

웨슬리는 자신이 모라비아교도들에게서 최소한 몇 가지 형태의 초기 기독교가 지니고 있던 진정한 특징을 발견하였다고 생각하였으며, 그들의 방식들 가운데 몇 가지를 실제로 적용해 보기까지 했다. 이에 관하여 베이커는 다음과 같이 기술한다.

> 웨슬리는 공적인 예배 의식과 별도로, 종교적 친교를 위한 신도회를 조직하였다. 이 모임의 구성원들은 가능한 한 영적인 지도자가 인도하는 가운데 '기도와 찬송, 그리고 상호 권면'의 시간을 한 시간 가량 갖곤 했다. 웨슬리는 나아가, 모라비아교도의 방식을 따라 이 신도회를 좀 더 친밀한 속회 조직으로 세분하였다. 이 작은 모임들의 목적들 가운데 하나는 상호고백이었으므로, 그의 반대자들은 그가 로마 가톨릭 교회의 고해 성사를 도입하였다고 비난의 화살을 퍼부었다.[44]

여기서 우리는, 웨슬리가 모라비아적 요소를 영국으로부터 가져와 신도회 형식에 도입함으로서 로마 가톨릭적 개혁을 시도한다고 비난받고 있는 모습을 보게 된다.

시몬즈 호 선상에서 뿐 아니라 조오지아에서 취한 그의 행동은 그가 '해외 복음전도 협회'의 후원을 받고 있었다는 사실에 비추어 볼 필요가 있다. 웨슬리는 해외 복음전도 협회가 선교사들을 위해 정해놓은 상세한 규칙들을 준수했다. 선상에서 선교사들은 "승객들에게 경건함과 미덕에서 훌륭한 본보기가 될 수 있도록 행동해야 한다." 그리고 가능한 한 매일 아침과 저녁 기도회를 주일에 행하는 설교 및 문답식 가르침으로 인도해야 하며, "권위와 신망을 얻을 수 있도록 진지하고도 신중하게 지도와 권면을 행해야 한다."[45] 리처드 버터워스(Richard Butterworth)는 서적 배포, 학교 건립, 인디언들을 대상으로 한 복음전도 등 웨슬리가 조오지아에서 행한 많은 활동들이 '해외 복음전도 협회 규칙'에 따라 이루어진 것이라고 기술한다.[46]

그러나 웨슬리는 조오지아에서 2년 동안을 좌절감 속에서 보내야만 했다. 그의 엄격함과 열의는 어떤 사람들에게는 도움이 되었지만, 한편으로는 적들을 만들어 내었기 때문이다. 이와 더불어 더 복잡한 이야기가 있다. 그는 1738년 초에 영국으로 출발하여 2월 3일 런던에 도착했다. 그는 자신의 선교활동이 실패로 돌아간다고 생각하며 갈등에 휩싸여 돌아왔다. 그는 어떠한 인디언에게도 복음을 전할 수 없었고, 영국인 정착민들 상이에 반대와 분쟁만 불러 일으켰으며, 자신의 내적인 평화조차 크게 흔들리고 있었다.

런던에 돌아온 웨슬리는 즉시 모라비아 선교사인 피터 뵐러를 만났다. 당시 25세였던 뵐러는 모라비아교도들 사이에서 매우 유능한 속회 조직가였다. 웨슬리는 뵐러로부터 두 가지, 오직 믿음을 통한 즉각적인 개종 방법의 설득력 있는 제시와 실제적인 조직 기법에 크게 감명을 받았음에 틀림없다. 박학다식함을 비롯하여 그는 여러 가지 면에서 웨슬리와 비슷한 점이 많았다. 웨슬리는 그와의 최초의 만남 이후로 5월 4일 미국으로 떠날 때까지, 그를 자주 만나 산책도 하고 많은 이야기를 나누기도 했다. 존과 찰스는 뵐러와 함께 2월 17일에 옥스퍼드를 방문하였는데, 그의 개종 및 믿음을 통한 칭의에 대한 견해는 그들 형제에게 깊은 인상을 남겼다. 뵐러는 진젠도르프에게 다음과 같은 내용의 편지를 썼다. "저는 웨슬리 형제와 더불어 런던에서 옥스퍼드까지 여행을 했습니다. 형인 존은 성품이 매우 훌륭했습니다. 그는 자신이 구주를 올바르게 믿지 않고 있다는 사실을 잘 알고 있었으며 기꺼이 가르침을 구했습니다."[47]

뵐러는 옥스퍼드에서 며칠을 보내며 그곳에서 속회를 조직하였다. 웨슬리는 그곳에서 그리고 런던에 돌아온 후에도 그와 많은 토론을 벌였다. 당시의 일을 웨슬리는 다음과 같이 기록하였다 "3월 5일(일요일), 나는 구원에 이르는 유일한 길인 믿음이 나에게 부족하다는 사실을 분명히 깨닫게 되었다."[48]

이때부터 웨슬리는 믿음으로 말미암는 구원에 대한 진정한 이해와 체험을 추구하기 시작했다. 그는 헬라어 신약성경을 다시 읽는 과정에서, 신약시대의 교회에서 정말로 '즉각적인 회심'이 일어났었음을 알게 되었다. 4월 26일 다시 웨슬리와 산책을 한 뵐러는 나중에 다음과 같이 기술하였다. "그는 매우 슬피 울면서 함께 기도하자고 했다. 나는 그가 지금까지 지니고 있던 의보다 더욱 높은 의, 그리스도의 의를 갈망하는 가엾고 절망에 빠진 죄인이라고 단언할 수 있었다."[49] 뵐러는 웨슬리를,

더욱 긴밀한 친교를 갈망하여 작은 모임을 원하는 사람들 가운데 하나로 보았다.[50]

5월 1일자 일기에서 웨슬리는 "오늘 저녁 우리의 작은 신도회가 시작되어, 앞으로 페터레인에서 모임을 가질 예정이다."라고 기록하고 있다.[51] 이것이 웨슬리와 뵐러가 시작한 '페터레인 신도회'의 시작이었는데, 이 신도회는 다음 몇 달 동안 웨슬리의 순례에서 핵심적인 역할을 하게 된다.

'페터레인 신도회'는 웨슬리와 모라비아교도들을 이어 주는 중요한 구조적 연결점이었다. 비록 이 신도회가 성공회의 신도회와 비슷한 점이 많았고 일부 성공회 관계자들에 의해 그렇게 인식되기도 했지만, 실제로는 전형적인 신도회라기보다는 모라비아식 속회에 가까운 것이었다. 이같은 사실은 뵐러의 일기에 분명히 드러나 있다.

> 저녁 9시에 허튼의 집에서 존 웨슬리를 만났다. 이제 우리는 한 마음으로 친교를 원하여 속회를 만들고자 하는 형제들의 명단을 확정지었다(허튼, 존 웨슬리 외 9명). 이들에게 나는 하나님의 자녀들의 친교에 관하여 말해 주었다. 그들은 내 말을 기쁨으로 받아들였으며, 그러한 마음 상태를 유지하는 가운데 서로 간에 서약을 하려고 했다. 그들은 모두 우리가 좋아하는 성격의 사람들이다. 그들 가운데 몇 명은 완전한 믿음을 지니고 있고, 몇 명은 여전히 구원에 이르는 믿음을 추구한다. 아마도 다른 사람들도 곧 우리도 합류할 것이며 그 후에는 작은 그룹으로 나뉘어져 각기 모임을 갖게 될 것이다.[52]

여기서 우리는 뵐러가 전형적인 모라비아식 형태를 따르고 있음을 보게 된다. 그는 교회의 본체로부터 분리되지 않은 채 그러한 조직망을 구축하려는 진젠도르프의 비전을 이해하고 뜻을 함께 했던 반면, 다른 사람들은 아마도 이 모임을 다른 성공회 신도회들과 별로 다를 것이 없다고 보았던 것 같다.

'페터레인 신도회'의 규칙에는 기도와 고백을 위한 매주의 모임, 5~10명으로 구성된 속회원 구성, 각자 자유롭게 발언할 수 있는 권리 및 의무, 새로운 구성원을 받아들이는 절차, 한 달에 한 번씩 저녁 7시부터 10시까지 애찬식을 갖는 것 등에 관한 조항들이 포함되어 있었다. 헌금은 매월 합의된 원칙에 따라 모아졌다. 웨슬리도 미리 예견하지 못했던 바이지만, 이 '페터레인 신도회'는 나중에 "영국 모라비아 교회, 즉 하나의 '작은 교회'가 정규 교회로 발전해 나가는 온상"이 되었다.[53]

웨슬리는 뵐러가 미국으로 떠나고 나서 3주 후인 1738년 5월 24일(수요일), 드디어 "신앙의 장벽을 무너뜨리게 된다."[54] 이는 웨슬리 자신이 그의 영적인 탐구에 있어서 결정적인 전환점이라고 본, 올더스게이트 거리에서 열린 모임 도중에 일어났다. "나는 나 자신의 구원을 위해 오직 그리스도 한분께 의지하고 있었다. 그리고 그분이 나의 죄를 그리고 나 자신마저도 깨끗하게 해 주셨고, 죄와 사망의 법으로부터 나를 구원해 주셨다는 확신이 생겼다."[55]

이제 웨슬리는 새로 발견한 믿음과 더불어 삶을 함께 나눌 동역자들과 넓은 사역지를 갖게 되었다. 그리고 마침내는 영국 국교회 안에 초기 기독교를 복원하겠다는 오랜 꿈이 구현될 수 있으리라는 희망을 갖게 되었다. 그러나 그는 모라비아교도들을 비롯한 독일의 경건주의자들로부터 더 많은 것들을 배우기를 원했다. 그래서 조오지아를 떠나기 앞서 "하나님이 허락하신다면 잠시 독일에 머물기로 했다(6월 7일).⁵⁶

웨슬리는 동역자들과 더불어 1738년 6월 대륙으로 건너갔다. 그는 진제도르프를 마리엔보른에서 만난 후, 헤른후트로 가서 2주간(8월 1일-14일)을 지냈다. 그는 할레를 두 번 방문하여 다른 모라비아교도들과 경건주의자들을 만났으며, 그곳에서 고트힐프 아우구스트 프랑케(Gotthilf August Francke) 교수와 그의 아들과 후계자를 만났다.⁵⁷ 그는 또한 뵐러와 슈팡엔베르그를 비롯한 모라비아교도들과 경건주의자들이 공부하고 있던 예나를 방문하였다.⁵⁸ 웨슬리는 그의 일기에 헤른후트 공동체를 설명해 놓았으며, 또 크리스찬 다비드(Christian David)를 비롯한 모라비아 지도자들과의 면담 내용을 요약해 놓았다.⁵⁹

부흥의 시작

9월 16일 런던으로 돌아온 웨슬리는 그 이튿날 다음과 같이 기록하였다. "나는 또 다시 나의 조국에 구원의 기쁜 소식을 전파하기 시작했다."⁶⁰ 10월에 그는 헤른후트에 있는 '하나님의 교회'에, 모라비아교도들에 대한 감사의 정과 성장 일로에 있는 자신의 사역에 관한 소식을 전했다.

이곳에 있는 우리도, 여러분이 그리스도를 따른 것처럼 우리에게 주어진 은혜로 여러분을 따르려고 노력하고 있습니다. 우리가 이곳으로 돌아온 후 14명이 더 늘어나, 지금은 56명의 남자들이 8개의 속회로 나뉘어져 있습니다. 그들은 모두 오직 그리스도의 보혈에서 구원을 구하고 있습니다. 여성들로 이루어진 속회는 아직 둘밖에 없는데, 하나의 3명 또 하나는 5명으로 구성되어 있습니다. 하지만 이곳에는, 자신의 몸을 우리를 위해 내어 주신 분께 대한 사랑과 믿음으로 서로 북돋워 줄 수 있는 방법을 우리가 가르칠 수 있는 여유가 생길 때를 기다리고 있는 사람들이 많습니다. 제 동생과 저는 런던에 있는 대부분을 교회에서 설교가 허락되지 않고 있습니다. 하지만 감사하게도 일부 교회에서 우리가 마치 그리스도 안에서 자유를 누리는 것처럼 자유로이 진리를 선포할 수 있습니다. 우리는 또한 매일 저녁마다 또는 주중(週中) 정해진 요일마다 두세 군데 장소에서 화해의 복음을 선포하고 있는데, 때로는 20~30명, 때로는 50~60명, 때로는 300~400명의 사람들이 그 말씀을 들으러 모이곤 합니다.[61]

헤른후트를 보고 나서, 웨슬리는 모라비아교도들의 믿음과 경건성을 높게 평가하였다. 하지만 그들의 '정적주의'와 영적인 자기만족을 추구하는 경향 그리고 진젠도르프 백작을 중심으로 형성된 '개인숭배'의 경향에 대하여는 우려를 나타냈다.[62] 이때부터 웨슬리는 런던 일원에서 순회 복음전도와 개종자들을 돌보는 일에 모든 힘을 기울이면서 '페터레인 신도회'의 지도자 역할을 담당해 나가기 시작했다.

웨슬리는 곧바로, 그다지 활동적이지는 못했지만 여전히 많은 수를 차지하고 있던 기존의 신도회들과 접촉하려고 시도했다. 존 사이몬(John Simmon)은 다음과 같이 기술하였다. "의심할 여지없이, 기존의 신도회들의 종교 조직으로서의 힘을 약화시키려는 악한 세력이 그들 내부에 침투해 들어왔다."[63] 당시 대단히 성공적으로 사역을 행하면서 신도회들을 조직하고 있던 조지 휫필드 역시 다음과 같이 기술하였다. "런던에 있는 대부분의 기존의 신도회들이 생명력을 잃고 형식주의에 빠져들고 있었다. 그리고 그들의 영혼에 역사하시는 하나님의 영을 서로에게 일깨워 주는 일도 매우 드물었다."[64] 웨슬리 형제와 휫필드는 바로 이같은 현실을 개혁하기 위해 발벗고 나섰던 것이다.

1월 1일 페터레인에 모습을 나타난 휫필드는 미국 선교여행으로부터 방금 귀환한 터였다. 런던 교계의 배척을 받은 그는 곧장 브리스톨로 갔다. 그는 1739년 2월 17일 킹스우드에서 200여 명의 광부들을 상대로 최초의 야외설교를 행하였고, 3주가 채 못되어 청중들의 숫자는 1만여 명을 헤아리게 되었다.[65]

런던에서 서쪽으로 100마일 지점에 위치한 복잡한 항구도시 브리스톨은 웨슬리 당시 인구 3만을 헤아리는 영국에서 두 번째로 큰 도시였다. 그 도시는 신세계로 팔려가는 노예들로 엄청난 상권을 이루었고, 영국에서 시작된 산업혁명의 온상이 되기도 했다.

브리스톨 일원, 특히 킹스우드에서 폭동이 일어나 군인들이 투입되고 광부들이 체포되기까지 했다. 이같은 혼란상은 고물가, 저임금, 새롭게 부상한 도시근로자들의 비참한 처지 등 1738~1740년 사이의 각종 사회문제들을 배경으로 한 것이었다.[66]

휫필드에게 청중들이 몰려들기 시작하자, 존 웨슬리의 설교 능력과 조직 기법을 높이 평가한 휫필드는 그를 부르러 사람을 보냈다. 그러나 그때까지만 해도, 웨슬리는 영국에 있는 동안 정규 교회의 예배에서만 설교를 해 왔었다. 웨슬리는 브리스톨에서의 야외 집회를 도와 달라는 휫필드의 요청에 어떻게 해야 했을까? 찰스는 거기에 찬성하지 않았다. 하지만 웨슬리는 페터레인 신도회에 결정을 위임했고, 결국 그가 가야한다는 결정이 내려졌다.

웨슬리는 3월 31일에 브리스톨에 도착했다. 4월 1일 주일 저녁, 그는 한 소규모 신도회 모임에서 산상수훈에 관하여 설교했다. 그는 "나는 당시에 그곳에 교회가 있으리라고 생각했었지만 그것이 매우 훌륭한 야외 설교의 전례가 되었다."고 기록했다.[67] 이튿날 웨슬리는 다음과 같이 기록했다. "오후 4시, 나는 다소 어색한 느낌이 들기는 했지만, 그 도시 인근의 한 작은 언덕 위에서 3천여 명의 사람들에게 구원의 기쁜 소식을 전했다. 그 때 내가 인용한 성구는 다음과 같은 것이었다. '주의 성령이 내게 임하셨으니, 이는 가난한 자에게 복음을 전하게 하시려고 내게 기름을 부으시고'(눅 4:18)."[68]

웨슬리는 과연 그답게 즉시 조직화 작업에 착수했다. 그는 수많은 신도회와 속회를 조직하였고, 5월 9일에는 작은 토지를 구입하여 중심 회의 장소인 '새로운 공간'을 세웠다. 휫필드가 8월에 미국으로 돌아가고 나자, 이 모든 일들이 웨슬리에게 맡겨지게 되었다. 그는 브리스톨과 런던을 오가며 야외 설교, 속회 조직, 날로 증가하는 신도회 회원들을 대상으로 한 야간 설교 등에 모든 힘을 쏟아부었다. 휫필드와 웨슬리의 지휘 아래 런던과 브리스톨에서 이루어진 이같은 일들의 진전은 '웨슬리 부흥'의 시작을 뚜렷이 보여 주고 있다.

메서디즘의 구조

웨슬리는 불과 몇 달만에, 수세기 동안 메서디즘의 특징을 이루게 될 기본 구조를 확정하였다. 그가 만든 조직 형태들은 이 운동의 하부 구조를 이룸은 물론, 그 성장과 발전에 결정적인 요인으로 작용했다. 그리고 거기에는 웨슬리 자신의 교회에 대한 이해와, 그가 무엇을 가장 중요시했는지가 반영되어 있다.[69]

새로 일어나기 시작한 '메서디즘 부흥'의 기본 구조는 신도회, 신도반, 속회 그리고 조금 뒤에 만들어진 웨슬리의 순회 설교단 등이었다. 웨슬리와 휫필드는 기본적으로, 기존의 신도회 조직 유형에 따라 신도회들을 조직하기 시작했다.

웨슬리는 런던과 브리스톨 지역에 그 같은 신도회들을 수십 개나 조직했으며, 그들을 통칭하여 '연합신도회'(United Societies)라 불렀다. 메서디즘의 신도회들은 웨슬리의 직접적인 감독 아래 그를 중심으로 결합된 조직이라는 점에서 기존의 신도회들과 구별되었다. 이 몇 달 동안, 웨슬리는 여전히 페터레인 신도회 모임을 인도했다.

웨슬리가 행한 혁신적인 조치들 가운데, 특히 속회 조직은 모라비아교도들의 영향을 직접적으로 받은 것이었다. 웨슬리는 일찍이 헤른후트에서 수많은 속회들이 활동하고 있는 모습을 보고 영국으로 돌아와, "페터레인을 포함한 런던의 모든 신도회들이 속회 제도를 채택할 것을 열렬히 주장하였다."[70]

속회는 목회 사역을 위해 남자들 또는 여자들로 구성된 소규모 셀 조직이었다. 웨슬리 새로운 개종자들에게 반드시 유혹이 따라다니는 법이므로 격려를 받거나 자신의 죄를 고백할 수 있는 기회가 주어져야 한다고 지적했다.

따라서 이들에게 좀 더 긴밀한 유대관계를 유지할 수 있는 수단이 필요했다. 그들에게 특히, 여전히 그들이 쉽사리 범할 수 있는 죄에 빠져들게 하는 유혹과 관련하여 아무런 거리낌 없이 마음을 털어 놓을 기회가 필요했다. 그들은 "서로 잘못을 고하고 위해 기도하라. 그러면 너희가 치유되리라."는 성경 기자의 말이 바로 이것을 뜻하고 있음을 알게 되면서, 더욱 그러한 기회를 갈망하게 되었다. 따라서 나는 그들을 기혼·미혼의 남성들, 또는 기혼·미혼의 여성들로 구성된 좀 더 작은 집단으로 세분하였다.[7]

웨슬리파의 신도반 모임은 1742년 초 브리스톨에서 다소 우연한 기회에 시작되었다. 웨슬리는 거룩한 모임들 가운데 많은 사람들이 복음에 따라 살기는커녕 "영성이 식어버리고, 오랫동안 그들에게 붙어 다니던 죄에 굴복하는" 모습을 보면서 염려가 깊어져 갔다. 따라서 규율을 잡을 어떤 장치가 필요하게 되었다.

브리스톨에 있는 예배당의 빚을 갚기 위해, 그곳의 신도회(당시 1천 1백여 명)는 각기 12명으로 구성된 신도반으로 나뉘어졌다. 빚을 갚기 위한 주정(週定) 헌금을 걷기 위해 지도자들이 선정되었고, 웨슬리는 그들에게 "그가 매주 만나는 사람들의 동태를 파악해 줄 것"을 아울러 부탁했다. 이로써 규율을 잡을 수 있는 발판이 마련 된 것이었다. 웨슬리는 이렇게 기술한다.

가능한 한 빠른 시일 내에, 이와 같은 방법이 런던을 비롯한 여러 지역에 실시되기 시작했다. 악한 행동을 하는 사람들은 색출되어 질책을 받았다. 그런 사람들에게는 석 달 정도의 기한을 주어, 만약 자신의 죄를 벗어버릴 경우에는 기쁘게 받아들였지만, 그 죄를 고집할 경우에는 우리에게 속한 사람이 아니라고 공개적으로 선언했다. 나머지 사람들은 슬퍼하며 그런 사람들을 위해 기도하면서도, 우리 신도회로부터 추문이 사라지게 된 것을 기뻐하였다.[72]

처음에는 신도반 지도자들이 회원들의 집을 일일이 방문하였으나, 그러기 위해서는 너무나 많은 시간이 소비되었을 뿐 아니라, 많은 사람들이 가난하고 조잡한 환경 속에 살고 있던 당시의 상황으로서는 여러 가지 복잡한 문제들을 일으키기도 했다. 웨슬리는 이렇게 기술한다. "이러한 상황을 고려하여 각 신도반의 모든 회원들이 한 곳에 모이기로 합의했다. 이 방법을 통해 각 개인에 대한 좀 더 완벽한 동태 파악이 가능하게 되었고, 필요에 따라 충고와 질책을 주고받았으며 오해가 서로 풀려 화해가 이루어지기도 했다. 이렇게 사랑을 나누며 한두 시간을 보낸 후, 그들은 기도와 감사로 모임을 마치곤 했다."[73]

당시의 상황을 웨슬리는 또 다음과 같이 회고하였다.

이 작은 처리 방법을 통해 어떤 결실을 거두게 되었는지 확실히 밝히기란 그리 쉽지 않다. 하지만 이제는 많은 사람들이 전에는 생각조차 할 수 없었던 기독교적인 친교를 행복하게 체험하게 되었고, '다른 사람들의 짐을 서로 져 주면서' 자연스럽게 '서로 돌보아 줄' 수 있게 되었다. 그리고 날마다 더욱 긴밀한 사귐을 나누는 가운데 서로간에 더욱 깊은 애정을 갖게 되었으며, 사랑으로 진리를 말하는 가운데 모든 면에서 교회의 머리이신 그리스도에게 성장해 나가기 시작했다.[74]

그러나 신도반 모임은 단순히 그리스도인으로서의 성장을 위한 모임도, 친교를 위한 모임도—실제로는 이같은 기능들을 행하기는 했어도—아니었다. 그 모임의 일차적인목적은 규율이었다. 당시 속회는 이미 메서디즘의 일차적인 영적 셀 조직으로서 자리를 굳힌 터였다. 스케빙턴 우드(Skevington Wood)가 지적하듯이, "신도반이 신도회의 규율 단위이자 메서디즘 전체 조직의 요석이었던" 반면, 속회는 고백을 위한 단위였다.[75]

속회와 신도반에 속한 사람들은 또 하나의 모라비아식 관행인 애찬식을 석 달에 한 번씩 거행하였다. 이 애찬식에는 오직 회원권을 소지한 사람들만이 참석할 수 있었다.[76]

웨슬리는 곧 평신도들 가운데서 설교자들과 조력자들을 지명함으로써 자신의 사역을 확대시켰다. 이렇게 해서, 메서디즘 운동은 설교자, 조력자, 속회 및 신도반 지도자, 집사, 병자들을 방문하는 사람, 교사 등을 주축으로 활발히 전개되기 시작했다.

웨슬리가 성장 일로의 대중운동에 열중하고 있는 동안, 페터레인 신도회에는 긴장감이 감돌기 시작했다. 1739년 10월에 젊은 모라비아 지도자 필립 헨리 몰터(Philip Henry Molther)가 도착한 것이 그 부분적인 원인이었다. 몰터는 '침묵의 교리'를 가르쳤으며 믿음에 대한 루터류(流)의 이해를 강조했는데, 이는 웨슬리의 관점에서 보면 각종 은혜의 수단들을 정당하게 사용하는 일을 가로막는 것이나 다름없었다. 몰터는 페터레인 신도회 회원들에게, 그들에게 만약 여전히 어떤 두려움이나 의심이 있다면 진정한 구원의 믿음을 지니지 못한 것이며, 따라서 모든 의식, 특히 성찬식을 삼가고 진정한 믿음을 갖게 될 때까지 주님

앞에서 '침묵해야' 한다고 가르쳤다. 그는 또한 오직 그리스도만이 유일한 길이기 때문에, 예식은 은혜의 수단이 될 수 없다고 가르쳤다. 찰스 웨슬리는 "그는 성령이나 은혜가 각종 수단, 특히 성례전을 통해 전달된다는 사실을 명백히 부인한다."고 언급했다.[77]

존 웨슬리는 페터레인 사람들로 하여금 '침묵의 교리'를 받아들이지 않게 하려고 노력했다. 하지만 그들 신도회 안에서의 강력한 독일 모라비아교도들의 영향력과 브리스톨 사역으로 인한 잦은 부재로 인해 여의치가 않았다. 이 문제를 놓고 몇 차례의 회의를 거친 후, 웨슬리는 그 신도회에서 더 이상 설교할 수 없다는 결정이 내렸다. 역설적인 일이지만, 1740년 7월 20일 주일날 신도회의 애찬식에서 마침내 파국적인 사건이 일어났다. 설교를 금지당한 웨슬리는 몰터의 견해에 반대하는 이유를 요약한 짧은 취지문을 낭독하였다. 그런 다음 그는 전체 회원 60명 가운데 18명과 함께 퇴장해 버렸다.[78] 그 이후로, 페터레인 신도회는 영국-모라비아 혼합된 상태를 벗어나 순전히 모라비아적인 색채를 띠게 되었다.

페터레인에서의 위기가 심화되어 가고 있었음에도 불구하고, 런던에서의 웨슬리의 사역은 날로 확장되어 갔다. 웨슬리는 서민들의 휴식 공간인 무어필즈 공원에서 많은 군중들에게 설교를 하곤 했는데, 그 근처에는 33년 전쯤 폭발과 화재 사고가 있은 이래로 줄 곧 방치되어 온 왕립 주조공장이 있었다. 1739년 말, 웨슬리는 그 건물을 구입해 보수한 후 1740년 6월 무렵, 그 공장 건물의 메서디즘 신도회는 300여 명의 회원들을 확보하게 되었다.[80]

이제 웨슬리는 설교와 저술, 그리고 런던과 브리스톨을 비롯한 여러 지역에서 날로 성장하고 있던 메서디즘의 교세를 조직화하는 일에 전념하기 시작했고, 주조공장은 이 모든 활동의 온상 역할을 하였다. 웨슬리는 오래된 건물을 개조하여 1천5백 명을 수용할 수 있는 예배당, 3백 명을 수용할 수 있는 회의장, 의무실 그리고 그가 저술한 책과 팜플렛 등을 판매할 서점을 만들었다. 웨슬리는 또한 이곳에 60명의 아동들을 가르칠 수 있는 무료 학교, 과부들을 위한 구빈원, 수도원 해체 이후 런던 최초의 무료 진료소를 열었다.[81] 이 건물 2층에 웨슬리의 숙소가 있었다. 이 운동이 확장됨에 따라 이곳에서는 매주 66개의 신도회 모임이 개최되었고, 매주 2회씩 기도 모임이 열렸으며, 웨슬리 자신 또는 그의 동료 설교자들 가운데 한 명이 매일 새벽 5시에 설교를 하였다.[82]

웨슬리가 1738년 영국으로 돌아온 때로부터 1740년 모리비아교도들과 결별한 때까지의 사건들은, 그가 모라비아교도들로부터 도움과 반발을 동시에 받았음을 보여 준다. 그들은 우선 웨슬리의 영성을 일깨워서 결국에는 그로 하여금 구원에 이르게 하는 믿음을 체험케 했다는 점에서 그리고 기독교적인 공동체적 삶의 모델을 제시했다는 점에서 그에게 커다란 도움이 되었다. 웨슬리는 진젠도르프가 제시한 비전에도 불구하고, 모라비아교도들이 사실상 분리된 교회가 되어 있었다는 사실을 알고 있었다. 따라서 그가 모라비아 형제단을 보다 큰 범위의 기존 교회 안에서의 갱신의 모델로, 즉 '교회 안의 작은 교회'로 보았다는 것은 옳지 못한 견해다. 그에게는 오히려 할레의 경건주의자들의 조직이 기존 교회 내부에서 일어날 수 있는 갱신의 모델로 더욱 마음이 끌렸을 것이다.

웨슬리는 모라비아교도들에 관하여 더 많이 알게 될수록, 교회에 대한 관점에서 이질감을 느끼게—영적인 체험이나 친교 면에서는 매우 유사하다고 생각하면서도—되었다. 그는 믿음을 통한 의인과 오직 어린양의 보혈의 공로로만 중생할 수 있음을 가르쳤다는 점에서 모라비아교도들이 옳다고 보았다. 그러나 웨슬리는 두 가지 중요한 점에서 그들에게 약점이 있다고 믿었다. 그들은 교회의 성찬식을 진지하게 받아들이지 않았고, 그들의 내적인 영성은 그리스도인의 삶에 있어서 윤리적인 측면들, 즉 규율 있는 삶, 선행 그리고 가난한 사람들에 대한 복음 전도 등에 있어서 균형을 이루고 있지 못했다. 웨슬리는 여전히 내적·외적으로 거룩한 그리스도인의 삶을 목표로 하고 있었다.

웨슬리는 모라비아교도들로부터 신앙의 내적인 본질을 배웠다. 하지만 그는 그것이, 경건한 삶을 강조하는 성공회의 경건성과 균형을 이룰 것을 주장했다. 웨슬리는 이 균형이 성경적이라는 확신을 갖고 있었다. 그는 전 생애를 통해, 성경적인 이상은 '사랑으로 움직여 나가는 신앙'이라고 주장했다. 웨슬리의 입장은 그가 반발했던 루터파 모라비안주의보다는 성공회나 순수한(역사적인 의미에서) 모라비안주의 쪽에 더 가까웠다. 웨슬리의 영성은 대체로 아른트와 스페너 그리고 프랑케의 영성과 맥락을 같이했다. 하지만 그는 성공회의 신앙과 구조 안에서 갱신된 기독교 공동체를 건설하려는 시도에 있어서는 루터파 경건주의자들보다 훨씬 더 급진적인 태도를 취하였다. 그리고 실제적인 기독교 공동체의 삶이라는 차원에서는 루터파 경건주의자들보다는 헤른후트파 모라비아교도들에게서 더욱 강력한 인상을 받았다.

웨슬리는 50년이 넘는 세월 동안, 1738~1740년 사이에 닦아 놓은 기초 위에서 꾸준히 일해 나갔다. 그는 런던 본부로부터 영국 전역과 아일랜드, 그리고 특히 북아메리카로 메서디즘 사역을 점차 확대해 나갔다. 1791년 그가 사망했을 무렵, 영국과 아일랜드의 거룩한 모임 숫자는 7만2천여 명에 달했고, 이제 막 싹이 터 올라온 미국의 메서디즘은 5만7천여 명의 신도를 갖고 있었다.[83]

웨슬리의 교회론

웨슬리는 교회사나 성공회의 교회론에 조예가 깊었기 때문에, 그의 개력을 위한 노력에서 교회의 개념이 크게 문제가 된다는 사실을 이해하고 있었다. 그는 사역 초기부터 교회의 성격, 형태, 기능에 관한 기본적인 문제들을 숙고한 결과, 상당히 포괄적인 교회론을 전개하였다.

웨슬리의 교회론은 주로 성공회를 통해 전수된 가톨릭 전통과 모라비아 형제단을 통해 전수된 '신자들의 교회' 전통을 바탕으로 한 것이었다. 베이커는 웨슬리가 영국 국교회의 중용(中庸)—크랜머(Cranmer)의 「일반기도서」에 반영되어 있고, 쥬웰(Jewel)에 의해서 성경과 교부들의 이상에 부합되는 것으로 그리고 후커(Hooker)에 의해 인간이 사고할 수 있는 극치의 것으로 인정을 받았던—을 긍정적인 입장에서 이해하고 있었다고 지적한다.[84] 영국 국교회(웨슬리는 언제나, 영국 국교회를 기독교계에서 가장 훌륭한 교회로 여겼다)는 가톨릭과 개신교의 중도 노선을 걷고 있었다.

주로 뷔템베르그의 경건주의자 벵겔의 저작들을 기초로 하여 1754년에 완성한 『신약 주해』(*Explanatory Notes upon the New Testament*)에서, 웨슬리는 교회에 관한 자신의 견해를 간략하게 제시한다. 교회는 "그리스도를 믿는 사람들"이자 "그런 사람들의 총체"이며, "지상에서건 낙원에서건 진실한 성도들의 집합체"다.[85] 웨슬리는 또한 「사도행전」 5장 11절에 대한 주석에서, 신약의 교회를 "복음에 의해 소명을 받았고 세례를 통해 그리스도와 하나가 되었으며, 사랑에 의해 소생되었고 온갖 종류의 친교를 통해 한몸이 된 그리고 아나니아와 삽비라의 죽음을 통해 규율이 잡힌 사람들의 집단"으로 묘사한다.[86]

또 「교회란 무엇인가?」(Of the Church)라는 제목의 설교에서, 웨슬리는 교회란 "하나님을 섬기기 위해 하나가 된 사람들의 집단"이라고 말했다.[87] 이렇게 본다면 그리스도의 이름으로 모인 두세 사람 또는 기독교적인 가정도 교회라 부를 수 있을 것이다.[88]

교회는 일차적으로, 일정 지역의 회중들로 이루어진, 눈에 보이는 모임으로 나타난다. 하지만 좀 더 넓은 의미에서 '교회'란, 이 세상 곳곳에 존재하는 모든 회중들로 구성된, "하늘 아래 있는 모든 그리스도인들의 보편적이고 포괄적인 집합체"를 가리킨다.[89]

웨슬리는 교회에 대한 신약의 이해와 성공회의 「39개 조항」(Thirtynine Articles) 가운데 제19항을 조화시킬 수 있으리라고 생각하여 다음과 같이 기술하였다.

> (이 조항이 밝히고 있듯이) '눈에 보이는 교회'란 "신실하고 믿음이 있는 사람들의 모임"을 가리키며, 이것이 바로 교회의 본질이다. 교회의 특성은 "하나님의 순수한 말씀이 선포되고 성례전이 행하여지는 곳"이라는 데 있다. 그렇다면 영국 국교회란 무엇인가? 실로 영국의 신실한 사람들, 진정한 믿음을 지닌 사람들이 아니겠는가? 그들이 만약 세계 곳곳에 흩어지게 된다

면 또 다른 각도에서 고려되어야 할 것이다. 하지만 그들이 "하나님의 순수한 말씀이 선포되는 것을 듣기 위해서 그리고 떡을 떼고 잔을 나누어 마시기 위해서 모였을 때," 그들은 가히 '눈에 보이는 영국 국교회'라 불리워 마땅할 것이다.[90]

바꾸어 말하면, 진정한 교회의 모습이란 본질적으로 기독교 공동체로서 함께 모이는 데 있다는 것이다. '눈에 보이는 교회'란 사람들이 모이는 교회이고, '눈에 보이지 않는 교회'란 사람들이 널리 흩어져 분산되어 있는 교회다. 웨슬리가 이렇게 말한 것은 자신의 교회에 대한 정의를 변호하려는 목적에서가 아니라, 그것이 성경의 가르침과 일치한다고 생각했기 때문이었다. 실제로 그는 여기서, 1530년 루터의 '아우그스부르그 신앙고백' 및 그 밖의 선례들을 바탕으로 한 다소 제도적이고도 성례전적인 정의에 대해 더욱 성경적이고도 조직적인 해석을 내리고 있다.

"하나님의 순수한 말씀이 선포되고, 성례전이 정식으로 행하여지는"이라는 조항의 말을 웨슬리는 형식적인 차원에서가 아니라 기능적인 차원에서 해석하였다. 조항의 말을 뒤집어 보면, 복음이 실제로 선포되지 않거나 정식으로 성례전이 행하여지지 않는 회중들의 모임은 영국 국교회의 일부도, 보편적 교회의 일부도 아닌 것으로 된다. 하지만 웨슬리는 만약 어떤 회중이 성령의 진정한 임재를 드러내기만 한다면, 그들의 부당한 관행이나 심지어 그릇된 교리조차도 크게 탓하려 하지 않았다.

"오직 한 분이신 성령, 오직 한 분이신 주님, 오직 한 분이신 모든 이의 아버지 하나님 그리고 하나의 소망과 믿음을 지닌 사람이라면, 그가 누구이든 나는 그의 잘못된 견해나 미신적인 예배 양식을 참아줄 수 있다. 따라서 나는 그런 사람을 보편적 교회의 범위 안에 포함시키는 것을 주저하지 않을 것이며, 그들이 원할 경우에는 영국 국교회의 일원으로 받아들이는 것에 아무런 이의도 제기하지 않을 것이다."[91]

웨슬리는 교회를 하나님의 백성들로 이루어진 공동체로 보았다. 하지만 신실한 믿음을 지닌 사람들의 모임을 교회로 정의하는 것은 어느 정도 애매모호한 성격을 띤 것이었다. 영국 국교회는 기본적으로, 말씀과 성례전 안에서 모인 '신실한 사람들' 또는 '진정한 믿음을 지닌 사람들'로 이루어진 눈에 보이는 교회였다. 하지만 웨슬리는 영국 국교회를 신랄히 비난하는 입장에 서 있었다. 1763년, 그는 "영국에는 하나님의 형상을 따라 영혼 깊숙한 곳으로부터 다시 태어난 사람들이 과연 몇 명이며, 한 몸이 된 그리스도인들의 집단 또는 눈에 보이는 기독교 교회를 어디서 찾아볼 수 있는가?"라고 기술했다.[92]

웨슬리는 영국 국교회(그리고 당시의 기독교 교회 전체)가 대체로 타락한 상태에 있다고 보았다. 형식적인 의미에서, 구조와 예식을 갖춘 영국 국교회는 진정한 교회의 모습을 나타내고 있었다. 하지만 실제로는 영국 국교회 및 기타 회중들 사이에 널리 퍼져 있던 소규모 집단들이야말로 영적인 차원에서 진정한 교회라 할 수 있었다.

웨슬리는 메서디즘의 신도회들을 영국 국교회 내부의, 눈에 보이는 진정한 교회로 본 것 같다. 하지만 모든 거룩한 모임들이 다 '신실한 사람들' 또는 '진정한 믿음을 지닌 사람들'은 아니라는 사실을 인정했으며, 이같은 생각은 시간이 흐를수록 더욱 굳어져 갔다.

알버트 아우틀러(Albert Outler)는 웨슬리의 교회에 대한 이해, 즉 그가 '고전적인 메서디즘 교회론'이라 불렀던 교회에 대한 이해를 다음과 같이 요약한다.

- 교회의 하나됨은 성령 안에서 이루어지는 기독교적인 친교에 바탕을 두고 있다.
- 교회의 신성함은 칭의에 대한 믿음으로부터 시작하여 성화를 통해 완성의 단계로 그리스도인의 삶을 인도하고 성숙시켜 주는 은총의 원래에 바탕을 두고 있다.
- 교회의 보편성은 구속의 은혜가 퍼져 나가는 전체 범위-진정한 믿음을 지닌 모든 사람들-에 의해 정의된다.
- 교회의 사도성은 사도들의 증언에 신실한 삶을 살아 온 사람들 가운데 사도들의 교리가 과연 얼마나 충실히 계승되고 있느냐에 따라 평가된다.[93]

이는 매우 적절한 기술이라고 할 수 있다. 교회가 하나인 것은, 그것이 어느 시대 어느 나라에서든, '사랑으로 움직여 나가는 믿음'을 갖춘 그리스도의 한 몸이기 때문이다.[94] 교회의 신성함은 곧 그 교인들의 신성함이다. 왜냐하면 그들을 부르고 계신 분이 거룩하듯이 교인들은 모두 거룩-정도의 차이는 있지만-하며,[95] 거룩하지 않은 사람은 결코 교회의 일원이 될 수 없기 때문이다.[96] 교회가 보편적인 것은, 그것이 전 세계-유럽, 아시아, 아프리카, 아메리카 등-에 퍼져 있는 하나님의 백성들로 구성되기 때문이다.[97] 교회가 사도적인 것은 교회사를 통해 복음에 대한 사도적 증언이 신실한 사역자들이나 기독교 공동체들에 의해 끊임없이 행하여져 왔기 때문이다.[98]

사역과 성례전

개혁과 체험에 대한 웨슬리의 관심은 자연히, 교회가 어떻게, 누구를 통해서 하나님의 은혜를 전달하는지에 의문을 갖게 했다. 사역의 질서에 관한 이같은 의문은, 1738년 이후 웨슬리가 자신과 찰스의 설교 사역을 도울 조력자들을 지명할 때부터 생겨났다. 대부분 안수를 받지 않은 설교자들로 이루어진 이 집단을 교회론적으로 어떻게 이해해야 할 것인가? 그들은 어떠한 의미에서 사역자이고, 그들에게는 어떠한 권위가 있으며, 웨슬리가 그들을 지명하는 행위는 어떠한 의미를 지니고 있는가? 이같은 의문들은, 사역과 안수에 관해 구체적인 이론과 절차를 갖추고 있던 영국 국교회 안에서는 당연히 제기될 수밖에 없는 중요한 의문들이었다.

웨슬리 형제는 성공회로부터 받은 자신들의 안수를 근거로 설교사역에 대한 권위를 주장할 수 있었다. 다만 그들이 해결해야 할 문제는, 영국 전역을 누비면서, 한 교구 내에 머물러 있지 않고 설교 사역을 행하는 것과 정통 관행과는 거리가 먼 야외 설교를 행하는 것을 정당화하는 일이었다. 존 웨슬리는 적어도 두 가지 근거에서 자신의 순회 설교 사역을 정당화하였다. 즉 그의 옥스퍼드 학회 회원으로서의 자격이 어느 곳에서든 설교할 자격을 부여해 주었으며, 따라서 자체가 그의 행동을 정당화해 주었다는 것이었다. 그는 이렇게 말했다. "나는 부친이 묻혀 계신 서산에서 사흘간 설교함으로써, 그분이 설교하시던 강단에서 3년간 설교한 것보다 훨씬 더 많은 수확을 거둘 수 있었다."[99] 사역자는 오직 한 교구에만 머물러 있어야 한다고 주장하는 비판자들에게, 그는 이렇게 말했다. "전 세계가 나의 교구다. 따라서 이 세상 어느 곳에서건 구원의 기쁜 소식을 들으려고 하는 모든 이들에게 이 소식을 선포하는 일이야말로 나의 본분이자 지극히 옳은 일이다."[100]

그러나 웨슬리가 지명한 설교자들은 안수를 받지 않았기 때문에 사정이 매우 달랐다. 그들은 무슨 권리로 설교를 하고, 또 웨슬리는 무슨 권리로 그들을 지명할 수 있었는가? 여기서도 웨슬리가 지니고 있던 문제는, 어떻게 하면 그의 앞에 펼쳐져 있는 사역 기회를 놓치지 않도록 움직여 나가면서 성경과 초대교회 그리고 영국국교회에 충실할 수 있겠느냐 하는 것이었다.

웨슬리는 자기가 목회자가 아닌 설교자를 임명하였으며, 그 같은 행위는 결코 성직 신분으로의 안수가 아니라고 주장했다. 그는 그러한 행위가 영국 국교회의 질서 및 초대교회의 관행에서 벗어나는 것이 아니라고 보았으며, 이러한 생각 저변에는 메서디즘 신도회들이 교회 그 자체가 아니라 영국 국교회 내부의 복음전도 집단이라는 인식이 짙게 깔려 있었다.

웨슬리는 성경과 초대교회의 역사에서 두 가지 종류의 기독교 사역자―성공회 신부와 메서디즘 설교자―가 구별된다고 보았다. 즉 설교와 복음전도를 맡은 사역자 군(群)과 목회와 성례전 그리고 안수를 행하는 사역자 군이 있다는 것이었다. 웨슬리는 「사역자 직분」이라는 제목의 설교에서 다음과 같이 설명하였다.

> 우리의 대제사장께서는 사도들과 복음전도자들을 보내시어 온 세상에 기쁜 소식을 전하게 하셨고, 이어서 목회자, 설교자, 교사들을 보내시어 사람들에게 믿음을 심어 줌으로써 회중을 형성케 하셨다. 하지만 나는 흔히 주교라 불리는 목회자의 직분이 복음전도자의 직분과 일치되는 경우를 단 한 번도 보지 못했다. 주교는 회중들을 관장하고 성례전을 행하는 반면, 복음전도자는 회중들에게 말씀을 전한다. 나는 복음전도자로서의 직분을 받았다고 해서 목회자나 주교가 될 수 있는 권리를 아울러 받게 된다고 증명할 길이, 성경이나 기독교 초기 3세기 간의 어떠한 저서에도 없다. 나는 이들 직분이 콘스탄틴 시대까지 서로 엄밀히 구분되어 있었다고 믿는다. 하지만 콘스탄틴 시대에 이르러 교회가 타락하면서 상황은 크게 바뀌었다. 급료 전체를 독점하기 위해서 한 성직자가 회중들에 대한 모든 책임을 떠맡는 것이 곧 일반적인 관행이 되어, 사제, 예언자, 목회자, 복음전도자의 역할이 한 사람에 의해 수행되기 시작했다. 그리고 이같은 현상은 점차 기독교 교회 전체로 확산되어 나갔다. 하지만 이같은 시대에서조차, 성례전을 집례하는 고유의 권한을 지닌 목회자로서의 역할과 복음전도자나 교사로서의 역할—비록 한 사람에 의해 수행되는 경우가 많기는 했어도—은 분명히 구분되어 있었다.[101]

따라서 웨슬리는 자신이 추진하는 개혁을, 신약의 관행으로 복귀하려는 노력이라고 보았다. 메서디즘 설교자들은 단순히 비정규적인 메신저로서 정규적인 메신저들의 질투심을 불러 일으켰을 뿐, 성례전을 집례하는 등 사제의 직분을 행할 수는 없었다. 그들의 역할은 오직 설교와 복음전도에 국한되었다.[102]

사역에는 두 가지 종류 이상이 있다고 생각하는 사람들도 있겠지만, 웨슬리는 목회자(사제와 설교자)와 복음전도자 사이의 구별을 가장 기본적인 것으로 보아, 전자를 '정규적인' 사역사 그리고 후자를 '비정규적인' 사역자라 불렀다. 신약과 초대교회에서 발견할 수 있는 사역의 형태는 "설교와 (때로는) 세례를 행하는 것과 성만찬을 집례하고 안수를 행하는 것 두 가지다."[103]

웨슬리는 목회자·사제를 교회의 '정규적이고도' 제도적으로 인정된 사역자로 본 반면, 설교자·복음전도자는 제도권 밖에서 좀 더 즉각적인 영감을 받아 사역에 나선 '비정규적인 사역자이므로 안수나 성례전을 거행할 제도적 특권을 지니고 있지 않다고 보았다. 그러나 "이 땅 위에 사는 누구도 주교나 감독, 그밖에 어떤 기독교 사역자를 세울 수는 없는 법이다. 이 일을 위해서는 반드시 성령의 특별한 역사가 있어야 한다."[104]

웨슬리는 모든 사역을 교회 안에서 일어나는 성령의 역사로 인해 일어나는 것으로 보았기 때문에, 사역에 대한 그의 견해는 카리스마적이라 할 수 있을 것이다. 그는 여러 가지 종류의 사역을 구분하기 위한 목적으로 성령의 은사들을 논할 때에도 이 '정규적'–'비정규적' 구분을 적용하였는데, 이는 그가 사역과 영적인 은사들이 밀접히 관련된 것으로 보았음을 시사한다.

비록 성령의 은사들에 관한 교리를 완벽하게 발전시키지는 못했지만, 웨슬리는 우리가 그의 관점을 충분히 파악할 수 있을 정도로 이 영역에 대하여 많은 언급을—주로 그 자신이 특별한 은사나 영감을 받은 척한다고 비난하는 사람들에게 맞서서—하였다. 엄밀히 성경적이라고 할 수는 없지만, 그는 정규적인 은사와 비정규적인 은사들을 구분함으로써 자신의 견해를 더욱 복잡하게 만들었다. 그는 '비정규적인 은사들' 가운데 치유, 기적을 행하는 일, 예언, 방언, 통역, 은사를 분별하는 일 등을 포함시켰고 사도, 예언자, 복음전도자를 '비정규적인 사역자'라고 했다. 한편, '정규적인 은사들' 가운데에는 설득력 있는 화술, 설득력, 지식, 믿음 등을 포함시켰고 목회자와 교사들 '정규적인 사역자'라고 했다.[105]

웨슬리는 정규적인 은사들이 시대를 막론하고 교회 안에서 역사해 왔으며, 그리스도인이라면 마땅히 그것들을 구해야 한다고—물론, 사랑에 앞설 수는 없지만—생각했다.[106] 그는 비정규적인 은사들을 포함한 모든 은사들이 초기 3세기 동안 교회의 체험 가운데 일부였지만 하나님은 교회의 태동기에조차 그것들을 함부로 나누어 주시지 않으시고 오직 지도자적인 위치에 있는 사람들에게만 나누어 주셨다고 믿었다.[107]

그렇다면 웨슬리는 그가 살던 당시에도 교회에 비정규적인 은사들이 주어질 수 있다고 믿었을까? 그는 이 문제에 관하여 다음과 같이 기술하였다.

이같은 비정규적인 은사들이 초기 2세기 동안 교회에서 흔한 것이었다고 생각되지 않는다. 콘스탄틴 황제가 자신이 그리스도임을 자처하고 나섰던 그 운명적인 시대 이후로, 우리는 그 같은 은사들에 관하여 거의 들을 수 없게 되었다. 이때부터 비정규적인 은사들의 맥은 거의 완전히 끊겨 버렸고, 극히 소수의 예만이 발견될 뿐이었다. 이렇게 된 원인은 그들에게 기회가 더 이상 주어지지 않았기 때문도, 온 세상 사람들이 모두 그리스도인이 되었기 때문도 아니었다. 그 진정한 원인은 거의 모든 그리스도인들의 사랑이 식어버렸기 때문이었다. 이것이 바로 성령의 비정규적인 은사들을 기독교 교회에서 더 이상 찾아볼 수 없게 된 진정한 원인이었다.[108]

하지만 그렇다고 해서, 비정규적인 은사들이 영원히 끊겨버렸다는 것은 아니었다. 웨슬리는 자신의 시대에 하나님이 메서디즘을 통해 갱신의 역사를 일으키고 계신다고 믿고 있었다. 그러므로 그는 결코 비정규적인 은사들이 나타날 가능성을 배제한 적이 없었다. 그는 그 같은 은사들이 그 어느 시대를 막론하고 교회에 남아 있도록 계획되었거나, 아니면 '만물이 회복될' 시기가 가까워짐에 따라 다시 나타나게 될 것이라고 믿었다.[109] 그는 이와 같은 은사들에 대하여 근본적으로 낙관적인 입장—비록 겉으로 드러내지는 않았지만—을 취하고 있었다. 그는 그리스도인들에게, 최상의 은사란 "비록 여러분 가운데 극히 소수의 사람들만이 얻을 수 있는 것이라 할지라도 추구할만한 가치가 있는 것이다"라고 충고하였다.[110] 「에베소서」 4장 12절의 '성도를 온전케 하는' 일이란, 수적인 면에서나 다양한 은사와 은총 면에서 그들은 완전케 하는 것을 뜻한다. 은사는 오직 그 유용성 때문에 우리에게 주어지는 것이며, 우리는 오직 이 기준에 의해서만 우리의 모든 은사와 재능을 평가해야 한다.[111]

따라서 웨슬리는 만약 성령의 비정규적인 은사들이 그의 당대에 사라져 버렸다면, 그것은 교회가 타락했기 때문이며 건강하지 않다는 징표로 받아들여야 한다고 믿었다. 어느 정도의 방해는 받는다 하더라도, 사실상 하나님의 능력은 그 당시에도 여전히 역사하고 있었다. 분명히 웨슬리는 은사들을 부인하거나 거부하지 않았다. 소위 '비정규적인 은사들'에 관하여는 비교적 침묵을 지키는 가운데서도, 그는 모든 은사들을 가치 있게 생각했으며, 진정으로 회복된 영적인 교회에서는 그것들이 모두 활발한 모습으로 나타나게 되리라고 믿었다.

웨슬리는 교회의 '정규적인' 사역 안에서 전통적인 성직의 구분(주교, 장로 또는 사제, 집사)을 받아 들였으나, 주교와 장로 또는 사제 사이에 본질적인 차이가 있다고는 보지 않았다. 1747년에 그는 주교-사제-집사라는 성직 체제가 신약에 분명히 제시되어 있기는 하지만 모든 시대의 해당되는 것은 아니라고 했다. 오히려, 다양한 교회들을 관장하는 데에는 각 상황에 맞추어 변형된 성직 체제가 필요하다는 것이었다. "하나님이 자연, 섭리, 은총, 은사 등을 다양한 형태로 베풀어 주시는 것처럼 성직 체계나 그것을 맡은 사람들은 시대에 따라 변형되어야 한다." 따라서 성경에는 어떠한 교회 통치 체제도 명시되어 있지 않으며, 교회 지도자들이 하나님의 말씀만을 참고로 삼았더라면 모든 교회를 관장하기 위한 통합기구 같은 것은 생각조차 하지 않았을 것이다.[112] 하지만 웨슬리는 여전히, "세 부류의 사역자들이 사도 체제에 의해서 뿐만이 아니라 기록된 하나님의 말씀에 의해 권위를 부여 받는다."고 믿었다.[113]

웨슬리는 주교와 사제가 교회 안에서 '외적인 사제직'을 구성하는 것으로 보았다. 정규적이고도 '외적인 사제직'은 안수를 행하고 성례전을 거행할 수 있는 권한을 부여하고, '비정규적인 사역자' 직분은 설교와 복음전도를 할 수 있는 권한을 부여한다는 생각은 웨슬리에게 두 가지 의미를 띠고 있었다. 한편으로 그것은 메서디즘에서 '평신도' 설교자들을 임명하는 것을 비판하는 성공회 성직자들에 대한 정당화 논리가 되었으며, 또 한편으로는 그가 임명한 설교자들로 하여금 성례전을 거행하거나 성공회 성직자들이 지니고 있는 다른 권한들을 행하지 못하게 하는 논리적 근거가 되었다. 웨슬리가 어떠한 대가를 치르더라도 이같은 구분을 끝까지 분명하게 유지하려고 했던 이유는, 메서디즘이 별개의 교파로 분리되어 나가기보다는 영국 국교회 내부에서 전개되어 하나의 운동으로 남아 있기를 원했기 때문이다. 메서디즘 설교자들이 성례전을 집행할 수 없는 한 거룩한 모임 참석자들은 성공회 예배에 참석할 수밖에 없었을 것이며, 그들이 안수를 행할 수 없는 한 웨슬리 자신이 임명한 설교자들을 제외하고는 메서디즘 설교자가 있을 수 없었다. 바로 이것이 웨슬리가 바라던 것이었다.

웨슬리는 주교와 사제간에 진정한 차이는 없다고 보았기 때문에, 자신이 어느 누구처럼 안수를 행하더라도 결코 성경에 어긋나는 것이 아니라고—비록 질서를 교란시키지 않으려고 그리고 메서디즘이 성공회로부터 분리되는 것을 막기 위해서, 실제로 그러한 행동을 취하는 데에는 무척 주저했지만—생각했다. 몇 년 후 동생 찰스에게 보낸 편지에서, 그는 자기가 영국이나 유럽에 있는 어느 누구만큼이나 성경적인 감독으로서[114] 성례전을 거행할 권한 뿐 아니라 안수를 행할 권한을 지니고 있음을 확신한다고 했다. "그러나 내가 교회에서 축출당하지 않는 한 그 같은 권한을 사용치 말아야 한다고 생각한다."[115]고 했다.

그러나 실제로, 웨슬리는 결국 미국 메서디즘의 성직자들에게 안수를 행하였다. 물론 거기에는 많은 논란과 신랄한 비난이 뒤를 따랐으며, 그 같은 행동에 대한 해명이 필요하게 되었다. 웨슬리는 이미 1755년에, 자기가 설교자들을 임명하는 행위가 어떤 의미에서는 안수를 행하는 것과 다름이 없음을 시인하였다. 나중에 그는 성경적 권위와 실제적인 필요라는 두 가지 근거로 미국에서 행한 안수를 정당화하였다. 일찍이 그는 미국에서 메서디즘 설교자들에게 안수를 행할 수도 있었다. 하지만 그것은 전혀 불필요한 일이었고, 메서디즘을 영국 국교회로부터 분리시킬지도 모르는 일이었다. "하지만 미국의 경우는 영국과는 판이하게 다르다."고 그는 말했다. 미국에서는 메서디즘으로 개종한 사람들에게 성례전을 행할 사람이 없었기 때문이다. "그러므로 여기서 한없이 기다릴 수만은 없었다. 나는 추수를 위한 일꾼들을 지명하여 파송함으로써 어느 누구의 권리도 침해한 적이 없고 질서를 어지럽힌 적도 없으므로 완전히 떳떳하다."[116]

이같은 입장에서 웨슬리는 자신이 성경과 초대교회의 전통에 충실하면서 성공회 교리에 어긋남이 없으며, 무엇보다 하나님의 말씀을 널리 전파하는 일에 전념하고 있으므로 복음에 순종한다고 생각했다. 그리고 설교자들을 둔 메서디즘과 성직자들을 둔 영국 국교회의 제도를 합리화할 수 있는 길을 찾아냈다고 생각했다. 이는 웨슬리에게 결정적인 의미를 띤 것으로서, 교회와 종파의 타당성을 모두 인정하는 가운데 교회에 대한 두 가지 견해를 조정하려는 그 나름대로의 방식이기도 했다.

에른스트 스퇴플러는 사역에 대한 웨슬리의 입장을 이해하려면, 반드시 그와 모라비안주의, 대륙 경건주의의 '경건한 모임' 사이의 접촉이라는 상황에 비추어 보아야 한다고 한다. 스퇴플러는 비록 사역에 대한 웨슬리의 입장이 다소 모호한 성격을 띠고 있다 하더라도, 그 같은 입장이—특히 모라비아교도에게서 볼 수 있는 것처럼—교회에 뿌리를 둔 대륙 경건주의자들의 '경건한 모임' 모델을 의식적으로 적용하려고 했던 그의 시도와 관련된 것임을 감안할 때 그러한 모호성은 별로 문제시 될 것이 없다고 주장한다.[117]

나는 웨슬리가 모라비아교도나 경건주의자들의 생각을 의식적으로 모방하거나 적용했다고는 생각하지 않는다. 하지만 그는 메서디즘과 그 사역을 루터교 내부의 경건주의와 유사한, 영국 국교회 내부의 복음전도 종파로 보고 있었다. 그리고 그는 분명히, 그가 대륙에서 본 모라비아교도들과 경건주의자들의 모델에 의해 상당한 영향을 받았다.

웨슬리의 사역에 대한 입장은 성례전에 대한 그의 입장과 밀접한 관련을 맺고 있었다. 웨슬리의 성례전을 중시하는 입장은 이미 널리 알려져 있는데, 바로 이러한 점에서 성공회교도다운 그의 면모가 가장 잘 드러난다. 그러나 그의 신학과 실천면에서의 다른 측면들과 마찬가지로, 성례전을 중시하는 그의 입장은 그의 복음주의적 신념에 크게 영향을 받아 변형된 성공회적 입장이었다. 스퇴플러는 웨슬리가 1738년 영적인 갱신의 체험을 통해 성례전에 대한 이해 면에서—그는 신학의 다른 측면들에 비하여—별로 영향을 받은 바가 없다고 한다.[118] 하지만 우리는 올더스게이트에서 체험 이후, 이 부분에 있어서도 그가 강조하는 바가 현저히 달라졌음을 알 수 있다.

웨슬리는 성례전, 특히 성만찬이야말로 교회의 존립 그 자체는 아니라 하더라도 교회의 평온한 삶을 위해서 반드시 필요한 '은총의 수단'이라고 믿어 왔었다.[119] 하지만 올더스게이트에서 가슴이 뜨거워지는 체험을 한 이후로 그에게는 성례전마다 성령의 능력이 넘쳐흘렀으며, 특히 성만찬은 더욱 깊은 의미를 띠게 되었다. 그는 직접적이고도 새로운 하나님 체험으로 인해 은총의 수단인 성례전으로부터 등을 돌리는 대신, 그것을 그의 영혼 속에 싹트기 시작한 하나님의 능력을 위한 자양분으로 활용하였다. 이는 그가 옛 것과 새 것, 제도와 은사를 결합한, 그러면서도 삶에 대한 일차적인 강조를 지켜 나간 또 하나의 예라고 하겠다.

세례에 대한 웨슬리의 입장은 성만찬에 대한 입장과 크게 다를 바가 없지만, 유아세례에 대한 집착 때문에 다소 모호한 감이 없지 않다. 그는 세례를 통해서 은총의 원리가 주입된다고 믿었으므로 다음과 같이 말할 수 있었다. "회개하고, 믿고, 복음에 순종할 때 그리고 세례에 합당한 삶을 살아갈 때, 우리는 세례를 통해 구원을 받을 수 있을 것이다. 그럴 경우, 세례는 우리를 교회로 그리고 영광 속으로 인도해 줄 것이다."[120]

웨슬리는 유아세례와 성인세례를 구별하였는데, 유아들에게 있어서는 세례를 통한 중생이 가능하지만 성인들에게 있어서는 불가능하다는 입장을 취하였다. 그는 자신의 과거를 돌이켜 보며 다음과 같이 말했다. "나는 열 살이 되기까지는 유아세례 때 받은 '성령의 씻겨 주심'을 상실할 만한 아무런 죄도 짓지 않았다."[121] 그는 유아들이 세례를 받아야 하는 이유가 원죄 때문이라고 주장했다. 세례는 원죄를 씻어 주므로, 유아들이 그리스도께로 올 수 있는 길은 오직 그것 뿐이라는 것이었다.[122] 그는 유아 시절에 세례를 받은 어린이들은 그 당시에 이미 중생한 것이며, 이는 일반기도서에 전제되어 있다고 생각했다. 그러나 성인들의 경우에는 물로 세례를 받더라도 반드시 성령으로 거듭나게 된다고는 생각하지 않았다.[123] 이같은 그의 생각은 1739년에 쓴 그의 일기에 극명하게 드러나 있다.

> 나는 이즐링턴(런던 북부의 자치구)에서 존 스미스를 비롯하여 네 명의 성인들에게 세례를 행하였다. 최근에 세례를 받은 것으로 내가 알고 있는 사람들 가운데 온전한 의미에서 중생한 사람은 단 한 명밖에 없었다. 그녀는 자신의 마음속에 넘쳐흐르는 하나님의 사랑에 의해 철저한 내적 변화를 체험하였다. 나머지 사람들은 대체로 훨씬 낮은 수준의 중생, 죄의 용서만을 체험하였고, 어떠한 의미에서는 중생을 체험했다고 할 수 없는 사람들도 상당수에 달했다.[124]

세례에 대한 웨슬리의 견해를 이해하는 데에는 개종과 그리스도인으로서의 삶에 대한 그의 역동적이면서도 체험적인 개념을 상기하는 것이 도움이 될 것이다. 웨슬리는 지금 우리의 영혼 속에서 역사하고 계시는 하나님의 능력을 강조했기 때문에 "세례에 합당한 삶을 살아갈 때, 우리는 세례를 통해 구원을 받을 수 있을 것이다."라고 말할 수 있었다. 현재 어떤 사람의 삶 가운데 나타나는 성령의 열매는, 지난 날 세례를 받을 당시에 이미 그 사람이 중생하였음을 입증해 준다. 그럼에도 불구하고, 변화를 가져다주는 것은 세례 그 자체가 아니라 우리의 믿음을 통해 베풀어지는 하나님의 은혜다.

요약컨대, 교회 역사 속에서의 교회의 역할, 교회의 구조, 사역 그리고 성례전에 대한 웨슬리의 견해는, 올더스게이트에서의 그의 영적인 거듭남과 급속히 확장되는 갱신운동의 최전방에서 겪은 체험들에 의해 수정되고 활력을 얻은 성공회적 입장이었다고 할 수 있다. 웨슬리의 교회론에서 특히 주목할 점은, 1738~1739년의 결정적인 시기 이후에도 근본적인 변화 없이 약간만 수정되었다는 것이다. 하지만 그것은, 그가 오직 이성으로만 받아들였던 교리들을 그의 삶 가운데 살아 있는 실재로 변화시켰던 '칭의로 이어지는 믿음'을 갖게 된 것 만큼이나 중요한 의미를 띠고 있었다.

웨슬리 교회론의 변화는, 일찍이 1730년에 시작되어 부흥운동 초기까지 계속된 점진적인 발전과 강조점의 변화 가운데 일부를 차지하고 있었다. 하지만 1750년 이후로는 아무런 변화도 없었던 것 같다. 이 무렵 그는 그의 신학과 사역의 특징이라고 할 수 있는 중재와 통합의 입장을 확고하게 정립하고 있었다.

루터교의 전통보다는 성공회의 전통에 뿌리를 내리고 있는 웨슬리의 교회론은 스페너, 프랑케, 진젠도르프의 교회론과 사뭇 다를 수밖에 없었음에도 불구하고, 차이점보다는 오히려 유사점이 돋보이고 있다.

첫째, 웨슬리는 교회의 본질을 제도보다는 하나님에게서 그리고 서로간에 직접적인 관계를 맺고 있는 사람에게서 찾아야 한다는 것을 강조했다는 점에서 스페너, 프랑케, 진젠도르프와 같은 입장을 추구했다고 할 수 있다. 그는 교회를 '사랑으로 움직여 나가는 신앙'이 그 원동력이고 성령에 의해 하나가 된 공동체 또는 친교가 이루어지는 곳으로 보았다. 비록 그가 사용한 용어가 스페너의 것과 다르기는 했어도, 여전히 교회의 제도적 차원의 타당성을 강조하면서도 유기적·은사적 교회 개념을 갖고 있었다는 점에서 그와 유사한 입장을 취했다고 할 수 있다. 웨슬리가 공동체적인 삶에 대한 모라비아교도들의 시도에 마음이 끌린 것이 사실이지만, 실제 구현된 공동체를 보는 시각 면에서는 스페너나 프랑케에 더 가까웠다.

둘째, 웨슬리는 스페너보다 성령의 은사들을 더 강조했던 반면, 만인제사장직에 대하여는 덜 강조했다. 이런 점에서 그는 진젠도르프에 더 가까웠다. 아니면 단순히, 만인제사장직이 그의 교회론과 본질적으로 상충되지는 않았지만 그의 신학에서 중심적인 주제는 되지 못했다고도 할 수 있다. 이와 관련하여, 웨슬리가 스페너에 관한 직접적인 지식이 없었으며―비록 그에 관하여 알고 있기는 했어도―『경건한 열망』을 한번도 읽은 적이 없었다는 사실은 매우 주목할 만하다. 웨슬리는 은사들에 대한 강조와 함께 만인제사장직이라는 주제를 아울러 전개함으로써 그의 사역을 위한 좀 더 확고한 논리적·신학적 기초를 세울 수도 있었을 것이다.

셋째, 비록 웨슬리가 '작은 교회'라는 용어를 사용하거나 경건주의자들의 '작은 교회' 모델을 적용하려는 시도를 명시적으로 행하지는 않았다 하더라도, 그는 메서디즘을 하나의 '작은 교회'로 보고 있었다. '비정규적인' 사역과 은사들에 대한 그의 견해에서 '작은 교회' 개념이 전제로 되어 있었다.

넷째, 다소 형태는 달랐지만, 스페너, 프랑케, 진젠도르프에게서 발견할 수 있는 '은총의 낙관주의'가 웨슬리에게서도 발견된다. '그리스도인으로서의 완성'이라는 웨슬리의 높은 이상과 편만한 은총에 대한 강조는, 그가 당시의 상황에서도 낙관주의적인 입장을 견지하고 있었다는 명백한 증거다. 그의 낙관주의는 프랑케의 낙관주의에 가까운 것으로서, 진젠도르프의 낙관주의와 맥락을 같이하면서도 그것만큼 열렬하지는 못했다. 그리고 웨슬리의 종말론은 후천년적인 것으로, 주로 벵겔의 견해를 바탕으로 하여 정립된 것이었다.

메서디즘의 내적인 원동력

존 웨슬리의 생애와 사역에 관한 이야기는 곧, 막 싹트기 시작한 갱신운동을 위한 조직을 만들고 그것을 실제로 적용하는 이야기이다. 1738년 이후 수년 동안 웨슬리는 신도회, 신도반, 속회 등 메서디즘 체제를 비롯하여 간이 예배당, 순회 설교자, 애찬식(일년에 4회) 등의 제도와 시설을 정비하여, 그의 직접적인 감독 아래 운영하기 시작했다.

무엇보다 그는, 공동체 안의 규율 체계에 새로운 유형들을 도입하였다. 더글러스 벱(E. Douglas Bebb)은 웨슬리의 사회적 관심에 대한 연구에서 다음과 같이 말한다. "18세기 메서디즘의 규율은 근대 영국 교회사에 유례가 없는 것이었다. 오늘날 어떠한 기독교 집단이든 그것을 견디어 내기는 무척 어려울 것이다."[125]

이런 규율은 독실한 지지자들을 생기게 했다. 1768년, 메서디즘은 40개의 교구와 27,341명의 신도를 갖게 되었다. 그로부터 10년 후에는 교구가 60여 개, 신도 수가 40,089명으로 늘어났다. 또 10년 후에는 교구 99개, 신도 수 66,375명이 되었다. 그리고 웨슬리가 죽은 지 7년 후인 1798년에는 교구 149개, 신도 수가 101,712명으로 대폭 늘어났다. 벱에 의하면, 그로부터 한 세기가 지났을 무렵에는 성인 영국인 30명

중 1명 꼴로 거룩한 모임에 속해 있었다고 한다.[126]

메서디즘의 내적인 원동력을 이해하려면, 그들의 신도반 모임, 속회 체제, 목회 리더십에 대한 웨슬리의 기본 방침 등에 관하여 상세히 알아볼 필요가 있다.

신도반 모임

앞에서도 설명했듯이, 메서디즘의 신도회는 신도반과 속회로 나뉘어 있다. 그 목적은 소규모 셀 조직들을 통해 좀 더 긴밀한 공동체를 만들기 위함이었다.

신도반 모임은 여러 면에서 전체 조직의 초석이었다. 신도반은 다양한 이웃들 사이에서 모임을 갖는, 사실상의 가정 교육회였다. 신도반 지도자들(남녀 모두)은 목사와 제자훈련 요원들이었다. 브리스톨에서 신도반이 조직된 이후로, 그 체제는 1742년에 런던에 도입되었고, 1746년까지 영국 전역에 걸쳐 거룩한 모임들의 굳건한 기반이 되었다.[127]

웨슬리는 신도반 지도자의 임무를 다음과 같이 규정하였다.

첫째, 자기 신도반에 속한 영혼들이 어떻게 하면 풍성한 열매를 거둘 수 있는지를, 최소한 일주일에 한 번은 살펴야한다. 필요에 따라 충고, 훈계, 위로, 권고를 한다. 그들이 가난한 이들을 위해 기꺼이 기부하는 것들을 받아들인다.

둘째, 어느 누가 아프거나, 질서를 해치거나, 충고를 받아들이지 않는다거나 하는 것들을 목사에게 알리기 위해 신도반의 교역자들을 만난다. 전 주에 기부 받은 것들을 집사에게 전한다.[128]

일반적으로 신도반은 일주일 중 하루를 잡아 한 시간 가량 모임을 갖곤 했다. 각 구성원은 신도반에 영적인 상태나 특별한 관심사를 보고하고, 다른 사람들의 도움과 기도를 받았다. "필요한 경우에는 충고나 훈계를 해 주었고, 분쟁은 조정되고 오해는 풀렸다. 이처럼 사랑에 넘치는 한두 시간을 보내고 나서, 그들은 기도와 감사로 모임을 마치곤 했다.[129]

웨슬리는 신도반 모임이 성경적이고 실제적인 바탕 위에 서있어야 한다고 주장했다. 그는 "우리가 생명력 있는 그리스도인들의 모임에서 누리는 친교에는 쉽게 설명할 수 없는 무엇인가 있다"고 말했다.[130] 비록 그는 신도반 모임이 성경에 제시되어 있다고 주장하지는 않았지만, 그것을 성경에 일치하는 은총의 수단으로 보았다. 신도반 모임은 결국 수많은 거룩한 모임들에게 일차적인 은총의 수단이 되었으며, 복음전도 기능과 제자훈련 기능을 모두 행하였다. "설교를 통해서보다는 이들 모임을 통해서 개종하는 사람들이 더 많았다."[131]

신도반 모임은 도처에 산재해 있는 거룩한 모임들을 굳게 결속시켰으며, 수세기에 걸친 메서디즘 갱신운동의 버팀목이 되었다. 사실 그 운동은 한 나라를 온통 휩쓴 하나의 지속적인 갱신의 물결이라기보다는, 산발적이고 때로는 일정 지역에 국한되면서 확산되어 나간 것이었다. 만약에 신도반 모임이 없었더라면, 여기저기 흩어져 있던 부흥의 불꽃은 미처 한 나라에 큰 영향을 줄 수 있었던 운동으로 발전해 나가기도 전에 꺼져 버렸을지도 모른다.

그런 작은 모임으로도 효과적인 규율이 행하여질 수 있었던 것은 지도자가 각 구성원을 잘 알고 있었기 때문이었다. 웨슬리는 각 신도반원에게 작은 카드를 나누어 주었는데, 거기에는 신도반원의 성명, 날짜, 웨슬리나 담임 목사의 서명이 적혀 있었다. 그 카드는 신도반원이 메서디스트라는 증명서이자, 석 달에 한 번씩 열리는 애찬식에 참석할 수 있게 해 주는 입장권 역할을 했다. 그러므로 메서디스트가 된 사람은 예외없이 신도반원이 될 수밖에 없었다. 신실하지 못한 신도반원들은 다음 분기에 다시 발행되는 카드를 지급받을 수 없었다.[132] 웨슬리는 규율이 느슨해지는 것을 결코 허용치 않았다. 주기적인 방문을 통해서, 그는 필요할 경우 신도반이나 신도회를 '정화하거나', '단속하거나', '시험했다.' 웨슬리(또는 그의 보조자)는 신실치 못한 사람들에게 규칙을 자세히 설명해 주고 나서 제명 처분을 내렸다. 제명된 구성원들은 그 다음 분기의 회원 카드를 받을 수 없었지만, 태도를 바꿀 경우에는 신도반에 다시 들어올 수 있었다.

이같은 규율의 정도와 위반의 성격을 보여 주는 몇 가지 예가 있다. 1748년에 웨슬리는 브리스톨 신도회를 900명에서 730명으로 줄였다. 항구 도시들에서는 밀수를 하던 사람들을 제명시키기도 했는데, 이같은 규율은 시간이 지나면서 밀수를 방지하는 결실을 맺기도 했다. 어느 신도회에서 그는 64명의 구성원을 추방하기도 했는데, 그 중 둘은 악담 때문에, 둘은 상습적으로 안식일을 지키지 않았기 때문에, 일곱은 음주 때문에, 둘은 술을 팔았기 때문에, 셋은 싸움을 했기 때문에, 넷은 악의에 찬 말 때문에, 하나는 게으름 때문에, 그리고 나머지 29명은 '조심성이 없고 경박했기 때문이었다.'[133] 뱁은 이렇게 말한다. "엄격하게 종교적인 잘못으로 추방된 사람은 없었다. 하지만 대다수의 사람들이 진지한 종교생활을 하지 않았기 때문에 추방되었다. 웨슬리는 진지한 종교

생활을 하는 사람은 이웃에 대해서도 항상 올바른 행동을 하게 된다고 믿었다."[134] 웨슬리는 이렇게 말했다. "규율을 실시하는 과정에서도, 문제는 마음이 아니라 삶 그 자체다."[135] 그러므로 규율은 가능하기도 했거니와 필요하기도 했다.

12명 가량의 작은 집단을 이끄는 신도반 지도자들의 목회적인 역할은 특히 중요했다. 웨슬리의 '평신도' 설교자들은 항상 이곳저곳으로 옮겨 다녔으며, 대부분의 성공회 성직자들은 그들의 교구에 속한 거룩한 모임들에 대한 목회 사역에 아무런 책임도 지지 않았다고 지적했다. 메서디즘 역사학자인 아벨 스티븐스(Abel Stevens)가 말했듯이, "순회 설교자들이 없었더라면 메서디즘의 조속한 성장은 불가능했을 것이지만, 이들도 신도반 지도자들의 목회적인 역할 덕분이 아니었다면 도덕적 규율, 심지어 신도회들의 지속까지도 보장할 수 없었을 것이다."[136]

그러나 신도반 지도자들은 단순히 전임 목사가 없는 상태에서도 메서디즘 신도회를 존속시키기 위한 임시방편만은 아니었다. 오히려 그들은 사실상의 목회자였다. 이 체제는 영적인 지도는 인격적이고도 친밀한 관계 속에서 행해져야 하며 교회에는 반드시 복수 지도체제가 필요하다는 웨슬리의 신념이 반영된 규범적인 체제였다. 웨슬리는 결코 "어떤 회중이 단 한 명의 교사만을 가져야 한다는 것이 주님의 뜻이라고는" 생각할 수 없었다. "이 설교자에게는 이런 재능이 있고, 저 설교자에게는 저런 재능이 있다. 지금까지 내가 보아 온 어떠한 사람도 전체 회중에게 은총의 사역을 행하는 과정에서 시작과 중간과 완결에 필요한 모든 재능을 갖춘 사람은 없었다.[137] 이것이 바로 메서디즘 설교자들이 순회하는 이유 가운데 하나다. 한 사람에게서 결핍된 것을 다른 사람이 공급할 수 있기 때문이다.

속회 체제

신도반의 추춧돌은 헤른후트의 '조'처럼 나이, 성별, 결혼여부 등에 의해 더 작게 나뉘어진 속회들이었다. 웨슬리는 모라비아교도들의 체제를 따르되, 몇 가지를 변형했다. 특히 그는 영적인 도움을 필요로 하는 사람들이나 무언가 잘못을 저지른 사람들에 관하여 보고를 하게 되어 있는 모라비아교도들의 체제를 제거했다. 속회 안에서 각 구성원의 다른 구성원들에 대한 책임 의식을 저해한다고 느꼈기 때문이었다.

속회원들은 나쁜 일을 하지 않아야 했고, 가난한 이들을 구제하는 등의 좋은 일을 열심히 해야 했으며, 모든 은총의 수단을 활용해야 했다. 웨슬리는 다음과 같은 규칙을 작성하였다.

우리 모임은 "서로에게 너희 죄를 고백하고 서로를 위해 기도하라. 그러면 너희는 치유 받을 것이다."라는 하나님의 말씀에 순종하기 위해 결성되었다. 이 목적을 위해 우리는 다음의 사항들을 준수한다.

하나, 최소한 일주일에 한 번씩은 모임을 갖는다.

둘, 특별한 이유가 없다면 약속된 시간을 엄수한다.

셋, 현재 모인 사람들로 정확한 시간에 찬송과 기도를 시작한다.

넷, 각 사람이 순서대로, 생각이나 말 또는 행위로 지은 잘못이나 모임 이후 느꼈던 유혹 등에 대하여 자유롭고 솔직하게 양심의 말을 한다.

다섯, 참석한 사람 각자의 상황에 적합한 기도로 모임을 끝마친다.

여섯, 가능한 한 많은 사람이 자신의 상태나 죄·유혹 등에 관한 문제점을 발견할 수 있도록, 우리들 가운데 몇 사람을 택하여 자신의 상태를 이야기하게 한 다음, 나머지 사람들이 질문을 하도록 한다.138

매주 참석자들에게 주어지는 질문은 다음과 같은 것들이었다.

- 지난 번 모임 이후 당신이 저지른 죄 가운데 지금 알고 있는 죄는 무엇입니까?
- 당신은 어떠한 유혹을 받았습니까?
- 당신은 그것을 어떻게 물리쳤습니까?
- 당신은 죄인지 아닌지 잘 모르는 것에 대하여 어떻게 생각하고, 말하고, 행동했습니까?139

결국, 속회는 영적인 성장을 위한 매우 유용한 수단임이 입증되었다. 신도회와는 달리 속회는 규율이 그다지 엄격하지 않았으며 개종한 사람들의 영적인 성장에 많은 도움을 주었다. 속회의 규모는 보통 5~10명 정도의 인원이었다.

속회는 또한 신도반과는 달리 죄를 용서받았다는 확신을 갖고 있는 사람들에게만 한정되어 있었다. 웨슬리의 순회 설교자들이나 보조자들은 모든 속회원들을 면밀히 조사한 후, '믿지 않는 자'라고 판단되는 사람들은 추방해야만 했다.140 모든 속회원에게는 분기마다 속회 카드가 발급되었다. 이 속회 카드는 여러 가지 면에서 신도반 카드나 신도회 카드와 달랐고, 때로는 카드 앞면에 BAND라는 단어나 b라는 문자가 인쇄되어 있기도 했다. 이 카드는 신도반 카드의 경우처럼 많은 역할을 했는데, 이를 소지한 사람은 애찬식과 예배, 그리고 신도회 모임에 참석할 수 있었다.[141]

이토록 엄격한 관행에 비추어 볼 때, 신도반 보다는 속회가 훨씬 적게 결성된 것도 이해할 만하다. 인쇄된 속회 카드 수와 신도반 카드 수로 보아 메서디스트 전부가 신도반원이었던 반면, 속회에 속한 거룩한 모임는 전체의 20%밖에 되지 않았다.[142] 속회는 보통 6명, 그리고 신도반은 보통 12명으로 구성되어 있었다.

웨슬리는 내적·외적인 경건성에서 뚜렷한 진전이 있는 사람들을 위해 더욱 친밀한 셀 조직인 '선별된 신도회'를 만들었을 뿐 아니라, 참회자들을 위한 별개의 모임을 만들었다. 1744년경에는 이 조직들이 모두 활발하게 운영되고 있었다. 웨슬리는 1744년 「의사록」(Conference Minutes)에서, "신도회를 각성한 사람들로 구성된 신도반으로 나눈다"고 발표했다. "이들 가운데 죄의 용서를 받았다고 생각되는 사람들은 속회원이 된다. 또 속회원들 가운데 하나님의 뜻을 충실히 따르고 있다고 판단되는 사람들은 '선별된 신도회'를 구성하고, 믿음을 저버렸던 사람들은 참회자들의 모임으로 만난다."[143]

웨슬리는 '선별된 신도회'를 위해서 (속회 규칙에 추가하여) 세 가지 규칙을 정했다. 1) 모임에서 거론된 이야기는 다른 사람에게 말해서는 안 된다. 2) 모든 회원은, 대수롭지 않은 일들을 그들의 목사에게 전적으로 위임한다. 3) 우리가 모든 것을 공유할 때까지, 회원들은 공통의 자산을 마련키 위해 일주일에 한 번씩 성심껏 자신의 소유를 기증한다.[144]

여기서 '모든 것을 공유할 때까지'라는 말은, 웨슬리가 하나님 나라에서의 삶을 함께 이룩하려는 사람들 사이에 물질적으로도 진정한 공동체를 만들려는 이상을 펼쳤음을 보여 준다.

웨슬리가 재산을 공유하는 공동체를 이상적인 형태로 여겼다는 것은 「불법의 신비」라는 그의 설교에도 잘 나타나 있다. 사도행전에 나타나 있는 초기의 그리스도인들은 "모든 것을 공유하였다"고 지적하면서, 웨슬리는 이렇게 말했다. "분명한 계시가 없었음에도 불구하고 그들은 어떻게 그럴 수 있었을까? 나는 그들에게 어떤 외적인 지시가 필요치 않았다고 대답할 수 있다. 그 지시는 그들의 마음속에 씌어져 있었다. 그것은 그들이 누린 사랑의 체험의 결과로 자연스럽고도 필연적으로 생겨난 것이었다. 그리고 똑같은 동기가 있는 곳에서는 역시 똑같은 결과가 자연히 따를 것이다."145 「사도행전」 2장 42절에 대한 웨슬리의 주석은, 그가 신약에 나오는 '친교'라는 말을 재산까지도 공유하는 공동체로 이해했음을 보여 준다. "그들의 예배는 말씀을 듣고, 모든 것을 공유하고, 성찬을 받고, 기도하는 네 가지 요소로 이루어져 있었다.146 이것이 바로 웨슬리가 재현하려고 했던 예배 양식이었다.

웨슬리가 조직한 신도반이나 속회 조직은 한 세기 이상 이어졌으므로, 대체로 모라비아교도들의 '조'체제보다는 오래 지속된 것으로 보인다. 영국에서는 속회가 1880년에 사라진 반면(마지막 속회 카드가 이 해에 발급되었다.), 신도반 모임은 영국과 미국에서 20세기에도 일부 메서디즘 안에 존속해 있었다.

하지만 이 신도반 모임은 대부분의 메서디즘에서 1900년 이전에 활력을 잃었다. 그리고 명맥을 유지해 온 신도반이라 할지라도 율법적·도덕적 성격을 띠게 되었고, 당초의 생명력은 이미 사라진 지가 오래였다. 영국 메서디즘에서는 1912년 까지 신도반에 참가하는 것이 교인들의 의무였던 반면, 미국에서 남메서디즘이 이미 1866년에 그 요건을 철폐하였다. 1850년 이후 수많은 책들과 몇몇 종교회의가 미국에서 신도회 모임을 부활시키려는 노력을 기울였으나 결국에는 모두 실패로 끝나고 말았다.

신도반과 속회 체제가 사양길로 접어든 이유는 매우 복잡하기 때문에 아무도 그 원인과 결과를 확연하게 규명할 길은 없을 것이다. 하지만 그 같은 현상에 작용한 요인으로는 다음과 같은 것들을 생각해 볼 수 있다.

- 신도반 지도자를 대체하게 된 담임 목사의 기능의 확대.
- 거룩한 모임들이 중산층으로 부상함에 따른 지적인 수준의 향상.
- 완벽함과 신성함을 추구하던 경향의 쇠퇴.
- 위기 중심의 부흥을 추구하는 경향(특히 미국에서).
- 믿음을 지속적인 성화 과정으로 인식하지 못하게 한다.
- 규모가 커진 신도반을 다시 나누지 않고 그대로 놔두는 경향.

목회자와 지도자

신도회-신도반-속회 체제는 웨슬리의 순회 '평신도' 설교자들이 없었더라면 성립될 수가 없었을 것이다. 이들 설교자들은 웨슬리의 직접적인 지휘를 받았다. 만약 메서디즘이 준(準) 수도회처럼 보였다면, 비록 독신주의자는 아닐지라도 가난과 순종의 삶을 살아가던 이 설교자들 때문이었을 것이다. "순회 설교자들은 그들의 일상생활에서 우연히 얻게 되는 것을 제외하고는 수입이 전혀 없이 생활하고, 새벽 4시에 일어나서 5시에 설교를 하고, 책과 팜플렛을 사람들에게 나누어 주고, 엄격한 규칙에 따라 살다가 두려움 없이 죽어야 한다고 배웠다."[147] 웨슬리는 그들에게 엄격한 규칙을 적용했으며, 그들이 설교하고 공부하고 순회하면서 신도반과 속회들을 접촉하기를 기대했다.

다른 임무 및 직책들과 함께 신도회, 신도반, 속회 그리고 설교자들로 이루어진 광범위한 체제는 초기의 메서디즘에 많은 지도자들을 배출해 내었다. 18세기 말엽 거룩한 모임의 수가 10만여 명에 달했을 때, 메서디즘에는 1만 명이 넘는 신도반 및 속회 지도자들이 있었는데, 이 숫자는 다른 지도자들의 수와 비슷하거나 더 많은 수였던 것 같다. 웨슬리 휘하의 설교자들이 그랬던 것처럼, 이들 가운데 상당수가 여성이었다. 웨슬리가 그 당시 다른 어느 곳에서도 없었던, 지도자가 될 수 있는 기회를 여성들에게 주었기에, 뱁은 웨슬리를 '18세기의 가장 돋보이는 페미니스트'라고 했다.[148]

웨슬리는 열 명 중 한 명에게(다섯 명 중 한 명일 수도 있다) 중요한 사역과 지도자로서의 책임을 맡겼다. 이들은 교육을 많이 받지도 여가 시간이 충분하지도 못한 평범한 사람들이었으나 영적인 은사와 봉사에 대한 열정으로 불붙고 있었다. 공동체는 그리스도를 본받는 사역을 행하기 위한 요람이자 훈련장이 되었다.

이런 모든 것들이 웨슬리의 반대자들로부터 경멸과 냉소를 불러일으키기도 했다. 예를 들어, 「만세 반석 열리니」이라는 찬송가 가사를 쓴 아우구스투스 토플레이디(Augustus Toplady)는 웨슬리의 '평신도' 설교자 체제를, "'주님의 메시지'를 품고 있는 척하면서 저열하고 무식한 계층의 사람들에게 목회 기능을 파는 체제"라고 비난하였다. 그는 웨슬리에게 이렇게 충고하였다. "구두수선공에게는 구두를 고치게 하고, 땜쟁이에게는 그릇 땜질을, 제빵사에게는 빵집에서 일하게 하고, 대장장이에게는 쓸데없는 논쟁보다는 풀무질을 하게 하라."[149] 그러나 웨슬리는 그런 모든 사람들이 사역자와 성자가 될 수 있다고 믿었다.

이것이 바로 존 웨슬리가 만들고, 세밀하게 검토하고, 조정했던 메서디즘 체제였다. 그는 전 세계를 그의 교구로 보았지만, "적절한 지도력의 뒷받침이 없는 곳에서는 설교를 하려고 하지 않다."[150] 그는 제자들을 훈련시켜, 그들로 하여금 전체 교회를 갱신하려고 했다.

갱신에 관련된 문제들

결론적으로, 웨슬리의 교리와 실천에 의해 제기된 몇 가지 갱신에 관련된 문제들을 살펴보도록 하자.

첫째, 메서디즘을 비롯해서 우리가 지금까지 검토한 운동들은 대체로 많은 사람들을 헌신적인 참여와 다양한 종류의 사역과 지도자 역할로 이끌어 가는 데에는 성공적이었다. 하지만 스페너, 프랑케, 진젠도르프, 웨슬리가 채택했던 성경적·신학적 원리는 서로 달랐다. 스페너의 기본 원리는 '만인제사장직'을 새롭게 강조하는 것이었으며 그는 이 원리를 종교개혁의 원리를 확대한 것으로 보았다. 진젠도르프 역시 이러한 원리를 수용하였으나, 모라비아교도들을 특별한 집단(또는 군대)으로 보고, 모든 모라비아교도에게 특별히 소명 받은 사명자라는 자기 이미지를 심어 주었다. 그는 비록 잘 조직된 교회는 갖고 있지 못했지만, 영적인 은사에 대해 상당한 관심을 갖고 있었다. 웨슬리의 기본 원리는 두 가지였다. 즉, 성령은 교회의 약속된 회복 또는 복원을 비롯해서 신약 시대 은사의 재현을 포함한 새로운 역사를 일으키고 있다는 것과 메서디즘 설교자들은 성경적인 전례가 있는 '특별한 사역자'라는 것이었다. 영적인 은사에 대한 그의 견해가 완전히 성숙된 것은 아니었지만, 웨슬리는 분명히 그 당시 대부분의 성직자들보다는 은사에 관해 더 잘 알고 있었을 뿐더러 경건주의자들보다 훨씬 더 적극적으로 그 주제를 다루었다. 하지만 보통의 은사와 특별 은사의 구별 때문에 그의 견해는 다소 복잡성을 면할 길이 없다. 이를 비롯하여 다른 몇 가지 이유로, 그는 기독교 공동체의 삶과 사역에서의 은사의 중요성을 충분히 인식하지 못했으며, 의식적으로 교회의 사역을 은사에 좀 더 밀접하게 연결시킬 수 없었다.

그러나 성령의 은사가 웨슬리 자신의 신학적 이해에서는 비교적 미미한 역할 밖에 하지 못했지만, 그가 받은 은사 자체는 메서디즘에서 매우 커다란 역할을 했다. 웨슬리는 그의 '평신도' 설교자들이 은사적인 임무를 수행하고 있는 것으로 보았다. 그들은 사역을 위한 은사들을 겉으로 드러내 나타냈던 반면, 웨슬리는 그 은사를 확인하여 발휘될 수 있게 하는 역할을 했다.

사실 초기의 메서디즘 체제에는 영적인 은사들이 폭넓게 활용될 여지가 많았다. 비록 신도반 지도자, 속회 지도자, 학교 교사, 관리인 등 메서디즘의 직분들이 기본적으로 은사라는 차원에서 이해되지는 않았으나, 전반적인 메서디즘 체제는 유용한 은사들이 사역에 활용될 수 있는 영적인 성장을 권장하였다. 그러므로 은사의 활용에 관한 한, 메서디즘은 사역이 교권주의에 의해 지배되던 영국 국교회에 비해 훨씬 더 많은 기회를 제공하였다. 이런 의미에서 거룩한 모임들의 사역은 성공회의 사역 형태보다 더 은사적이었으며 일반적으로 경건주의보다 의미 있는 사역에 접근할 수 있는 길을 더 많이 터놓았다고 말할 수 있다.

둘째, 웨슬리는 메서디즘을 성공회, 나아가 보편적인 교회에 속한, 갱신을 추구하는 복음적 교파로 보았다. 그의 사상은 진젠도르프의 사상과 비슷했지만, 진젠도르프처럼 정교한 이론을 전개하지는 않았다. 이는 웨슬리가, 경건주의가 일반적으로 받아들이고 있었던 '작은 교회' 개념을 바탕으로 하고 있지는 않았다는 사실에 기인할 수도 있다. 그러나 기능상으로 웨슬리는 메서디즘을 사실상 '교회 안의 교회'로 보았고, 실제로 메서디즘 안에서 '작은 교회' 구조를 활용하였다. 데이비드 왓슨(David Watson)의 말처럼, "교회에 관한 웨슬리의 개념은 수많은 변화를 거쳤지만, 그 저변에 깔려 있는 기본 원리는 항상 '교회 안의 교회'였다."[151]

'교회'와 '작은 교회' 사이의 긴장 관계는 웨슬리의 교회론에 자주 등장하는 주제다. 프랭크 베이커는 이렇게 말한다.

성인이 된 웨슬리는 다음과 같은 두 가지 교회관에 대하여 대조적인 반응을 나타냈다. 그 하나는 교회를 주교들 및 전통에 의해 사도시대의 교회와 연결된 역사적인 제도로 보는 교회관으로, 이러한 차원의 교회는 세례를 받아 교인이 된 모든 이들에게 옛 전통을 고수하기 위한 수단으로 성경을 의무적으로 해석해 주고 성례전을 행하는 성직 계급에 의해 존속된다. 또 다른 교회관에 의하면, 교회는 살아계신 하나님의 임재를 체험하고 그와 똑같은 개인적인 체험을 다른 사람들도 할 수 있게끔 노력하는 사람들의 친교로, 이 신자들은 성령이 예언과 지도력의 은사를 베풀어 준 사람들을 통해 예배와 복음전도라는 방법으로 그 같은 목적을 달성해 나간다. 첫 번째 교회관은 본질적으로 교회를 보존되어야 할 옛 제도로 본 반면, 두 번째 교회관은 세상에 대하여 사명을 지닌 소수의 신실한 집단으로 보았다. 전자는 전통적인 규칙을 바탕으로 했고, 후자는 살아있는 관계를 바탕으로 했다.[152]

웨슬리는 기존의 교회가 비록 타락했지만 여전히 하나님의 역사와 임재의 장(場)이라고 생각했다. 교회가 타락했다는 그의 견해는, 예컨대 현대의 전천년설처럼 이 세상의 교회와 교회의 미래에 대하여 부정적이고도 도치주의적인 관점을 도출해 낼 수도 있었다. 하지만 하나님은 지금도 여전히 은총의 역사를 이루고 계시다는 그의 확신은, 그로 하여금 하나님이 현재의 교회 속에서 그의 백성들을 통해 이루어 가시는 것들에 대하여 역동적이고 적극적인 신념을 갖게 해 주었다.

교회의 역사를 면밀히 살펴보던 웨슬리는, 바로 지금이야말로 오순절 이후로 가장 좋은 시대라고 결론지었다. "심지어 1세기 때에도 교회 안에 '죄악의 신비'가 작용하여 열 번에 걸친 박해를 합한 것보다 더 큰 악이 교회 안에 생겨나게 했으며, 이같은 현상은 콘스탄틴 대제가 세례를 받음으로써 그 절정에 달했다. 그 당시에는 교회와 국가, 그리스도의 나라와 이 세상이 너무나 기괴한 모습으로 뒤엉켜 있어서, 그리스도께서 이 세상을 다스리러 다시 오실 때까지는 서로 영원히 분리되

지 않을 것처럼 보였다."¹⁵³

　이와는 대조적으로, 웨슬리는 하나님의 은혜가 그가 살던 시대에 분명히 역사한다고 믿었다. "모든 종류의 인간의 불행을 어루만져 주려는 노력이 병원, 학교, 각종 자선기관의 설립을 통해 전례 없는 강도로 기울여지고 있다." 이와 아울러 메서디즘 특유의 현상이 일어났다.

> 나는 이 시대에 하나님이 행하시는 모든 선한 일들에 관하여 말하고 싶다. 그분은 사치와 신성모독, 그리고 모든 종류의 악에 대처하여 높은 기준을 설정해 놓으셨다. 그분은 오십여 년 전 런던 근교에 겨자씨 한 알을 떨구셨는데, 그것이 이제는 큰 가지로 자라서 이곳저곳으로 퍼져 나갔다. 서로가 신실한 그리스도인이 되는 일을 돕기 위해 두세 명의 보잘 것 없는 사람들이 한 데 모였다. 그들은 이제 천 명, 만 명으로 불어나서 진정한 종교, 즉 하나님과 인간에 대한 사랑을 추구한다. 나는 이같은 현상이, 성 요한이 천국에 잠든 이래 이 지구상에서 볼 수 없었던 것이라고 감히 말할 수 있다.¹⁵⁴

　웨슬리는 사도시대 이후 지금보다 더 좋은 시대는 없었다고 결론지으면서 다음과 같이 말했다. "우리는 당연한 시기에 태어난 것이 아니라 영광스런 구원의 시대, 하나님의 능력의 시대에 태어났으며, 오늘날 하나님은 모든 인류를 의와 진정한 거룩함으로 새롭게 태어나게 하고 계신다."¹⁵⁵

　웨슬리의 입장에서는 교회의 타락과 성령의 갱신의 역사가 변증법적인 관계를 이루고 있었다. 그의 견해는 인간의 '진보'나 선함이나 지혜에 바탕을 둔 것이 아니라 하나님의 은총과 자비에 바탕을 둔 것이었다. 따라서 그는 극도의 염세주의나 순진한 낙관론에 빠져들지 않을 수 있었으며, 전체 '교회'의 갱신을 소망하는 가운데 '작은 교회'에 전념할 수 있었다.

셋째, 거룩한 모임들의 체험은 교회 내부의 공동체적 삶의 강도(强度)와 관련하여 몇 가지 생각할 자료를 제공한다. 메서디즘의 신도회는 모라비아교도의 정착촌처럼 총체적이고 폐쇄된 공동체는 아니었지만, 대부분의 경건주의자 '모임'보다는 훨씬 더 짜임새 있게 조직되어 있었다. 그리고 메서디즘의 신도회, 신도반, 속회는 웨슬리 지도 아래 하나의 운동으로 결합되었으나 대륙의 경건주의와는 사뭇 그 양상이 달랐다. 결국, 거룩한 모임들의 공동체 형태는 대체로 경건주의자들의 '모임'과 모라비아교도들의 정착촌 중간쯤에 해당한다고 보아야 할 것이다.

앞으로 펼쳐질 6장과 7장에서는 경건주의, 모라비안주의, 메서디즘에서 공동체가 어떻게 구현되었는지 그리고 교회갱신을 위한 원동력의 차원에서 어떻게 작용했는지 등의 문제를 좀 더 심도 있게 파헤치게 될 것이다.

제6장

교회갱신운동의 원동력

제6장

갱신운동의 저변에는 어떠한 힘이 작용하고 있는가? 경건주의, 모라비안주의, 메서디즘에 관한 이야기들을 우리가 교회와 교회갱신을 이해하는 데 어떠한 도움이 되고 있는가? 이 장에서는 이러한 운동들을 서로 비교 분석해 봄으로써 교회갱신의 원동력이 무엇인지를 알아보고자 한다.

갱신의 구조

여러분은 경건주의와 모라비안주의 그리고 메서디즘에 관하여 살펴보면서, 그것들이 세 개의 독립적인 운동으로 보였는가 아니면 한 가지의 폭넓은 갱신운동의 흐름으로 보였는가? 이 문제에 대하여 우리는 다음과 같은 점들을 지적할 수 있다.

첫째, 대륙의 경건주의와 갱신된 모라비아 형제단 그리고 초기의 메서디즘은 분명히 커다란 갱신운동의 일부로서 전개되었다. 17세기와 18세기에는 갱신의 기류가 폭넓게 흐르고 있었다. 스퇴플러[1]를 비롯한 여러 사람이 보여 준 것처럼, 루터파 경건주의는 영국 청교도와 연계된

보다 폭넓은 경건주의 운동의 일부로서, 그리고 그것으로부터, 성장해 나왔다. 이러한 운동들과 기류에 관한 이야기는 복합적인 영향과 반발을 수반한 상호작용에 관한 이야기이며, 당시의 전반적인 종교적·문화적 상황—유대 하시디즘 및 로마 가톨릭 교회 내부의 얀세니즘을 포함하여—과 관련된다.[2]

좀 더 폭을 좁혀서 말하자면, 17~18세기의 개신교 갱신운동에는 경건주의, 청교도주의, 모라비안주의, 메서디즘 뿐만 아니라, 보헤미아와 모라비아의 '연합형제단' 잔존세력들의 각성, 영국 국교회 내부의 금욕주의적 '고교회 경건주의'(High Church pietism)[3]의 각성, 대륙의 개혁파 경건주의의 각성, 칼빈주의적 메서디즘과 휫필드의 사역, 웨일즈 지방의 복음주의적 부흥, 미국에서의 경건주의와 경건주의적 루터교의 광범위한 영향 등이 포함되었다.[4] 게다가, 스칸디나비아를 포함한 여러 지역에 대한 경건주의의 상당한 영향력과 발틱 연안을 비롯한 여러 지역에 미친 모라비안주의의 영향도 포함될 수 있다.

둘째, 갱신운동의 역사는 우리에게, 경건주의, 모라비안주의, 메서디즘을 떠받치고 있던 주춧돌이, 그 지도자들이 맺고 있었던 다양한 관계의 조직망—그것을 통해 다른 운동과도 연계관계를 맺을 수 있었던—이었음을 보여 주고 있다. 특히 영국에서 일어난 복음주의적 각성과 대륙의 경건주의와 관련하여 지오프리 너틀(Geoffrey Nuttall)은 당시 운동들이 어떻게 서로 밀접히 연계되었는가를 다음과 같이 말한다. "운동의 지도자들은 다른 운동의 지도자들을 잘 알고 있었고, 서로의 책을 읽고, 서로 방문하고 서신 교류를 했다."[5] 이들 지도자간의 상호관계는 앞에서 이미 살펴본 바 있다.

경건주의, 모라비안주의, 메서디즘을 비롯한 여러 운동의 핵심 인물들 사이의 관계의 연결망, '갱신 연결망'은 그들로 하여금 사상, 정보, 동기 등을 서로 교환할 수 있게 함으로써 이들 운동의 발전, 확대시켜 나갔다. 이 연결망은 운동을 이끌어 간 사람들 간의 접, 교신, 연결고리를 찾아봄으로써 어느 정도까지 상세하게 추적할 수 있다.

최소한 두 가지 이유에서 이 '갱신 연결망'은 매우 중요한 의미를 갖는다. 먼저, 그것은 갱신의 에너지들이 어떻게 전달되고 확산되어 나갔는지를 보여 줌으로써 이 운동들의 원동력이 무엇이었는지를 밝히는 데 도움이 된다. 그리고 갱신 운동들이 서로 어떻게 얽혀져 있었으며 얼마나 다양한 국면을 띠고 있었는지를 보여 줌으로써, 우리가 똑같은 의의를 지닌 폭넓은 갱신운동의 흐름을 다루고 있음을 보여 준다.

이 연결망을 추적하는 과정에서 우리는 전체적인 갱신운동의 흐름에서 아우구스트 프랑케와 존 웨슬리가 담당했던 핵심적인 역할을 이해할 수 있게 된다. 이 두 사람은 비록 직접 만날 기회는 없었지만(프랑케는 웨슬리가 옥스퍼드 대학교 시절 사망했다.), 보다 큰 관계의 차원에서 의사소통 연결망의 비공식적이지만 매우 중요한 신경 중추 역할을 했다. 그러므로 오늘날의 갱신운동을 연결망과 비교하여 당시의 갱신운동의 원동력에 있어서 그러한 연결망의 의의를 연구하는 일은 매우 가치 있는 일이라 생각된다.

셋째, 그러나 이들 세 가지 운동이 비록 상당한 유사점을 가지고 상호연관 속에서 서로 영향을 끼치며 전개되기는 했지만, 각자 나름대로의 뚜렷한 특징을 지니고 있었다는 사실이 역사적인 연구를 통해서 밝혀지고 있다. 우선, 그 운동들은 공동체와 친교를 핵심적인 요소로 강조하고 실제로 구현한 정도 면에서 많은 차이를 보이고 있다. 모라비안주의는―모라비아교도들의 급진적인 선교 열정 및 진젠도르프 백작의 개성과 관심사 때문에―의도적으로 공동체를 매우 강조하였다. 앞에서 살펴보았듯이, 헤른후트는 매우 치밀하게 조직된 완벽한 공동체였으므로 다른 모라비아 정착촌들이나 집단들에게 이상적인 본보기가 되었다. 한편, 경건주의는 '경건한 모임'을 비롯한 여러 '모임'을 통해서 '좀 더 긴밀한 친교'라는 원동력을 체험했지만, 모라비아교도만큼 공동체나 친교를 강조하지는 않았다.

경건주의와 모라비안주의 양쪽으로부터 영향을 받았던 메서디즘의 경우는 이 점에 있어서 특히 흥미롭다. 웨슬리는 프랑케식 경건주의와 할레 제도의 광범위한 갱신의 영향 그리고 헤른후트에서 볼 수 있었던 긴밀한 공동체 생활에 크게 매료되었다. 그는 헤른후트 공동체를 사도시대의 그리스도 공동체에 상당히 근접한 것으로 보았다. 실제로, 웨슬리는 경건주의자들과 모라비아교도들 양쪽으로부터 영향을 받았으나, 그 이유는 각기 달랐다. 웨슬리는 경건주의자들과 모라비아교도들이 이룩한 것들을 모두 성취하려고 했다. 그는 독일의 경건주의자들이 효과적으로 조직했던 개혁과 제도를 영국에서도 실현하려고 했을 뿐 아니라, 그 이상의 것을 원했다. 그는 초대교회와 매우 유사한 기독교 공동체―갱신된 그리스도인들―를 보고 싶어했다. 그리고 그 이후의 역사는, 웨슬리가 '메서디스트라 불리는 사람들'을 만들어 내고 인도하는 일에 가장 많은 관심을 보였음을―비록 교육적·박애주의적·제도적 관심이 그의 마음에 없었던 것은 아니지만―보여 주고 있다.

이런 측면에서 웨슬리는 스페너나 프랑케보다는 진젠도르프 쪽에 더 가까웠고, 메서디즘 자체도 경건주의보다는 모라비안주의 쪽에 더 가까웠다. 하지만 웨슬리가 기존의 교회에 머물러 있는 채로 메서디즘을 성공적으로 이끌어 가려고 했다는 점에서는 경건주의에 더 가까웠다. 버나드 셈멀(Bernard Semmel)이 말하듯이, "거룩한 모임들은 교회 안에 한 종파로서 교회와 종파 양쪽의 특성을 모두 지니고 있었다는 모호한 성격 때문에, 17세기 독일의 경건주의나 청교도 리처드 백스터가 조직한 비밀집회들과 비슷했다."[6]

한편, 공동체 생활의 긴밀도나 강도 면에서는 초기 메서디즘이 경건주의나 청교도주의보다 분명히 월등했다. 그러므로 메서디즘에 대한 모라비안주의의 영향을 평가하면서 셈멀이 한 다음과 같은 말에는 상당한 의미가 담겨져 있다. "웨슬리의 천재성은 죄 많은 세상에서 살고 있던 사람들에게 수도원적 공동체 유형을 적용한 데 있었다."[7] 웨슬리는 스페너, 프랑케, 진젠도르프의 역할을 경건주의 안에서의 스페너와 프랑케의 역할과 비교하면서 네이글러(Nagler)는 이렇게 말한다.

> 스페너는 이 운동의 예언자이자 '고해 신부'였다. 하지만 그는 웨슬리가 가졌던 탁월한 자질들, 행동력, 과감성, 경영 능력 등을 갖추지 못했다. 이러한 스페너의 결함을 프랑케가 보관해 주었다. 그러므로 우리는 메서디즘에 대한 웨슬리의 역할은 경건주의에 대한 스페너와 프랑케 두 사람의 역할과 같았다고 결론지을 수 있다.[8]

(종파성의 지표라고도 볼 수 있는) 공동체의 긴밀도라는 측면에서, 우리는 갱신운동을 두 가지 유형으로 구분할 수 있다. 모라비안주의나 초기 메

서디즘처럼 친교가 일차적인 중심점을 이루고 그것을 주축으로 다른 관심사들이 조직화되는 경우와 경건주의나 성공회의 종교적 공동체들처럼 친교나 공동체가 중요한 역할을 하기는 했지만 운동 전체에서 핵심적인 관심사가 되지 못하는 경우가 그것이다. '새 예언' 운동(몬타니즘)은 앞의 경우에 더 가까웠던 것 같다.

넷째, 경건주의, 모라비안주의, 메서디즘의 역사는 이 세 운동이 모두 소규모 '모임'('경건한 모임', 신도반, 속회 등)을 활용하였으며, '만인제사장직' 교리를 구현키 위해—방법과 정도는 다를지언정—노력했음을 보여 주고 있다. 이같은 사실의 의의는 다음 장에서 논의될 것이다.

다섯째, 교육과 교육기관은 이 세 가지 운동 모두에서 매우 중요한 역할을 담당했다. 비록 이 운동들이 대체로 당시 대학교들의 상황에 대한 반작용으로 일어났고 곧 그 너머로 확산되기는 했지만, 대학교들은 분명 갱신운동의 요람이었다. 스페너, 프랑케, 진젠도르프, 웨슬리 형제, 호네크 그리고 그들의 동료들은 대부분 대학 교육을 받은 사람들이었으며, 실제로 성경연구와 성경언어에(진젠도르프만은 예외였다) 뚜렷한 관심과 재능을 보였다. 경건주의는 할레 대학교를 중심으로 했지만, 다른 대학교들에게서도 상당한 전도로 발전되어 나갔다. 그리고 비록 헤른후트 공동체가 모라비안주의의 본거지가 되기는 했어도, 슈팡엔베르그, 뵐러를 비롯한 여러 모라비안 지도자들은 독일의 대학교를 통해서 영적인 자각을 하고 모라비아교도들과 처음으로 접촉하게 되었다. 나중에 웨슬리가 말한 것처럼, 옥스퍼드 대학교에서의 웨슬리 형제와 그 동료들의 체험이 곧 '메서디즘의 기원'이었다.

몬타니즘, 초기의 프란시스코 수도회 그리고 여기에 언급되지 않은 다른 여러 운동들 역시 이러한 경향에 일치하고 있었다. 따라서 교육과 교육기관은 갱신 운동에 있어서 하나의 중요한 변수였다. 가톨릭교회의 카리스마 운동을 비롯하여 현대의 몇몇 부흥 및 갱신운동들도 처음에는 단과대학이나 종합대학 교정에서 시작되었다.

갱신운동들이 이렇게 대학을 중심으로 일어나게 되는 까닭은 무엇일까? 아마도 대학 내의 지적인 탐구의 분위기와 개인적·학문적 자유가 교회나 사회에 비하여 영적인 갱신운동의 발흥을 위한 훨씬 더 적절한 토양이 되기 때문일 것이다. 우리는 여기서 종교와 정치 양(兩) 분야에서, 역사적으로 의미 있는 수많은 운동들이 대학을 배경으로 하거나 대학생들 사이에서 일어났음을 상기할 필요가 있다.

여섯째, 세 운동과 그들간의 상호관계에서 '씌어진 글'이 한 역할 역시 매우 중요했다. 특히 책과 팜플렛은 갱신의 전망, 기대, 비전을 전파하는 데 커다란 도움이 되었다. 당시의 출판물에는 두 가지 유형이 있었다. 하나는 『진정한 기독교』나 『경건한 열망』 같은 책으로, 이 책들은 기독교적인 체험과 교회생활에 관한 보다 밝은 비전을 펼쳐 보였다. 또 하나는 종교적 공동체에 관한 우드워드의 『보고서』나 『동인도 선교활동 보고서』 같은 소책자로, 이들은 다가올 갱신에 대한 기대와 희망을 고취시키는 역할을 했다. 특히 프랑케, 웨슬리, 모라비아교도들은 설교집, 성가집, 논문 등을 폭넓게 출판했다. 이러한 자료들 가운데 상당수는 운동 내부에서 사용하려고 계획된 것이었으나(특히 모라비아교도들과 메서디스트의 경우-), 외부에 대해서도 매우 광범한 영향을 주었다.

일곱째, 마지막으로 성경과 초대교회적인 이상의 역할을 빼놓을 수 없다. 이 세 운동은 모두 교회의 현 상황을 비판하기 위한 목적으로 성경을 이용하였으며, 신자들의 삶과 체험에 있어서의 성경의 규범적 역할을 강조하였다. 또한 교회생활의 가장 이상적인 본보기로서 초대교회를 지적했다. (이같은 경향은 특히 프랑케와 웨슬리에게서 강하게 나타나있다.)[9]

결론적으로, 독일의 경건주의와 모라비안주의, 메서디즘은 서로 상관관계 속에서 전개되었으며 넓은 의미에서는 그밖에 다른 모든 운동들을 포함한 커다란 갱신운동의 흐름 가운데 일부였다고 말할 수 있다. 그러면서도 이들 운동은 각기 나름대로 특정 지도자들이 이끄는 특정 집단에 의해 전개되었으며, 특정 교리를 강조하고 특정 조직 구조 형태를 지녔다는 점에서 각자의 특성을 지니고 있었다.

이 운동들은 각기 그 성격과 원동력 면에서, 그것을 처음으로 시작한 핵심 지도자들에게 많은 부분을 의존하고 있었다. 스페너, 프랑케, 진젠도르프, 웨슬리의 성격과 비전과 결단력은 이들 운동의 도화선에 불을 붙이는 데 결정적인 역할 — 때로는 방해가 되기도 했지만 — 을 했다.

여기서 중요한 사실은, 갱신운동은 관련 인물의 선택, 계획, 행동과는 무관하게 어떤 자생적인 원동력에 의해 움직일 수 없다는 것이다. 운동의 원동력은 상당 부분을 지도자의 지혜, 비전, 감수성, 선견지명, 성실성 등에 의존한다.

오늘날의 교회에 있어서도 이같은 사실은 매우 중요한 의미를 지닌다. 이는 갱신운동이란 하나님의 직접적이고 불가항력적인 역사도 아니요, 엄격한 사회적 규제나 입법 조치에 의해 성취될 수 있는 것도 아님을 의미한다. 스페너, 프랑케, 진젠도르프, 웨슬리는 모두 교회에 갱신이 일어나기를 원했고, 또한 그것을 성취키 위해 의식적인 노력을 기울였다. 그들이 이끌었던 운동의 영향력은 상당부분 그들이 보여 준

지도자적 자질에 의존하고 있었다. 영적인 갱신운동의 필수적인 원동력 가운데 하나가 하나님의 진리에 대한 신선한 개인적 감수성이라 할 때, 운동의 방향과 영향력은 주로 그 지도자의 리더십에 크게 의존한다고 할 수 있다.

평신도 지도자와 갱신을 위한 셀 조직

앞에서 우리는 '평신도' 지도자와 소규모 모임들이 교회의 갱신운동에서 매우 중요한 요소임을 설명하였다. 본 연구 전반에 걸친 논의의 상당 부분이 경건주의, 모라비안주의, 메서디즘에서 이들 요소의 역사적·사회적 의의와 그것들에 의해 제기된 신학적 문제에 초점을 맞추고 있다.

이제 신학적·구조적 문제로서 이 두 요인을 좀 더 상세히 살펴보는 것이 도움이 되리라 생각된다.

평신도 지도자

지금까지 우리가 추적해 온 역사는, 경건주의, 모라비안주의, 메서디즘에 있어서 '평신도' 지도자의 중요성에 관하여 몇 가지 통찰력을 제시해 준다.

첫째, 비록 정도와 방법에 차이가 있기는 했지만 세 운동 모두가 '평신도' 지도자들을 대폭 활용하였다. 대체로 메서디즘과 모라비안주의는 대륙의 경건주의보다 폭넓고 책임 있는 역할을 그들에게 부여했다. 하지만 경건주의자, 특히 할레의 경건주의자들의 가정모임 조직에서 안수 받지 않은 지도자들을 활용했던 사실 역시 주목할 대목이다.

둘째, 세 운동은 모두 '평신도' 지도자들을 위한 구조적인 조치를 취했으며, 또 그것에 대하여 신학적 정당성을 부여하였다. 앞에서 살펴보았듯이, '평신도' 지도자를 신학적으로 정당화한 양태는, 각 운동에 따라 다소 다르기는 해도 교회에 대한 그들의 이해에 있어서 중요한 위치를 차지하고 있었다.

셋째, '평신도' 리더십은 최소한 두 가지 면에서 이들 운동의 생명력을 이루는 구심점이었다. 먼저, 안수 받지 않은 지도자들은 생생한 영적인 체험과 기독교 사역이 성직자들에게만 국한되는 것이 아님을 보여 줌으로써 각 운동을 넓게 확신시키는 데 커다란 역할을 했다. 그다음으로, 운동에 필요한 지도자들의 범위를 성직자 집단 밖으로 확대함으로써 진정한 갱신에 필요한 인력을 확보할 수 있게 해 주었다.

넷째, '평신도' 리더십은 또한 이 세 가지 운동을 둘러싸고 전개되어 온 논쟁과 반대에서 중심적인 위치를 차지하고 있었다. 교회에서 '권위 있는' 지도자로 인정되지 않은 사람들에게 지도력을 부여한다는 것이 그 주된 이유였다. 이는 특히 웨슬리의 '평신도' 설교자들이 해당되는 경우였다.

다섯째, '평신도' 리더십은 신학적·구조적으로 셀 조직 또는 '작은 교회' 조직의 활용과 밀접하게 관련되어 있었다. '경건한 모임', 신도반, 속회 같은 조직에는 지도자가 필요했고 실제로 그러한 모임들을 통해 지도자들이 배출되기도 했다. 게다가 그런 모임들에서는 누구나 지도자가 될 수 있다는 사실을 고취시키는 기독교 신앙에 대한 이해가 북돋워지곤 했다.

구조적인 문제

이 문제는 간단히 말해서, 모든 신자들이 어떻게 교회의 사명에 의미 있게 관련될 수 있느냐 하는 문제다.

물론, 이 문제는 복음서 및 규범적인 기독교 체험에 대한 각자의 이해에 따라 다소 다른 형태로 표현될 수 있다. 교회의 사역은 모든 신자에게 하나님에 대한 진정한 내적인 체험을 제공하는 것을 목표로 해야 하는가 아니면 그들로 하여금 세상에서 구제 사역을 행하게 하는 것을 목표로 해야 하는가? 그밖에 또 다른 목표가 있다면 어떠한 것이겠는가? 복음의 핵심이자 갱신운동의 핵심은 내적인 영적 체험인가, 외적인 선교사역인가?

스페너, 프랑케, 진젠도르프, 웨슬리는 모두 이같은 구조적인 문제에 부딪쳤다.『경건한 열망』에서 신학교육 방법에 대한 의문을 제기하면서, 스페너는 이 문제를 다소 직접적으로 다루고 있다. 이러한 관점에서는, 프랑케의 할레 기관들은 성직자 계층을 뛰어넘어 갱신 및 의미 있는 사역을 확대하려는 시도로 보일 수도 있다.

진젠도르프는 모라비아 공동체를 전 교회를 갱신하고 '어린양의 전사들'을 배출하기 위한 수단으로 보았다. 웨슬리에게는 메서디즘의 조직 전체, 특히 신도반 체제와 '평신도' 순회 설교자는 갱신, 복음전도와 관련하여 "내적·외적으로 경건성을 갖춘 진정한 종교"를 전 교회에 확장시키기 위한 시도였다.

　이 세 운동은 모두 교회에 실질적인 갱신이 필요하지만, 그 같은 갱신이 당시의 성직자들로서는 불가능하다고 판단했다. 그러므로 이 문제는 교회의 갱신('갱신된' 핵으로부터 전 교회로 갱신의 물결을 퍼뜨려 나가는 것)과 이러한 갱신을 이룩하는 데 필요한 지도자들을 확보하는 것 모두에 관한 것이었다. 다시 말해서 이는 일부로부터 전부로의 갱신의 확대와 그러한 갱신을 위한 리더십의 확대 문제였다.

신학적인 문제

　신학적으로, 안수 받지 않은 '평신도' 지도자의 문제는 '만인제사장직' 및 성령의 은사에 관한 문제와 직접적으로 관련된다. 이미 우리는 스페너, 진젠도르프, 웨슬리의 교회론을 추적하는 과정에서 '만인제사장직' 및 영적인 은사에 관한 문제들을 다루었다. 이 문제를 둘러싼 신학적 결론은 다음과 같이 요약될 수 있다.

　갱신운동은 '민주화 경향', 즉 기독교의 '규범적' 체험을 어떻게 해서든 모든 사람에게 확장시키려는 경향을 보일 때가 많다. 물론 이 문제는 복음전도, 성화, 경건한 삶, 리더십, 사역 등 다양한 각도에서 생각해 볼 수 있다. 이와는 반대로, 제도화된 교회는 특정 역할을 위한 자격이나 능력을 갖춘 일부 엘리트만이 '규범적'인 신앙체험을 할 수 있는 것으로 한정시키려는 경향이 있다.

　이러한 관점에서 스페너, 진젠도르프, 웨슬리의 교회론적 사고를 살펴보는 일은 우리에게 많은 도움이 된다. 그들은 리더십이나 영적인 체험 면에서 평신도들의 폭넓은 역할을 신학적으로 정당화하기 위해 노력했다. 우리가 앞에서 보았듯이, 스페너는 교회 전체가 경건을 체험하게 되는 '좀 더 나은 시대'를 기대했고, 평신도들에게 폭넓은 지도자 역할을 맡기는 것이 이같은 목표를 달성하기 위한 수단이라고 주장했다. 웨슬리 역시 그리스도인으로서의 완전한 경기에 모든 그리스도인이 도달할 수 있다고 주장했으며, '특별한 사역'과 '특별한 은사'에 관한 이론으로 그의 '평신도' 설교자들을 정당화했다.

좀 더 구체적으로 이상의 논의를 요약하면서, 우리는 특별히 다음과 같은 점들을 지적할 수 있다.

첫째, 본 연구를 통해 거론된 네 명의 주요 인물들 가운데, '만인제사장직' 교리에 대하여 가장 광범위하고 독창적 신학을 전개한 사람은 스페너였다. 이는 루터에게서 물려받은 유산 때문이기도 했고,[10] 그 자신의 신학적 창조성 때문이기도 했다. '만인제사장직'에 관한 루터의 교리에서 스페너는 루터교에 대한 비판의 여지와 아울러 아르트의 영성을 고취시킬 수 있는 매개 수단을 발견하였다.

영적인 제사장직이라는 스페너의 교리는 루터와 맥을 같이 하면서도 루터 자신은 물론이려니와 정통 루터교를 뛰어넘은 것이었다. 스페너가 『경건한 열망』에서 "특히 공적인 행위와 관계없는 일들을 가정에서 그리고 일상적인 삶 속에서 모든 사람이 꾸준히 행해야 한다."[11]고 기술한 점에서는 루터와 일맥상통했다. 하지만 스페너는 영적인 제사장직에 대하여 기존의 사역을 부인할 정도로 급진적인 해석은 내리지 않았고, 이는 곧 루터와 갈라서는 원인이 되었다. 그럼에도 불구하고 스페너는 이론과 실제 양면에서 루터가 결코 도달하지 못했던 실제적인 적용의 차원에서 루터신학을 완성시켰다.

신학적으로, 스페너는 「갈라디아서」 3장 28절, 「에베소서」 4장 11~12절, 「베드로전서」 2장 5~9절의 내용들을 결합하여 루터를 뛰어 넘었다. 이는 실제적인 목회 현장에 영적인 제사장직에 관한 교리를 구현할 수 있는 길을 터놓았다. 교회의 특정 사역자들은 영적인 제사장직을 행할 수 있도록(벧전 2:5-9) 모든 신도들을 훈련시킬 책임을 지고 있다.(엡 4:11-12). 이는 남자건 여자건 모두가 똑같은 신자임을 의미한다(갈 3:28).

둘째, 스페너는 교회에서 상호교화의 필요성에 맞추어 '만인제사장직' 교리를 적용하였다. 그에게는 이 필요성이 루터에게 있어서보다 훨씬 더 중요한 점이었다. 그는 또한 '경건한 모임'이라는 사회적 맥락에서의 상호교화의 사명과 관련하여, 영적인 제사장직과 기독교의 관계를 루터보다 훨씬 더 강하게 의식하고 있었다.

본서 3장에서 설명했듯이, 스페너의 사상 가운데 이같은 흐름은, 교회의 개념을 제도적인 차원으로부터 유기체적이고 생명력 있는 차원으로 전환시켰다.

셋째, 스페너의 경건주의의 후계자로서 진젠도르프는 스페너보다 공동체 문제에 훨씬 더 민감하였다. 진젠도르프가 영적인 제사장직에 관하여 거의 언급하지 않았던 것은, 그가 스페너의 사상을 당연한 것으로 받아들이고 있었기 때문일 것이다. 그러나 본서 4장에서 설명했듯이, 진젠도르프는 실제로 성직자와 평신도 사이에 뚜렷한 구분을 하지 않았으며, 모든 모라비아교도가 영적으로 갱신되기를 기하는 가운데 사역을 행하였다.

넷째, 스페너와 웨슬리는 다음과 같은 점에서 매우 흥미로운 대조를 보이고 있다. 웨슬리는 스페너보다 성령의 은사에 관하여 더 많은 언급을 했으나, '만인제사장직'에 관하여는 거의 아무 말도 하지 않았다. 한편, 스페너는 가끔씩(루터처럼) 은사에 관한 언급을 하기는 했으나, 그것을 폭넓게 다루지도, 근본적으로 영적인 제사장직과 관련시키지도 않았다.

앞에서 살펴보았듯이, 웨슬리는 스페너가 영적인 제사장직을 강조한 것을 알지 못했으며 루터에 대한 지식도 불완전했다. 그는 경건주의자들이 교회론의 문제로 '만인제사장직'을 강조했다는 사실을 모르고 있었던 것 같다.

그러나 이 문제는 오늘날의 교회에 대하여도 매우 중요한 의미를 띤다. 비록 우리가 다루어 온 인물들 가운데 신학적으로 영적인 은사와 '만인제사장직'을 확연하게 관련시킨 사람은 없지만, 신학적으로 이 둘은 서로 연관되어 있을 뿐 아니라 서로의 교리를 뒷받침해 주고 있다. 우리가 연구해 온 세 가지 운동은 영적인 제사장직과 영적인 은사를 두 기둥으로 하는 하나의 연속체 위에 자리 잡고 있었다. 경건주의 영적인 제사장직에 가까이, 메서디즘은 영적인 은사 쪽에 가까이 그리고 모라비안주의는 양쪽의 중간에 위치하면서 메서디즘에 더 가까이 자리 잡고 있었다.

'만인제사장직' 교리를 따를 경우, 모든 그리스도인은 하나님 앞에서 제사장이다. 이와 마찬가지로, 성령의 은사들에 관한 성경구절들(특히 롬 12:5-8: 고전 12: 벧전 4:10-11)은 모든 그리스도인이 성령의 은사를 받을 수 있음을 시사한다. 이러한 강조점들이 모두 결합될 경우, 모든 그리스도인의 제사장으로서의 기능—기독교 공동체 안에서 생겨나고, 그

공동체에 의해 당연한 것으로 받아들여지는—을 강조하는 기독교 사역에 관한 교리가 도출된다.¹²

여기서 우리는 흥미롭게도, 스페너와 웨슬리가 서로 다르기는 해도 모순됨 없이 역사적·신학적으로 문제를 다루고 있음을 알게 된다. 하지만 웨슬리가 '특별한' 은사 및 사역이라는 개념에 의존했던 것에 비해 '만인제사장직'에 관한 스페너의 교리가 성경적·논리적으로 훨씬 더 견고한 바탕을 지니고 있기 때문에, 웨슬리의 교회론이 영적인 제사장직을 강조한 스페너의 교리와 결합되었더라면 보다 더 힘있는 교회론이 되었을 것이다.

갱신을 위한 셀 조직

지금까지 우리가 살펴본 경건주의, 모라비안주의, 메서디즘의 역사는 이들 운동에 있어서 '작은 교회' 구조 및 갱신을 위한 셀 조직과 관련하여 다음과 같은 일반적인 결론을 제시한다.

첫째, 세 운동 모두가 갱신을 위해 셀 조직으로서 다양한 종류의 소규모 '모임'을 활용하였으며, 이 모임들이 각 운동의 핵심적인 원동력으로 작용하였다. 이같은 조직 구조의 활용은 대륙의 경건주의보다는 모라비안주의나 메서디즘이 훨씬 더 폭넓고 다양했다. 대륙의 경건주의에 있어서는 '작은 교회'가 사실상 소규모 양육 그룹에 국한되는 경우가 많았다.

둘째, 모라비안주의와 메서디즘은 보편적인 교회 안에서 조직화된 운동으로서, 결국에는 폭넓은 교회의 형태로 발전되어 나갔으나 좀 더 넓은 의미에서 보자면 사실상 '작은 교회'였다. 이미 앞에서 살펴본 것처럼, 이 두 운동은 모라비아 '속회' 또는 메서디즘의 '선발된 신도회' 같은 다양한 조직들을 발전시켜 나감으로써 운동 전체의 구조를 조직화했다.

셋째, 세 운동 모두가 갱신을 위한 셀 조직의 활용을 교회론의 문제로 취급하면서 그것을 신학적으로 정당화하였다. 특히 웨슬리는 '작은 교회'의 활용 근거로 신약성경과 초대교회의 본보기를 들었다. 원시주의가 모라비안주의와 경건주의의 이론적 근거가 되었다. 비록 이들 갱신운동의 지도자들 가운데 어느 누구도 '작은 교회' 구조의 활용에 대하여 정확하게 성경적인 모델을 제시하지는 않았지만, 교회를 통해 기독교적인 체험과 공동체를 이룩하기 위해서는 그와 같은 구조가 반드시 필요하다고 역설하였다. 이 때 자주 거론된 성경구절은 「야고보서」 5장 16절이었다.

넷째, 갱신을 위한 셀 조직의 문제는 '평신도' 지도자 문제가 그랬듯이, 점차 이 운동들이 확실한 사회적 형태를 띠고 전개되어 감에 따라 논쟁과 반대의 표적이 되었다. 이미 설명한 것처럼, 갱신을 위한 셀 조직의 활용과 '평신도' 지도자들의 활용은 이렇게저렇게 서로 밀접히 뒤엉켜 있었다.

작은 교회의 구조적·신학적 의의

세 운동이 활용한 셀 조직들은 구조와 기능 면에서 상당한 차이가 있었음에도 불구하고 교회갱신의 원동력으로서 비슷한 역할을 수행하였다. 우리는 그 같은 셀 조직들이 교회에서 행한 역할에 관하여 다음과 같은 일반적인 결론을 이끌어 낼 수 있다.

첫째, 그러한 조직들은 새로운 개종자들에게 안정감을 부여해 줌은 물론, 다른 경로를 통해 이미 '각성한' 사람들을 개종시킬 수 있는 긴밀한 친교의 장을 마련해 주었다. 메서디즘의 경우는 특히 신도반 모임이 핵심적인 복음전도 조직이었으며, 많은 사람들이 그 모임을 통해 개종하거나 '성령의 증거'를 받아들였다. 아마도 메서디스트의 설교에 영향을 받은 사람들 상당수가 신도회 모임이 아니었더라면 개종을 하거나 메서디스트가 될 수 없었을 것이다.

둘째, 신도회 모임을 비롯한 여러 갱신을 위한 셀 조직들은 새로운 개종자들—그러한 모임들이 아니었더라면 호감을 잃거나 떨어져 나가기 쉬웠을—을 안정시킴으로써 복음전도의 열매를 거두었다. 이같은 성과는 공동체 의식과 친교 그리고 조직 구조에 적합한 지도, 규율, 책임을 통해 이룩되었다.

셋째, 철저히 훈련되고 생기 넘치는 '작은 교회' 구조는 운동의 역동성을 유지하고 그 사명과 정체성을 분명히 하는 데 커다란 기여를 했다. 이는 특히 경건주의보다는 모라비안주의와 메서디즘의 경우에 해당된다.

넷째, 메서디즘과 모라비안주의에서는 그와 같은 구조가 사회의 빈곤한 대중들과 접촉하는 데 도움이 되었던 것 같다. 이같은 사실은 세 가지 측면에서 설명될 수 있다. 1) 이들 모임은 언제나 가난한 사람들에게 열려져 있었고 그들에게 쉽게 접근할 수 있는 태세를 갖추고 있었다. '작은 교회' 셀 조직들은 제도적인 기존의 교회보다는 훨씬 더 단순하고 기동성이 있었기 때문에 가난한 사람들이 쉽게 참여할 수 있는 구조적인 장점을 지니고 있었다. 2) 이들 구조는 어떤 특별한 기술이나 교육을 필요로 하거나 사회·경제적인 지위를 요구하지 않았다. 특히 메서디즘 조직은 사람들에게 참여를 요구하는 것이 아니라, 조직 자체가 사람들에게 접근해나갔다. 3) 이들 구조는 가난한 사람들에게 사회적 결속력과 역동성을 제공하였다. 사회적·정신적으로 심지어 경제적으로까지 '작은 교회' 구조는 가난한 사람들의 힘을 북돋워 줄 수 있는 효과적인 수단으로 작용했다. 영국에서는 메서디스트들의 소규모 모임이 가난한 노동자 계층에게 사회적 결속력을 불어넣어주는 효과적인 매개 수단이자 평신도 지도자를 길러내는 온상 역할을 했다.[13] 이 역동성을 직관적으로 감지한 일부 상류층 사람들은 메서디즘의 영향력에 대하여 두려운 마음마저 품게 되었다.

그러나 메서디즘(모라비아주의는 좀 덜한 편이었지만)의 영향력이 그런 구조의 힘만을 바탕으로 한 것은 아니었다. 그러한 영향력에는 어느 정도 야외 설교나 지도자들의 의도적인 전략 등 다른 요인들이 작용했을 것이다. 하지만 일단 가난한 사람들 사이에서 운동의 불길이 퍼져 나가기 시작하자, '작은 교회' 조직은 운동의 지속적인 성장에 중요한 밑걸음이 되었다.

다섯째, '작은 교회' 조직은 복음전도 면에서도 매우 중요한 역할을 했다. 그들은 그리스도인들의 믿음을 실제 행동으로 바꾸어 나가고, 본질적으로 역동적이고 매력적인, 그러면서도 복음적인 신앙 공동체를 창조, 유지하는 데 필수적인 분위기를 창출해 냈다. 심리학적인 관점에서 그런 조직들은 인간 행위의 인식적·감정적·의지적인 면의 조화를 가능케 했으며, 사회학적인 관점에서는 교회를 강하게 결집시키는 근원적인 관계를 가능케 했을 뿐더러 일대일의 친밀한 관계를 촉진시켜 나갔다. 신학적인 관점에서 이들 조직은 성령의 친교를 체험하고, 성령의 사역과 말씀을 확신하고 분별하며 그것에 의해 영감을 받을 수 있는 분위기를 조성하였다(딤후 3:16; 히 4:12). 다시 말해서, '작은 교회' 조직이 창출해 내는 영적인 분위기 속에서, 믿음과 행동, 개인적인 책임과 사회적인 의무 그리고 마음속의 생각과 관심사들이 서로 조화를 이룰 수 있었다.

일곱째, '작은 교회' 구조는 교회가 세상으로부터 이탈하지 않으면서도 강력한 공동체로 발전할 수 있는 터전을 마련해 주었다. 이같은 현상은 모라비안주의나 경건주의보다는 메서디즘의 경우에서 더욱 현저하게 나타났다.

여기서 우리는 정상적인 도시인의 삶으로부터 구성원들을 이탈시키지 않는 채 움직여 나갔던 메서디즘의 신도반이나 속회 같은 소규모의 '작은 교회' 조직들이, 모라비아교도들의 정착촌처럼 폐쇄된 종교적 공동체 또는 이와 유사한 조직들보다 복음전도 면에서 훨씬 더 많은 성과를 거둘 수 있었으리라는 가정을 해 볼 수 있다. 메서디즘 조직들은 일반 서민들과 생기 넘치는 일상적인 접촉을 해 나가면서, 그들에게 믿음을 바탕으로 한 삶을 고취시키고 반문화적인 가치관을 심어 주었다. 한편, 신자들이 폐쇄적인 종교 공동체에 속해 있던 모라비안주의는 세상과의 정상적이고 자연스러운 일상적인 접촉이 불가능할 수밖에 없었다. 비록 그러한 공동체에 속하지 않은 사람이라 할지라도 공동체의 삶을 동경한 나머지 합류해 들어 올 생각을 할 수도 있었겠지만(이는 진젠도르프와 모라비아교도들의 의식적인 전력 가운데 하나였다), 역사는 구성원들이 보다 큰 사회적 공동체 안에서의 정상적인 삶을 포기하지 않아도 되었던 메서디스트들의 전략이 복음전도 면에서 훨씬 더 큰 힘을 발휘했다는 사실을 보여 주고 있다.

이런 의미에서 메서디즘은 대륙의 경건주의와 모라비안주의의 중간적인 위치에 서 있었다. 대체로 메서디스트들의 '신도회'는 경건주의자들의 '모임'보다 훨씬 더 결집력이 강하고 확연히 구분되는 공동체면서, 모라비아교도의 정착촌보다는 훨씬 더 직접적으로 사회의 정상적인 흐름에 참여했다. 이같은 메서디즘 조직의 '중간 매체적인 자세'는 메서디즘이 지녔던 복음전도의 힘과 내적인 응집력에서 핵심적인 요인으로 작용했던 것 같다.

이상과 같은 검토는 우리로 하여금 '교회갱신 신학'이라는 주제에 대하여 보다 근본적인 질문을 던지게 한다.

제7장

교회갱신 신학을 향하여

제7장

본장에서는 경건주의, 모라비안주의, 메서디즘 등 교회갱신 운동의 역사적 검토를 통해서 이끌어 낸 교회갱신의 모델을 제시코자 한다. 이 모델은 그러한 운동들이 오늘날의 교회갱신 문제와 몇 가지 점에서 관련됨을 보여 줄 것이며, 생명력 넘치는 교회의 생명을 위한 갱신운동의 의미를 신학적으로 조명해 줄 것이다.[1]

운동으로서의 경건주의·모라비안주의·메서디즘

제2장에서 나는 '갱신운동'을 사회학적·신학적으로 정의 내릴 수 있는 종교적 부흥이라고 정의한 바 있다. 즉, 역사적 기독교 안에서 또는 그 연속성 속에서 발생, 유지되고 추종자의 수나 신앙과 행위의 강도 그리고 교회 안에 새로운 제도를 만들거나 기존의 제도를 재활력화시키는 일과 관련하여 교회 전체에 대하여 중대한 영향력을 갖는 운동으로서 말이다. 이런 의미에서 대륙의 경건주의와 갱신된 모라비아 교회 그리고 초기의 메서디즘은 분명히 갱신운동이었다.

또 이 세 종교 집단들은 『사람, 권력, 변화』(People, Power, Change)[2]에서

걸라취와 하인이 정의한 사회학적 의미에서도 틀림없는 '운동'이었다고 할 수 있다. 그 운동들은 모두 위의 두 저자가 지적한 운동의 다섯 가지 핵심 요소들을 포함하고 있었다.

- 각기 지도자를 둔 수많은 셀 조직.
- 기존의 관계 안에서 헌신자를 접촉, 새로운 회원으로 수용.
- 기존의 체제에서 분리시켜 자체 규범에 일치시키려는 노력.
- 참여자에게 동기를 부여하고 단결시키는 특정 이념.
- 실재하거나 감지되는 적대 세력.[3]

2장에서 논의한 일곱 가지 해석 구조는 경건주의, 모라비안주의, 메서디즘의 원동력을 분석하고 이해하는 데 많은 도움이 될 것이다. 특히 '교회 안의 교회' 개념, 재활력화 운동, 가톨릭·재세례파 유형론은 이 세 가지 운동의 사회-구조적인 원동력을 좀 더 폭넓은 관점에서 이해하는 데 도움이 된다. 이들 해석 구조에 관해서는 본 장 끝부분에서 다시 한번 살펴보게 될 것이다.

안토니 월러스의 '미로 재구성' 개념과 '발상의 전환'에 관한 토마스 쿤의 언급은 갱신운동이 처음으로 일어나기 시작할 때의 원동력을 이해하는 데 특히 적절하다. 월러스는 부흥운동의 과정을 여섯 단계로 구분하는데, 그 첫 단계가 예언자적인 인물에 의한 '미로 재구성'(예를 들어, 변화된 기본모델, 은유, 관점)이고 마지막 여섯 번째 단계가 운동의 '관행화' 또는 정착화 및 제도화다.[4] 이제 막 일어나기 시작한 갱신 운동에 적용할 때, '미로 재구성'과 '발상의 전환'은 기능적으로 거의 동등한 것 같다. 어떤 핵심 인물이 점차로 많은 수의 사람들에게 즉각적으로 제시할 때, 교회에서 갱신운동이 시작된다. 물론 이같은 반응은 단순히 지적인 사고의 소산이 아니라 사람들의 자기 이해 및 신앙 체험의 핵심으로부터 우러나오는 것이다. 하지만 그것은, 특히 종교에 있어서 근본적인 모델이자 진정한 인식의 틀로써 삶에 의미를 부여한다.

경건주의, 모라비안주의, 메서디즘의 경우가 바로 거기에 해당되는 것이었다. 세 운동은 모두 신앙의 새로운 차원을 발견한 사건 또는 그 당시 신앙의 어두운 측면들에 대한 재발견이었다. 스페너는 중생(거듭남)이라는 개인적인 체험을 통해 '믿음에 의한 칭의'의 주관적인 의미를 재발견하였고, 이같은 변화에 발맞추어 교회의 개념을 재구성하였다. 경건주의의 기초를 다져 놓았던 진젠도르프는 교회의 의미를 복음전도 공동체로 재발견하였고, 웨슬리에게는 '발상의 전환'이 뚜렷이 나타나 보였다. 그는 올더스게이트에서의 회심 체험 이전에는 중생, 거듭남 없이 성화를 추구해 왔었으나, 그 체험 이후로는 성화에 필요한 선행조건으로서 '믿음에 의한 칭의'를 강조하였다.(웨슬리는 성화를 하나의 상태가 아니라 꾸준한 과정으로 이해하였다.) 이토록 뚜렷한 '발상의 전환'과 더불어 교회의 본질에 대한 웨슬리의 이해에는 활력이 넘쳐흐르게 되었다.

몬타니즘 등 교회사에 나타나 있는 다른 운동들에 대해서도 이와 유사한 분석을 적용할 수 있다. 갱신운동이란 일반적으로 성경 또는 교회 안의 어떤 요소나 강조점을 '재발견'하는 것이다. 물론, 그것이 진정한 재발견인지 아니면 이단적이거나 기형적인 탈선인지에 대한 논쟁이 있을 수 있다. 이에 대한 예로서 우리는 초기 수도원 제도에 있어서의 완전성의 추구, 공동체의 재발견, '믿음에 의한 칭의' 교리에 대한 루터의 재평가, 지난 세기 말엽 미국 개신교 일부에서 있었던 방언 체험 그리고 로마 가톨릭 교회에서 일어났던 카리스마 운동 등을 들 수 있다. 우리는 이같은 경우들을 폭넓게 분석해 봄으로써, 교회갱신 운동 초기에 나타나는 원동력에 대한 통찰력을 얻을 수 있게 된다. 이에 부수되는 문제로서는, 교회갱신 운동의 원동력이 다른 세속적, 비종교적 갱신 운동, 부흥운동, 개혁운동들과 과연 어느 정도로 비슷한가라는 문제가 있을 수 있다.

이상의 내용을 서론 및 배경으로, 우리는 이제 교회의 갱신을 위한 개념적 모델의 윤곽을 그려낼 수 있을 것이다.

교회갱신의 모델

전통적으로, 교회갱신 문제는 두 가지 관점, 즉 제도적인 관점과 은사적인 관점에서 고려되어 왔다.

제도적인 관점

이같은 관점에서 보면 교회는 이 땅 위에 있는, 하나님의 구원의 역사를 중개하는 기관이며, 교회의 역사는 하나님의 뜻이 펼쳐지는 드라마로 긍정적인 입장에서 평가된다. 교회의 기존 구조 역시 신학적·조직적으로 문제될 것이 없다. 그리고 교회 역사의 쇠퇴기나 신실치 못한 시기는 교회 지도자들의 개인적인 결함이나 외부적인 요인에 의해 발생하는 것이지 교회제도 자체 때문은 아니다. 사실상, 쇠퇴기 그리고 역경의 시기를 겪으면서도 제도적인 안정과 존립을 유지할 수 있었던 것은 교회제도가 이룩한 영광스러운 업적 가운데 하나로 보이기도 한다. 거기에는 구원의 수단으로서 교회를 세우신 하나님의 경륜이 드러나 보인다.

그러므로 로마 가톨릭의 입장에서 교회의 좌절기와 쇠퇴기에도 교황이 존속했다는 사실은 교회제도의 정당성을 입증해 주는 것이었다. 또 이와 마찬가지의 개신교 시각으로 볼 때 설교와 '목회자 직분'이 존속된 것은 많은 사람들이 신실치 못했을 때에조차 하나님이 갱신의 역사를 계속하셨다는 증거로 보여진다.

이같은 입장에서는 근본적으로 교회제도에 아무런 잘못이 없다. 그러므로 교회갱신의 문제는 오로지 개인들의 영적인 갱신의 문제 또는 단순히 그들의 집합체의 영적인 갱신의 문제인 것이다. 스페너를 반대했던 사람들 가운데 누군가가 "개혁되어야 할 것은 교회가 아니라 교회 안의 불경한 사람들"이라고 주장한 것은 바로 이같은 입장에서였다.[5] 간단히 말해서, 사람들이 교회가 그들에게 말하는 대로 믿거나 행동하지 않는 것이 문제라는 것이다. 어떤 모습으로 나타나건, 갱신이란 교회가 정상적이라고 정의한 믿음이나 행동의 수준까지 사람들을 회복시키는 것을 의미하며, 진정한 갱신은 교회 지도자를 비롯하여 교회 전체에 고르게 확산되어야 하는 것으로 이해된다.

이러한 제도적인 시각에서 볼 때에는, 어떤 종류의 갱신운동이든 처음에는 의구심—실질적인 적대감은 아니라 하더라도—을 불러일으키게 마련이다. 그리고 교회갱신을 위한 새로운 구조는, 기존의 제도를 고수하려는 사람들에게는 제도적 교회 그 자체에 대한 도전으로 받아들여지기가 쉽다. 그러므로 갈등이 야기될 가능성이 매우 높아지게 된다. 결국 갱신을 추구하는 집단은 (왈도파, 몬타니즘, 메서디즘처럼) 점차 급진적인 경향을 띠게 되어 제도적인 교회를 스스로 떠나거나 제도적인 교회에 의해 축출되거나, (대륙 경건주의처럼) 제도적인 교회에 더 이상 위협적인 존재가 못될 정도로 활력을 잃게 되거나, (가톨릭 종단이나 개신교와 가톨릭 교회 내부에서 일어난 카리스마 운동처럼) 기존의 구조 안에서 비록 제한적이기는 하나 공식적인 지위를 확보함으로써 제도적인 교회 안에서 수용된다.

이 세 가지 경우 모두가 갱신을 위한 구조 또는 운동을 통해 교회에 대하여 상당한 영향력을 미칠 수 있을 것이다.

은사적 관점

이러한 관점에서 교회는 시대를 불문하고 하나님과의 직접적인 만남의 장(場)이어야 하고 생명과 능력을 부여해 주는 하나님의 은총의 확실한 통로가 되어야 한다. 그리고 그 제도적인 형태가 무엇이든 교회는 반드시 영적인 유기체이자 공동체이며, 교회의 제도적인 형태는 유동적인 것으로 간주되거나 완전히 무시된다.

따라서 은사적 또는 카리스마적인 관점에서는 교회의 역사 또한 달리 보이게 마련이다. 역사와 전통이 현재의 교회 형태를 자동적으로 정당화해 주지는 않는다. 이 관점은 즉각적이고 직접적인 영적인 삶에 초점을 맞추기 때문에, 과거의 사건들이 교회의 영성에 기여했는가 또는 어떻게 기여했는가의 여부에 따라 평가된다.

카리스마적인 관점은, 특히 신약성경에 나타난 초대교회의 모습이나 그 모습을 이상화한 모델에 관심을 기울이며, 역사와 교회의 현재 상태를 그러한 기준으로 평가한다. 이같은 관점은 교회제도가 신약성경의 이상으로부터 일탈된 상태에 대한 설명을 시도하기 때문에, 교회의 타락에 관한 이론을 계발해 냄은 물론 교회가 원래의 순수성을 회복할 것을 역설한다.(복원주의)

생생한 체험과 종교적인 이상주의를 강조하는 까닭에, 카리스마적인 관점은 개인적인 체험 뿐 아니라 교회 전체가 갱신된 공동체로서의 모습을 띠는 일에 관심을 기울인다. 이 관점을 지닌 사람들은 전형적으로, 교회갱신을 방해하는 요인들이 전통적이고 제도적인 교회 안에 내재되어 있다고 생각하기 때문에(실제로 그럴 경우가 많다) 제도적인 관점과 정면으로 대립한다. 그들은 제도적인 교회가 변하든 그렇지 않든, 그들의 카리스마적 이상이 실현될 수 있도록 교회 안에 좀 더 갱신되고 생명력 있는 기독교적인 공동체인 '작은 교회'가 뿌리를 내려야 한다고 믿는다.(경건주의자들의 경건한 모임, 모라비아교도의 공동체와 속회, 메서디즘의 신도회, 신도반, 속회 등).

그러므로 카리스마적인 관점을 지닌 갱신 집단은 그들의 급진성 또는 제도적인 교회의 반발로 인해 완전히 분리된 집단 또는 종파가 되거나, 점차 소멸되어 가거나, 제도적인 교회와 타협하여 기존 '세력'의 권위와 정당성을 인정하는 대신 어느 정도의 자율적인 위치를 확보하게 된다.

이같은 결과는 갱신 집단 자체의 영적인 열기 뿐 아니라, 제도적인 교회의 반응 및 반발 등 여러 가지 다른 요인들에 의해 좌우된다.

중도적 관점

그러면 중도적인 관점은 없는가? 기독교 공동체의 생생한 체험과 '제자도'를 가야 할 필요성 뿐만이 아니라, 교회의 좀 더 제도적인 형태 속에서 그 정당성을 긍정하는 교회 및 교회갱신에 대한 이해 속에서 두 가지 견해를 통합할 수는 없는가?

우선, 제도적인 관점을 지닌 사람들은 교회의 현상유지와 관련하여, 자신들이 자기이익 추구와 제도중심적인 사고에 빠져 있다는 사실을 깨닫지 못할 때가 많다. 그러므로 은사적인 관점에 내포되어 있는 진리를 과소평가하거나 갱신운동의 의미를 잘못 해석하기 쉬우며, 심지어는 그들이 옹호하고 있는 이론을 거슬러 행동하게 될 때도 있다.

하지만 은사적인 관점 역시 문제점을 안고 있기는 마찬가지다. 이 같은 관점에서 갱신을 추진하는 사람들은 역사의식이 결여되어 있는 경우가 많으며(또는 역사를 이상주의적인 틀 안에 억지로 맞추려고 하는 경향이 있다) 하나님의 뜻을 자기들의 입장에서 너무 쉽게 생각하려고 한다. 그들은 대체로 제도적·사회적 현실에 대한 경험이 부족하며, 그들 자신의 운동에 내포된 제도적인 차원은 간과하는 경우가 많다. 또한 즉각적인 체험에 관심을 기울인 나머지, 비성경적이고 비현실적이며 극단적인 소망을 바라고, 주장하며, 행동으로 이끌 기괴한 세대주의와 천년설적 입장을 취할 때도 있다.

한편, 이 두 가지 관점에는 나름대로의 장점도 있다. 교회가 어떠한 쇠락의 길을 가고 있다하더라도 거기에는 여전히 말씀과 성례전 그리고 기독교 교리가 축적된 진리를 가지고 있다. 그 안에서 갱신의 씨앗이 자랄 수 있다는 것 자체가 제도적인 교회 안에 영적인 생명력이 여전히 존재한다는 증거라는 점을 놓치지 않아야 한다. 또한 역사를 진지한 눈으로 바라볼 때, 우리는 제도적인 교회에서 진정한 연속성—따라서 정당성—을 발견하게 된다. 그렇지 않을 경우, 갱신운동은 전례 없는 현상이나 역사와는 무관한 성령의 역사(役事)로만 일어나는 현상으로 보게 될 것이며, 이같은 관점은 사회학적·역사적으로 타당성이 없을 뿐 더러 성경적인 관점도 되지 못할 것이다.

그러나 은사적인 관점이 사회학적·성경적인 바탕이 결여되어 있다는 이유만으로 완전히 배척해서는 안 된다. 모든 제도는 쇠퇴기를 맞게 마련이므로 주기적인 갱신을 필요로 한다. 특히 그 제도가 교회일 경우, 그 갱신은 분명히 하나님의 은총에 대한 새로운 그리고 새로워진 체험으로부터 싹터 올 것이다. 더욱이, 공동체나 카리스마적인 리더십—제도적인 리더십보다는—을 강조하는 은사적인 관점은 제도적인 교회 내부의 실제적인 문제를 지적해 줄 때가 많다.

우리는 많은 경우에 갱신운동들이 내적인 역동성을 지니고 있었으며, 그 역동성이 제도적인 교회 자체의 갱신과 거듭남에 크게 기여했다는 사실을 부인하지 못한다(프란시스코 수도원 운동 같은). 이 역동성은 어떻게 해서든 확연하게 밝혀질 필요가 있다. 만약에 어떤 갱신운동이 실제로 성경을 근거로 하고 신약에 나오는 교회들의 특징을 보여 주며 교회를 통한 새로운 삶을 고취시키고 있다면, 그 힘이 아무리 미약할지라도 사람들의 긍정적인 평가를 얻게 될 것이다. 그리고 순전히 사회학적인 입장에서 평가받게 된다 하더라도, 제도적인 교회에 미친 유익한 영향력은 크게 인정될 것이다.

이상과 같은 추론은 결국 교회의 삶과 갱신에 대한 이론—제도적인 관점과 은사적인 관점에서 얻을 수 있는 통찰력이 결합된—을 향한다. 이는 단순히 두 가지 관점의 중간적인 입장을 취하려는 것이 아니라, 그 관점들이 지니고 있는 진리를 결합함으로써 중도적인 교회갱신 모델을 형성해 보려는 것이다. 그러한 모델에 의하면, 제도적인 교회(비록 쇠퇴기에 있다 하더라도)는 물론이려니와 갱신운동 및 갱신 세력도 타당하고 정당한 것으로 보이게 된다. (월러스의 '재활력화 운동'이라는 관점에서 볼 때, 제도적인 교회는 어떤 운동이 일어난 특수 사회에 해당한다. 그러므로 아무리 쇠퇴일로에 있다 하더라도 이 모체 사회의 존속과 '생명'이 기본적으로 전제된다.)

하지만 모든 갱신운동이 모두 유익한 것은 아니다. 기독교적인 기준에 의하면, 어떤 갱신운동의 정당성은 그것이 성경말씀을 바탕으로 하고 있느냐의 여부에 달려 있다. 한편, 우리의 중도적인 갱신 모델은 갱신 운동이 일어나기를 바라고, 그 운동이 교회의 삶에 진정으로 영적·성경적인 기여를 할 수 있기를 기대한다.

여기서 성경이 제시하고 있는 비유들이 도움이 될 것이다. 교회에 관한 성경의 비유들은 대체로 몸, 나무, 포도나무, 결혼 같은 구체적인 삶으로부터 나온 상징어들이다. 특히 「이사야」 11장 1절에서 볼 수 있는 것과 같은, 거의 죽다시피 한 고목에서 새싹이 돋아난다는 은유는 매우 흥미롭다. 교회갱신 운동들은 거의 예외 없이 이같은 은유에 커다란 매력을 느낀다. 갱신운동들은 새로운 성장을 이루어 내는 '새 생명'을 표방할 때가 많다. 하지만 그 은유는 반드시 옛 그루터기에 생명력이 남아있음을 암시하고 있는데, 남아있던 생명력과 새로운 생명력은 모두 같은 뿌리에서 난 것이다. 이것이 중도적인 갱신 모델의 핵심이다.

그루터기와 새싹 은유는 제도적 교회와 갱신운동 사이의 상호의존 또는 공생관계를 나타내고 있다. 그 이유가 무엇이든, 고목(枯木)은 예전의 활력을 잃고 죽은 것처럼 보이지만 여전히 생명을 지니고 있기 때문에 희망이 완전히 사라져 버린 것이 아니다. 또한 새싹은 자력으로 돋아나지 못하고 옛 그루터기에 근거해서만 새로운 싹을 틔울 수 있다.[6]

중도적 모델의 특징

그와 같은 중도적인 갱신 모델에는 제도적인 관점과 은사적인 관점의 요소들이 모두 포함되어 있다. 이 모델은 분명한 갱신운동을 통한 주기적인 갱신 뿐 아니라 제도적인 교회의 존재 및 가치를 기본 전제로 한다. 여기서 문제는, 어떻게 고유의 정당성을 손상시키거나 분열시키지 않으면서 전체 교회에 새로운 생명을 불어 넣을 수 있는 갱신 구조를 창출해 낼 수 있느냐 하는 것이다. 그 구조는 규범적인 구주, 즉 외적인 영향력이 정도를 벗어나지 않으면서 교회 안에 일어난 성령의 역사로 보일 수 있는 구조여야 한다.(그렇다고 해서 제도적인 교회의 쇠퇴를 당연시해야 된다는 뜻이 아니라 일단 벌어진 쇠퇴의 상황에서 특정 유형의 갱신을 기대해야 한다는 뜻이다.)

다음에 제시된 모델은 이같은 필요조건을 충족시키고 있다. 여기에 제시되어 있는 요인들은 모두 경건주의, 모라비안주의, 메서디즘(최소한 초기 단계에서)에서 발견된 것으로, 다른 갱신운동들에서도 일반적으로 찾아볼 수 있는 요인들이다.

첫째, 갱신운동은 복음을 '재발견'한다. 처음에는 한 사람 또는 몇 사람들이 체험으로나 이성을 통해 기독교 신앙에 새로운 원동력이 되리라고 생각되는 것을 발견한다. 이 체험은 신앙의 본질과 핵심적인 내용에 대한 그들의 인식을 바꾸어 놓고, 결국에는 복음과 교회에 관한 새로운 모델을 구사하게 만든다('발상의 전환'). 초기의 갱신 셀 조직은 오로지 직접적인 체험이나 신앙에 대한 인식의 변화를 겪은 사람들로만 구성된다. 하지만 그들은 영향력은 점차, 개념적인 '각성' 단계에는 이르렀으나 아직 새로운 '영적인' 체험은 하지 못한 사람들에게로 확산되어 나간다.

프랑케와 웨슬리는 스페너와 진젠도르프에 비하여 매우 강렬한 신앙의 위기를 체험하였다. 신앙에 대한 스페너와 진젠도르프의 인식의 변화는 점진적으로 이루어졌으며 개인적인 영적 위기와는 별로 관계가 없는 듯하다. 그럼에도 불구하고 이 두 사람은 프랑케나 웨슬리와 방불하게 정통이라고 범위 안에 있지만 당시의 지배적인 개념과는 뚜렷이 구별되는—최소한 강조점 면에서나 사용된 기본 모델과 발상법 면에서—신앙 개념을 보여 주었다.

경건주의, 모라비안주의, 메서디즘에 대한 연구와 전체적인 역사 속에서 이들 운동을 다른 운동들과 비교 분석한 결과를 토대로, 바로 이같은 특징이 갱신운동에서 독특한 요인으로서 우리의 중도적인 모델에서 핵심적인 위치를 차지한다는 것이 나의 결론이다.

둘째, 갱신운동은 하나의 '작은 교회'로서 존재한다. 다시 말해서, 갱신운동은 기존의 교회 안에 나타나는 더 작고 긴밀한 교회의 형태다. 그것은 스스로를 하나의 독자적인 교회로 보는 것이 아니라, 전체 교회가 생명력 있게 움직여 나가면서 완전해지기 위해 반드시 필요한 교회의 한 형태로 본다. 그것은 또한 제도화된 교회의 결함 때문이 아니라, 기독교적 신앙은 오로지 '하부 교회' 또는 '작은 교회' 형태로만 온전하게 체험될 수 있다는 신념 때문에 스스로를 반드시 필요한 존재로 생각한다.

셋째, 갱신운동은 일정한 형태의 소규모 '모임' 구조를 이용한다. 갱신운동은 단순히 막연하거나 일반적인 의미의 '작은 교회'가 아니다. 그것은 지역교회 안에서 일정한 형태의 소규모 셀 조직 형태를 취한다. 그것은 전체 그리스도 교회 내부에 존재하는 '작은 교회'일뿐더러, 보다 제한된 의미에서 지역교회 안에 특정 소규모 공동체의 형태로 존재하는 운동이다. 이들 소규모 조직의 규모와 구조는 다양하지만, 보통 일주일에 한 번씩 규칙적으로 모임을 갖는 10명 전후의 사람들로 구성된다.

넷째, 갱신운동은 제도적인 교회와 어느 정도는 구조적인 연계관계를 유지한다. 특히 어떤 갱신 조직이 분열을 일으키지 않으면서 갱신의 영향력을 발휘하려고 할 때에는 이같은 상태가 필수적인 요건이 된다. 여기에는 기존 교회의 종단으로 인정을 받는 것, 갱신운동의 지도자들에 대한 안수(예를 들어, 진젠도르프에 대한 루터교의 안수 같은) 등이 포함된다. 갱신운동은 또한 모라비아 교회에 대한 성공회의 승인, 가톨릭 은사갱신운동과 로마 가톨릭 교회 사이의 연계관계 등의 모델을 따를 수도 있다.

메서디즘과 왈도파교인들의 경우에 특히 부족했던 것이 바로 이 구조적인 연계관계였다. 모라비아교도의 경우, 진젠도르프는 그러한 연계관계를 비록 제한적이기는 하지만 성공을 거두었고, 아씨시의 프란시스(Francis of Assisi)는 그의 종단에 대한 서면 승인을 받아 냄으로써 완전한 성공을 거두었다.[7]

다섯째, 갱신 구조는 스스로를 완전한 교회로 보지 않고 전체 교회에 필요한 한 부분으로 보기 때문에 전체 교회의 생명력과 일치 그리고 완전성에 기여한다. 갱신 조직은 무엇보다도 그것의 가장 직접적인 배경(교파 또는 신학적·교회적 전통)에 관심을 기울이며, 보편적인 교회에 대한 비전을 갖고 그 통일성 및 협동적인 증거 사역에 관심을 갖는다.

여섯째, 갱신 조직은 선교지향적이다. 갱신 조직은 교회의 갱신과 세상에 대한 증거라는 자신들의 목적과 사명을 매우 예민하게 인식한다. 그 조직은 실제적인 윤리성을 강조하면서 신앙과 사랑을 결합하고, 신앙을 일상적인 삶에 연결시키려고 한다. 앞에서 살펴본 여러 운동들의 경우, 선교에 대한 생각과 정의는 각기 달랐지만, 그들 모두가 매우 강한 선교 의식을 나타내고 있었다.

어떤 갱신운동은 자신들의 임무를 단순히 갱신 그 자체를 계몽, 확대하는 것으로 보는 반면, 어떤 갱신운동은 자신들의 임무를 복음전도나 교회의 일치, 사회개혁으로 본다. 후자의 갱신운동이 전자의 단순한 영적인 갱신의 확대보다 자신들의 임무를 좀 더 폭넓은 각도에서 인식하고 있다고 볼 수 있다.

일곱째, 갱신운동은 특히, 일정한 언약에 바탕을 둔 독특한 공동체를 지향한다. 갱신운동은 자신들이 하나의 완전한 교회가 아님을 알고 있을뿐더러, 자신들이 지니고 있는 결함을 예민하게 의식하고 있으면서도 자기들이야말로 진정한 교회의 전형적인 형태라는 자부심을 갖고 있다. 이들은 교회의 기능 모두를 수행하려고 하지는 않지만 자발적으로 서로에게 헌신하는 사람들로 이루어진 제한된 공동체다. 그들은 주지된 언약을 기초로, 그 구성원들 사이에서 치리(심지어 제명에 관한 것까지)를 행한다. 하나의 공동체로서 갱신운동은 일대일 관계, 상호 의존 관계를 권장한다. 그들은 특히 친교, 상호 격려, 권면에 관한 성경구절들을 즐겨 인용하며 자신들의 구조를 그 같은 일에 가장 적합한 구조로 본다.

여덟째, 갱신운동은 새로운 형태의 사역과 리더십이 창출, 훈련, 행사될 수 있는 장(場)이 된다. 갱신운동은 공동체 체험을 통해, 성령의 은사와 '만인제사장직' 교리를 실제적인 차원에서 강조한다. 이러한 의식은 운동 내 지도력의 자연적인 필요성과 새로운 형태의 사역을 가능케 하거나 기회를 주려는 증거와 봉사에 대한 의욕과 결합된다. 갱신운동은 기존 교회의 제한된 통로(일반적으로 남성에게만 기회가 주어지는 안수 및 교육)를 통해서가 아니라, 실질적인 체험과 공동의 삶을 통해 새로운 지도자를 배출한다. 여러 갱신운동 가운데서도 특히 메서디즘의 경우가 여기에 해당한다.

갱신 집단은 봉사와 리더십의 기회 뿐 아니라 새로운 지도자들을 훈련시킬 수 있는 자연적·실제적인 환경을 제공한다. 그러므로 기존 교회의 제재를 받지 않을 경우, 갱신운동 계열로부터 엄청나게 많은 수의 교회 지도자들이 배출되기도 한다.

아홉째, 갱신운동에 참여하는 사람들은 사회, 특히 빈곤층 사람들과 일상적인 접촉을 유지한다. 본서의 6장에서 설명한 것처럼, 교회갱신운동들은 경건주의, 모라비안주의, 메서디즘의 경우를 통해 알 수 있듯이 이 점에서 많은 차이를 보이고 있다. 몇몇 갱신운동들은 분명히 가난한 사람들 가운데서 일어났거나 그들에게 직접적으로 호소력을 지니고 있었으나, 그렇지 않은 운동들도 많았다. 예를 들어, 초기의 프란시스코 수도회의 부흥운동은(초기 메서디즘과 마찬가지로) 가난한 하층 계급의 운동이었으나, 대륙의 경건주의 같은 은사주의 운동은 중류층 또는 상류층 운동에 가까웠다. 나는 여기서, 가난한 사람들에게 호소력을 지닌 그리고 그들 가운데 확산되어 나가는 갱신운동은 그렇지 않은 운동에 비하여 훨씬 더 급진적인 성격을 띨 뿐 아니라 더 많은 사회적 변동을 일으킬 수 있다고 결론짓고자 한다.[8]

열 번째, 마지막으로 갱신 조직은 권위의 근거로 성령과 말씀을 강조한다. 이런 의미에서 갱신운동은 기독론적일 뿐 아니라 성령론적이기도 하다. 그들은 성령이 베풀어 주시는 생명과 성경의 규범을 강조하며, 제도적 교회의 전통주의와 어느 정도의 긴장 관계 속에서 그것들을 균형있게 유지해 나간다. 만약 그들이 이 점에 있어서 우로나 좌로 치우치게 된다면, 율법주의적인 종파로 변모하거나 극단적이거나 이단적인 신앙에 빠지기 쉬운 급진적인 종파가 될 것이다.

갱신운동은 궁극적인 권위의 근거로 성령과 말씀을 강조하고, 비록 제한적이기는 해도 제도적 교회의 권위와 전통도 아울러 인정한다.

요약해서, 바로 이것이 제도적 교회와 갱신운동 및 구조 양자의 규범적 역할을 모두 인정하는 갱신 모델이다. 지금까지 제도적인 교회 안에서 일어난 어떠한 갱신운동도 실제로 이 모델에 완전히 일치하지는 못했다. 하지만 이 모델은 오늘날 일어나고 있는 운동들을 비롯하여 다양한 갱신운동들을 비교, 평가함에 있어서 많은 도움이 될 수 있으리라 확신한다.

끝으로, 이 모델에는 제도적인 교회 안에서 진행되는 갱신운동 뿐 아니라 독립적인 종파로 떨어져 나간 갱신운동 집단(예를 들어, '신자들의 교회')도 포함될 수 있다는 점을 지적코자 한다. 그러한 집단의 예로는 또한 중세의 많은 '이단적인' 종파들 그리고 단순히 로마 교황청으로부터 분리되어 나갔다는 이유만으로 '이단'으로 낙인찍혔던 수많은 종파들을 들 수 있다. 우선 이 모델은 그러한 집단들이 실제로 독립해 나가는 까닭을 이해하는 데 도움이 된다. 우리가 '교회'를 다양한 모임 가운데 예수 그리스도를 구주로 고백하는 모든 하나님의 백성들로 이해한다면, 그와 같은 독자적인 교회 또는 종파가 비록 방대한 교회론적 구조로부터 독립되어 있다 할지라도 그리스도의 교회 안에 포함된 하나의 '작은 교회'로 이해될 수 있을 것이다.

물론 이 모든 것들이 고도로 관념적이고도 이론적이다. 그렇다면 그것들은 과연 어떠한 실제적인 가치를 지니고 있는가?

기독교 지도자들―종파 지도자나 교회갱신 지도자나―은 이상의 내용을 통해서 자신의 위치와 역할을 좀 더 폭넓은 시야로 바라볼 수 있게 될 것이며, 이는 성령이 역사할 수 있는 여지를 넓혀 줄 것이다. 이제 우리는 이를 토대로 하여 교회갱신에 관한 몇 가지 실제적인 문제에 접근해 보자.

제8장

다(多) 차원적인
　　교회갱신운동

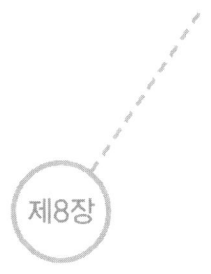

제8장

교회의 갱신은 어떻게 일어나는가? 우리는 앞에서, 역사에 나타난 갱신운동의 사례들을 검토하고 몇 가지 원동력에 관해 살펴보았다. 그럼에도 불구하고 갱신은 여전히 교회 그 자체와 마찬가지로 베일 속에 깊숙이 가려져 있는 느낌이다.

그러나 우리는 성경과 교회사 연구를 통해, 하나님이 그분의 영으로 어떻게 교회를 갱신하시는지에 관하여 많은 것을 알 수 있다. 우리는 또한 갱신에는 여러 차원이 있다는 사실을 알게 됨으로써 이 주제를 좀 더 분명하게 이해할 수 있게 된다. 본 장에서는 갱신의 다섯 가지 차원을 검토해 보고자 한다.

개인적인 차원

일반적으로, 갱신은 개인의 영적인 부흥을 의미한다. 우리는 그리스도인으로서의 삶을 살아가는 과정에서, 어느 시점엔가 개인적인 갱신을 체험하게 된다. 이럴 때, 우리의 영적인 삶에 깊이가 더해지고 하나님은 더욱 가까이에 실재하는 분으로 인식하게 된다. 개인적인 갱신은 극적이고 결정적인 체험일 수도 있고 단순히 큰 기쁨과 평화를 느끼게 해 주는 것일 수도 있다.

몇 년 전 내 친구는 자신이 하나님과 새롭게 화해했으며 하나님의 임재를 더욱 가까이 그리고 풍성하게 느끼게 되었다고 했다. 그 친구는 그것을 '희생'이라고 불렀는데, 그것이 그 친구의 표현 방법으로는 최선의 것이었던 것 같다. 이는 그 친구가 오랜 동안 그리스도인으로 지내면서 처음으로 경험하게 된 깊은, 갱신의 체험이었다.

하나님은 우선 거듭남을 통해서 그리고 성령의 역사를 통해서 모든 자녀들이 그분과의 친교에서 오는 무한한 기쁨을 맛보게 되기를 원하신다. 바로 이것이 기독교 신앙의 핵심이다.

그러나 개개의 신자들을 갱신시키는 것은 하나님의 갱신의 역사 가운데 일부에 불과하다. 하나님은 그리스도의 몸—교회—전체가 갱신되는 모습을 보고 싶어 하신다.

교회적인 차원

우리는 성령의 보다 폭넓은 갱신의 역사를 몸 전체의 갱신이라 부를 수 있다. 하나님은 신자들의 공동체 전체가 갱신될 때까지, 당신의 교회에 속한 모든 사람들을 갱신시키신다.

우리 가운데 많은 사람들이 자신의 삶 속에서 그렇게 새로워지는 시기를 체험한다. 하나님의 영은 교회 전체에 은혜로 역사하시므로 누구든지 갱신의 체험을 할 수 있다. 성령의 갱신의 역사는 돌연히 교회를 휩쓰는 극적인 부흥의 사건일 수도 있고, 서서히 교회의 삶을 변화시킴으로써 모든 신자들에게 영향을 미치는 것일 수도 있다.

나는 십대에 성령의 역사를 체험하였다. 150여 명 정도 참석한 어느 주일예배 시간에 누군가가 특송으로 "하나님의 크신 사랑"이라는 찬송가를 불렀다. 그 찬송이 끝날 무렵, 많은 사람이 흐느껴 울었고 하나님의 임재가 매우 가깝게 느껴졌다.

목사님이 설교를 하러 일어서자, 회중 가운데서 한 여인이 일어나 자기에게 말을 할 기회를 달라고 했다. 그리고 그녀는 하나님이 어떻게 지난 주일부터 수요일 정오까지 교회를 위해 금식기도를 하도록 자기를 인도하셨는지 이야기했다. 그녀가 자리에 앉자, 이번에는 어느 남자가 일어나 자기에게도 말할 기회를 달라고 했다. 그는 어떻게 하나님이 자신에게 수요일 정오부터 주일까지 금식기도를 하게 만들었는지를 이야기했고, 이후로도 몇 사람이 더 일어나 이와 비슷한 체험을 이야기했고, 사람들을 상대상 앞으로 몰려나와 기도하기 시작했다.

예배를 마치기는 했지만, 대부분의 사람들이 강대상 앞에서 기도하기 위해 그리고 서로의 체험을 간증하기 위해서 자리를 뜰 줄 몰랐다. 그 당시 나는 열세 살이었는데, 그 날 우리 모두가 함께 체험했던 하나님의 임재에 대한 강렬한 느낌과 기쁨과 평화가 흥분과 경외감으로 뒤섞여 기이한 느낌을 주었는지 지금도 생생하게 기억한다.

열여섯 살 나던 해에 겪은 또 다른 체험도 기억한다. 1956년 1월 17일 목요일 아침, 나는 3백여 명의 고등학생, 대학생들과 함께 미시건 주 스프링 아버에 있는 하트채플에서 예배를 드렸다. 그런데 무려 4시간이나 늦게 예배가 끝났을 때, 우리는 커다란 부흥의 역사가 일어났음을 알 수 있었다. 그 날 일기에 나는 다음과 같이 썼다. "예배시간에 갑자기 하나님이 우리를 찾아오셨다. 예배는 오후 2시가 되어도 끝날 줄을 몰랐고, 스프링 아버의 학생들 거의 모두가 구원을 받았다." 그 다음 날 일기에 나는 이렇게 썼다. "학생 예배시간에 간증이 진행되는 동안 하나님이 다시 우리를 찾아오셨다. 한 학생은 전날 밤 하나님으로부터 받은 하나님 나라에 관한 비전을 발표했다." 이를 계기로 일기 시작한 부흥의 바람은 그 지역 일대를 휩쓸기 시작했다. 캠퍼스를 찾아오는 사람들마다 하나님의 영을 느낄 수 있다고 했다.

집단적인 갱신이 언제나 이렇게 극적인 형태로 일어나는 것은 아니며 또 그럴 필요도 없다. 중요한 것은 우리가 어떻게 느끼느냐가 아니라, 우리들 가운데 일어나는 성령의 역사 그 자체다. 갱신의 역사가 그리스도의 몸 전체에 일어날 경우에는 그저 몇 사람의 개인적인 체험에 불과할 때보다 훨씬 더 깊고도 넓은 차원의 갱신을 경험하게 된다.

교회 전체의 갱신은 각 신자의 갱신의 총합 그 이상의 것이 있다. 서로 뭉쳐서 불붙기 시작한 갱신의 불길은 걷잡을 수 없을 만큼 격렬하게 번져 나가게 된다.

관념적인 차원

하나님이 우리에게 교회가 무엇을 할 수 있고 또 무엇을 해야 하는지에 관한 새로운 비전을 제시하실 때, 갱신은 관념적인 차원에서도 이루어질 수 있다.

관념적 갱신은 교회의 삶과 사명에 대한 새로운 비전으로, 주로 교회에 대한 우리의 사고·생각·관념의 영역에서 이루어진다. 우리는 교회가 어떠해야 한다고 느끼는 관념 체계, '모델' 또는 '발상'을 가지고 있다. 우리의 모델은 우리의 체험과 성경연구가 결합되어 형성된다. 관념적 갱신은 그 같은 모델이 도전을 받을 때, 즉 교회란 진정 무엇인가를 다시 한번 생각해 보지 않을 수 없게 될 때 온다. 앞에서 우리는 여러 갱신운동의 초기 단계에서 그러한 실례들을 찾아 볼 수 있었다.

나는 이러한 종류의 갱신을 신학교에서 그리고 디트로이트에서 목회 활동을 하는 동안 체험했다. 하지만 그러한 갱신의 과정이 특별한 의미를 띠게 된 것은 내가 가족들과 함께 브라질에서 선교사로 가 있을 때였다. 25년 이상을 교회에서 공부하고, 생각하고, 기도하고, 묵상했던 나는 새로운 깨달음을 얻게 되었다. 나는 신약 안에 그토록 힘있게 그려져 있는 유기체적인 공동체, 즉 새로운 모델을 발견하였다. 나에게 있어서 이것은 관념적 갱신, 다시 **말**해서 교회에 대한 좀 더 성경적인 이해로의 '발상의 전환'이었다.

하나님은 우리의 가슴뿐 아니라 우리의 머릿속에서도 역사하고 계신다. 강력한 부흥의 역사와 마찬가지로, 관념적 갱신 역시 성령의 역사다. 하나님은 우리가 이해의 눈을 떠서, 그분이 교회 안에서 그리고 교회를 통해서 얼마나 폭넓은 역사를 이루고 계신지를 깨닫게 되기를 원하신다(엡 1:17-18).

많은 사람들이 개인적인 갱신을 체험하지 않은 채 관념적 갱신을 체험하고 있다. 그런 사람들은 교회가 어떠해야 한다는 것에 대한 새로운 비전은 갖고 있지만 그것을 직접 체험해 보지는 못했다. 이는 자칫

하면 좌절감을 불러일으킨다. 하지만 중요한 것은 비전에 집착하는 것이 아니라 성령의 역사가 다양한 차원에서 일어날 수 있는 신자들의 공동체에 참여하는 것이다. 오직 그와 같은 환경 속에서라야 그 비전이 더욱 뚜렷하게 부각될 뿐 아니라, 새로운 사역의 장(場)이 활짝 열릴 수 있게 된다.

교회는 개인적·집단적 갱신을 필요로 하는 만큼 관념적·신학적 갱신도 필요로 한다. 예수께서는 바리새인들이 그들의 전통으로 하나님의 말씀을 대체한다고 경고하셨다. 그분은 또한 새 포도주는 새 부대에 담아야 한다고 말씀하셨다. 이는 오늘날에도 여전히 타당한 원리다. 우리는 최우선적으로 하나님의 말씀인 성경을 근거로 삼고, 다음에는 실제적인 이성과 체험을 그리고 마지막으로 전통을 바탕으로 교회를 이해해야 한다. 교회의 갱신과 부흥 그리고 하나님 나라에 대한 헌신적인 증거를 촉진하는 것들은 그대로 남아 있어야 하지만, 그렇지 않은 것들은 없어져야 한다.

갱신의 관념적 차원은 성령의 역사에 결정적인 역할을 할 때가 많음에도 불구하고 흔히 무시되어 왔다. 우리는 습관의 노예가 되지 말아야 하는 것처럼 관념의 노예가 되어서는 안 된다. 사실, 관념은 하나의 습관, 사물을 보고 이해하는 습관적인 방식이다. 냉담한 마음 뿐 아니라 그릇된 고정관념에 의해서도 성령의 역사는 방해를 받는다.

그러나 교회의 역사는 관념적 갱신이 부흥운동에서 중심적인 위치를 차지할 때가 많았음을 보여 준다. 성령을 통해 사람들은 복음이 무엇이며 교회가 어떠해야 하는가에 대한 깊은 이해에 도달하게 된다. '이신칭의' 교리를 루터가 재발견한 것은, 당시로서는 새로운 체험이자 새로운 발상이었다. "기독교는 사회적 종교"라고 하면서 셀 조직을 형성하기 시작했을 때, 웨슬리는 사실상 공동체로서 교회의 새로운 개념을 가르치고 있었던 것이다. 하지만 루터건 웨슬리건 단지 성경이 가르치고 있는 바를 재발견한 데 불과했다. 그것은 하나님의 갱신의 역사의 일부였다.

모든 시대는 그 시대가 처한 상황과 갱신에 관한 하나님의 뜻에 비추어 교회에 대한 성경적 이해를 재해석 할 필요가 있다. 나는 하나님이 오늘도 우리에게 역사하시며 교회에 대한 낡은 고정관념을 버리고 헌신적이고도 긴밀한 언약의 공동체에 관한 새롭게 힘있는 비전을 갖도록 우리를 인도해 주고 계심을 믿는다.

구조적인 차원

갱신의 네 번째 차원은 갱신의 형태 및 구조와 관련된다. 이는 우리가 그리스도인으로서 더불어 살아가는 방식에 관련된 것이자, 새 포도주에 가장 적합한 새 부대를 찾는 문제이기도 하다.

갱신운동은 효과적인 조직의 결핍으로 인해 성숙하지 못한 채 소멸해 버릴 때가 많다. 그 형태와 구조에 금이 가 있을 경우, 새 포도주는 그 틈새를 통해 모두 흘러나가 버리고, 갱신은 새로운 삶의 양식이 아니라 즐거웠던 한 때의 추억이 되고 말 것이다.

구조적 갱신은 간단히 말해서, 그리스도 안에서의 새로운 삶을 위한, 우리 시대에 가장 적합한 조직 형태를 발견하는 일이다. 교회의 역사는 갱신운동을 시간적·공간적으로 폭넓게 확대시키는 데 핵심적인 역할을 했던 구조적 갱신의 실례들로 가득 차 있다. 초기의 그리스도인들은 교회모임을 가정에서 갖는다는 것이 얼마나 효과적인가를 잘 알고 있었는데, 그 이후 역사를 통해 이 가정교회의 재발견이 갱신운동의 일부가 된 적이 많았다. 웨슬리는 신도회, 신도반, 속회를 조직했으며, 갱신의 포도주를 담을 가죽부대로서 '평신도' 설교자들을 사용하였다. 그밖에도 성장과 선교를 위한 소그룹의 재발견, 일대일의 관계에서 행하여지는 제자훈련, 비전통적인 형태의 교회생활과 증거 등을 대표적인 예로 들 수 있다.

하지만 일반적으로, 전통이나 구조는 곧 원래의 유용성을 상실하고 도움보다는 방해가 되게 마련이다. 예를 들어, 교회에 주일학교와 수요 예배 그리고 오직 한두 사람의 지도자만이 있어야 한다고 가르치는 성경구절은 어디에서도 찾아볼 수 없다. 또 대부분의 활동이 가정보다는 교회 건물 안에서 이루어져야 한다는 어떠한 성경적 근거도 없다. 그밖에도 많은 예를 들 수 있겠지만 요점은, 우리를 신실하고도 활기차게 해 주는 전통적인 구조, 관행, 조직은 유지되고 개선되어야 하지만, 우리를 성령의 새로운 불길로부터 차단하는 것들은 변형되거나 폐지되어야 한다는 것이다.

우리는 형식을 교체함으로써 갱신을 초래할 수는 없다. 오히려 갱신을 삶 자체에서 시작함으로써 형식을 타파할 수 있다. 모든 것이 교회 건물 안에서 이루어지고 혁신의 자유가 거의 없는, 전통에 구속되어 있는 집단에서 갱신이 일어나기 어려우며 일어나더라도 곧 소멸해 버리고 만다. 하지만 신자들이 가정에서 그들의 믿음을 함께 나누기 시작할 때, 전통적인 형식들이 주기적으로 재평가될 때 그리고 초대교회의 구조적 생명력이 재발견될 때에는 갱신이 일어날 가능성이 매우 높아지게 된다.

선교적 차원

교회갱신의 다섯 번째 차원은 선교적 갱신, 즉 교회의 소명과 열정에 관한 갱신이다. 갱신을 필요로 하는 교회는 내부에 초점이 모이지만, 갱신이 이룩된 교회는 세상에서 복음전도와 봉사, 외부로 눈을 돌리고 하나님의 나라를 위해서 예수께서 하신 일 쪽으로 나아가게 마련이다.

어떤 경우에는 실질적인 갱신이 바로 이 시점, 새로운 선교의식을 갖게 되는 것으로부터 시작되기도 한다. 누군가에 의해 교회와 이웃과 세상에서의 새로운 사역에 관한 비전이 포착된다. 그리고는 "여기에 우리가 해야 할 일이 있다."고 말한다. 곤궁한 처지에 있는 사람들을 찾는 과정에서, 교회는 자기 자신의 모습과 성령의 갱신의 역사를 발견하게 된다.

예수께서는 우리에게, 하나님의 나라와 하나님이 의를 구하고(마 6:33), 이 땅위에 아버지의 나라가 임하게 되기를 기도하라고(마 6:10) 가르치셨다. 에밀 브루너(Emil Brunner)는 불이 불에 탐으로써 존재하는 것처럼 교회는 선교에 의해 존재한다고 말했다. 진정한 갱신에는 반드시 선교적 갱신이 포함된다. 창조적이고 갱신된 선교 의식은 개인적·집단적 갱신과 마찬가지로 진정한 갱신의 필수적인 부분을 차지한다. 교회는 '지금 여기서' 하나님 나라를 위한 선교의 사명을 발견하기 전까지는, 결코 진정한 갱신을 이루었다고 말할 수 없을 것이다.

갱신의 과정

지금까지 우리는 개인적인 측면, 교회적인 측면, 관념적인 측면, 구조적인 측면, 선교적인 측면 등 갱신의 여러 측면을 살펴보았다. 이제는 하나님의 영이 교회를 갱신하실 때 이같은 차원들이 서로 어떻게 연관되는지를 살펴보도록 하겠다.

첫째, 갱신은 이 다섯 가지 차원 가운데 무엇인가로부터 시작되게 마련이다. 우리는 대체로 갱신을 개인적 또는 집단적인 차원에서만 생각하지만, 교회의 역사는 그밖에 다른 차원에서부터 갱신이 시작될 경우도 많음을 보여 준다. 우리는 갱신이 어디서 어떻게 오건, 성령의 갱신의 역사를 주시하고 또 반갑게 맞아들여야 할 것이다.

둘째, 진정한 갱신이 되려면 개인적·집단적 차원의 갱신이 이루어져야 한다. 그리스도인 각자의 생각이 바뀌고 마음속에 사랑이 싹트지 않는 한, 교회에 대한 신선한 비전이나 새로운 구조 혹은 갱신된 사명감이 있다 하더라도 진정한 갱신은 이루어지지 못할 것이다. 이와 마찬가지로, 교회가 갱신된 공동체가 되지 않는 한, 결코 신실한 마음 하나로 교회를 새롭게 할 수는 없을 것이다. 바울의 말처럼, 믿음 안에서 하나가 되고 사랑 안에서 자라나야 할 것은 바로 그리스도의 몸 전체인 것이다.(엡 4: 12-16). 이렇게 개인적·집단적 차원에서 갱신이 일어나야만, 비로소 성경적인 의미의 갱신이 가능하게 된다.

셋째, 갱신이 오랫동안 지속되려면 관념적·구조적 차원의 갱신이 일어나야만 한다. 갱신운동은 바로 이 점에서 실패할 경우가 너무나 많다. 비록 성령께서 회중들에게 역사하시어 거의 모든 사람에게 변화를 일으키셨다 할지라도, 그들이 자신들에게 무슨 일이 일어났는지 알지 못하고 새로운 생명을 길러 나가기 위한 적절한 구조도 갖추지 못하고 있을 때, 갱신은 필연적으로 좌절되고 말 것이다. 영적인 아기들은 영양부족으로 고통을 받게 되고, 새로운 생명은 제도적인 압력에 의해 질식당하게 된다.

웨슬리의 부흥처럼 치밀한 조직 구조를 형성했던 갱신운동들은 이러한 관념적·구조적 차원에까지 이르렀다. 그들은 자신들이 발견한 성경적인 비전을 토대로 성령의 새 생명을 유지하는 데 필요한 적절한 조직 구조를 발견하였다. 교회의 역사에는 무수한 부흥운동이 일어났지만, 관념적·구조적 차원에까지 도달한 운동은 소수에 불과했다.

넷째, 갱신이 성경적인 역동성을 띠려면 선교적인 차원에까지 도달해야 한다. 교회는 이 세상에서의 자신의 임무를 발견해야만, 비로소 진정한 갱신을 이룰 수 있다. 하나님의 궁극적인 목표는 교회를 갱신하는 것이 아니라 세상을 화해시키는 것이다. 우리는 하나님의 전체적인 경륜 속에서 우리 자신의 역할을 찾아야 한다.

이상과 같은 다섯 가지 차원이 교회의 갱신을 위해 함께 결합될 때, 교회는 이 땅 위에서 하나님의 화해의 대리인이 될 수 있다. 갱신은 연못 속의 동심원 물결처럼 기독교 공동체를 벗어나 전체적인 인간 공동체로 퍼져 나간다. 사실, 성경적인 그리스도인들이라면 개인적 갱신이 교회 전체의 갱신이 되고, 그것이 사회적 갱신에 이르기까지는 결코 만족하지 못할 것이다. 바로 여기에 '우주적 평화'라는 비전이 있는 것이다. 비록 이상적인 생각처럼 보일지도 모르나, 그러한 비전이야말로 성경적이고 실제적이라 할 수 있다. 예수께서는 씨처럼 싹이 터서 누룩처럼 퍼지는 하나님의 나라에 관하여 말씀하시지 않았던가(마 13:31-33).

우리의 몫

갱신이 이토록 다양한 형태로 오는 것이라면, 과연 우리는 무엇을 해야 하는가? 나는 다음 장에서 지역교회를 위한 갱신 전략을 제시하려고 한다. 하지만 우선, 우리는 다음과 같은 사항에 유념할 필요가 있다.

무엇보다 먼저, 우리는 모든 그리스도인에게 각자 나름대로 갱신을 위해 담당해야 할 역할이 있음을 깨달아야 한다. 우리는 성령과 말씀에 우리의 생각뿐만이 아니라 우리의 마음과 행동까지도 활짝 열어 놓아야만 한다. 그 같은 자세는 교회에 대한 올바른 인식과 백성들을 위한 하나님의 계획을 정확히 이해나는 것으로부터 출발한다. 사람들이 함께 모여 서로 배우고 기도하고 삶을 함께 나눌 수 있는 소규모 모임은 성경공부에 특히 도움이 될 것이다. 이런 종류의 공부에 특히 도움이 되는 말씀은 「사복음서」, 「에베소서」, 「사도행전」, 「고린도전서」, 「히브리서」, 「이사야서」 등이다. 좀 더 폭넓게는 인간을 창조하시고 예수 그리스도를 이 땅 위에 보내 주시고 교회를 탄생시키신 하나님의 구원의 경륜 전체를 공부하는 것이 도움이 될 것이다.

어떠한 방법으로든, 모든 그리스도인은 자기의 성장과 발전을 도모할 수 있는 헌신적인 소규모 모임에 참여하여 다른 사람들과 함께 성령의 역사에 새롭게 마음의 문을 활짝 열어 놓을 수 있는 법을 배워야 한다. 유능한 목회자라면 그러한 모임들을 구성하고 양육시켜 나가는 일을 우선적으로 생각하게 될 것이다.

이상과 같은 접근 방법은 기도, 예배, 개인적인 성경공부 등 기존의 영적인 훈련과 아울러 우리의 삶과 교회에 갱신―다섯 가지 차원 모두의 갱신―을 일으키는 데 크게 기여할 수 있을 것이다.

제9장

교회갱신을 위한 전략

제9장

프레드 목사는 그가 담임하고 있는 교회를 성장시킬 수 있는 방법을 배우기 위해 교회 리더십을 주제로 한 어느 세미나에 참석하였다. 그 세미나는 성공적인 교회로 자리 잡은 교회가 주관한 것으로, 거기에는 교회생활을 다양한 측면을 다룬 세미나들이 포함되어 있었다. 프레드 목사는 복음전도, 제자훈련, 홍보, 교회 재정, 장기 계획 수립 등에 관한 것들을 하나도 빠짐없이 열심히 배웠다.

이 세미나는 주최 교회의 수석 목사가 자기 교회의 성장과 갱신에 관한 흥미 있는 이야기를 한 저녁시간에 그 절정이 달했다. 그 시간은 프레드 목사에게 깊은 인상을 남겼고, 그는 약간 침체 상태에 있는 자기 교회에 대하여 새로운 희망과 비전을 가지고 그 회의에서 돌아올 수 있었다.

하지만 집으로 돌아오는 프레드 목사의 머릿속에는 몇 가지 생각이 오가기 시작했다. 두 잔째 커피를 마시면서 그는 자기가 들었던 이야기들, 특히 그 교회의 수석 목사가 했던 이야기를 곰곰이 되짚어 보았다. 그 세미나에서는 매우 중요한 전략, 개념, 원칙들이 제시되었었다.

그러자 점차 프레드 목사의 머릿속에는 새로운 생각이 떠올랐다. 그 세미나를 주최한 교회는 분명히 성장을 이룩하였고 많은 일들을 바르게 해나가고 있었다. 그 진정한 비결은 과연 무엇이었을까? 그는 수석 목사가 한 말을 기억해 냈다. 수석 목사는 자신의 소명, 비전, 회심에 관하여 그리고 교인들이 함께 뭉쳐 성장을 가져오게 한 배경 등에 관해 말했다. 그것은 매우 놀랍고 신선한 충격이었다.

그러나 프레드의 머릿속에 떠 오른 생각은 다음과 같은 것이었다. "이 교회는 정말로 독특한 내력을 지니고 있군. 하지만 다른 교회가 그것을 흉내낼 수 있을까?" 분명히 거기에는 그가 배워서 적용할 수 있는 원리들이 있었다. 하지만 근본적으로, 그 교회의 내력은 결코 모방되거나 재현될 수 없는 것이었다. 그 교회가 처해 있는 독특한 상황, 수석 목사의 독특한 개성과 은사, 사람들의 회심, 교역자 이 모든 것들이 마치 어떤 사람의 자서전처럼 독특하고 개성적이었다. 프레드 목사는 자기 교회에서 그와 똑같은 성공사례를 재연할 길은 없다고 판단했다.

성공사례 적용의 오류

이같은 통찰력 덕분에 프레드 목사는 '성공사례 적용의 오류'를 피할 수 있었다. 이 오류는 어떤 사람이 다른 곳에서 성공적으로 이루어진 것을 자신의 상황에 그대로 적용하려고 하는 오류를 말한다.

그 같은 일이 성공할 수 있는 확률은 거의 없다고 보아야 한다. 그렇게 하려는 시도는 오로지 좌절감과 환멸만을 초래할 뿐이다.

기초가 든든한 교회의 갱신 전략은 반드시 특정 교회의 독특한 개성, 분위기, 역사, 도전으로부터 출발한 것이어야 한다. 갱신의 원리는 성경적으로 건전할 뿐만 아니라 보편적으로 적합할 때에만 적용이 가능하다.

역사의 경우에도 사정은 역시 마찬가지이다. 과거의 교회갱신 운동 이야기는 지역교외의 삶과 오늘날의 갱신 운동에 관하여 많은 것들을 가르쳐 준다. 하지만 그것을 근거로 교회갱신의 공식을 만들려고 하는 것은 그릇된 일이다. 우리는 우리 교회가 처해 있는 상황에 가장 적합한 전략을 수립함에 있어 그 같은 과거의 사례들로부터 통찰력을 받을 수 있을 뿐이다.

본 장은 갱신을 위한 공식을 제시하는 것이 아니라, 성경적으로 건전하고 역사적인 교훈이 반영되어 있는, 특정 상황에 꼭 들어맞는 갱신 전략을 수립하는 데 도움이 될 만한 몇 가지 제안을 하는 것을 목적으로 한다.

갱신_일어날 수 있는 기적

신약의 기자들은 신자들의 공동체인 교회에 대하여 수많은 교훈, 훈계, 권고를 한다.

"모든 사람으로 더불어 화평함과 거룩함을 좇으라."(히 12:14).
"너의 죄를 서로 고하며, 병 낫기를 위해 서로 기도하라."(약 5:16).
"사랑은 하나님께 속한 것이니, 우리가 서로 사랑하자."(요일 4:7)
"성도의 쓸 것을 공급하며, 손 대접하기를 힘쓰라."(롬 12:13)
예수께서도 직접 다음과 같은 말씀을 하셨다.

"원수를 사랑하며 너희를 핍박하는 자를 위해 기도하라."(마 5:44).

"내가 너희를 사랑한 것 같아 너희도 서로 사랑하라."(요 15:12).

지금까지 우리가 살펴본 내용에 비추어 이상의 말씀들을 살펴볼 때, 우리는 다음과 같은 사실을 알게 된다.

첫째, 그 말씀들은 주로 개인에게 한 것이 아니라 예수님의 제자들의 공동체, 즉 교회 전체에 하신 것이었다. 위에 제시된 말씀은 단수가 아닌 복수, '너희'가 사용되고 있다. 이 말씀들과 그와 비슷한 여러 성경구절들은 결국 이렇게 말하고 있는 것이다. "여기에 진정한 예수님의 제자가 되는 길이 있다. 교회는 바로 이와 같은 모습을 보여야 한다."

둘째, 이 말씀은 모두, 그리스도인들이 진정한 예수님의 제자들의 공동체에 걸맞는 행동을 하기 위해서는 반드시 순종하는 자세가 필요하다는 것을 전제로 한다. 또한 신자들에게는 예수님의 영에 의해 능력을 받아 교회의 삶과 생명력을 유지하고 확대시킬 책임과 기회가 주어졌음을 전제로 한다.

그렇다면 하나님은 어떻게 교회를 갱신하는 것일까? 이 책 전반에 걸쳐 우리는 교회의 삶과 갱신에 관련된 여러 가지 다양한 요인들을 살펴보았다. 갱신의 역사가 무엇을 말해 주건, 교회는 그 자체의 갱신에 대한 책임을 회피할 수 없다. 스스로의 힘으로는 갱신할 수 없다고 생각하는 교회, 그저 수동적인 자세로 하나님이 개입하시는 것만을 기다려야 한다고 믿는 교회는 근본적으로 자신의 영적인 훈련과 성장을 포기하는 그리스도인과 조금도 다들 바가 없다.

이는 우리가 지역교회를 위한 갱신 전략에 관하여 적절한 대안을 제시할 수 있다는 것을 의미한다. 우리가 무엇을 할 수 있고, 또 그것을 어떻게 해야 하는지를 우리는 알고 있어야 한다. 이 책의 마지막 부분인 여기서, 나는 이것을 간단히 설명하고자 한다.

갱신에 대한 실제적인 접근법

일차적이고 가장 결정적인 갱신의 출발점은, 교회가 성장하려는 성향을 태어날 때부터 가지고 있다는 사실을 이해하는 것이다. 성장의 씨앗은 교회의 유전자 안에 들어 있다. 어떠한 병리현상이 나타나건, 모든 교회는 건강과 갱신을 향한 생생한 충동 속에서 그 삶을 영위해 나간다. 그 이유는 단순하면서도 매우 심오하다. 교회가 그리스도의 몸이기 때문이다. 예수님의 영은 언제나 갱신과 참된 생명을 향하여 교회를 독려하면서 그분의 교회 안에서 역사하고 계신다. 그러므로 갱신의 열쇠는 단순히 올바른 수단이나 프로그램 또는 성공의 공식을 찾는 데 있는 것이 아니라, 교회의 생명력을 저해하는 요인들을 발견하고 제거하는 데 있다.

그러므로 우리는 지역교회에서 실현 가능한 갱신 전략을 수립하는 데 필요한 몇 가지 핵심적인 요건들을 찾아낼 필요가 있다. 그것들 가운데 대부분은 이미 우리가 이 책에서 살펴본 갱신운동들 가운데 제시되어 있다. 우리의 목표는 하나님께 대한 신실한 사랑과 모든 사람에 대한 따뜻한 사랑이 뚜렷이 드러나는 건강하고도 생기 넘치는 교회를 만드는 것이다. 그에 미치지 못하는 어떠한 것도 '갱신'이라 불러서는 안 된다.

여기에 지역교회에서 갱신을 위한 전략을 수립하는 데 필요한 핵심적인 요건 열 가지가 제시되어 있다. 이것들은 일정한 순서나 차례대로 나열된 것은 아니므로, 각자가 처해 있는 상황에 어떻게 결합하여 적용할지 그리고 어느 것을 선택해야 할지를 현명하게 판단할 필요가 있다. 하지만 각 요건은 나름대로의 중요성을 띠고 있다.

생명의 불꽃을 찾으라

갱신은 이미 교회 안에 존재하는 생명의 불꽃을 찾아내어, 그것을 불길로 타오르게 하는 것으로부터 시작된다. "생명은 생명을 낳는다."는 원리는 기본적이면서도 자명한 원리다.

앞에서 우리는 (스페너의 교회에 대한 견해에서) 교회를 살아있는 유기체로 이해하여 교회의 유기체적 이미지와 모델을 사용하는 것의 의의를 살펴보았다. 갱신이 현존하는 생명으로부터 시작되어야 한다는 것은, 교회가 근본적으로 어떤 조직이 아니라 생명을 지닌 유기체임을 강조하는 말이다. 언어나 구조면에서 갱신운동은 "생명은 생명을 낳는다."는 원리에 따라, 이 유기체적인 기초를 끝까지 고수해야 한다.

지역교회에서 이는 개인과 조직 구조 양쪽에 이미 존재하는 생명 또는 생명력의 불꽃을 발견하는 일을 뜻한다. 교인들 가운데 진정으로 하나님을 알고 예수 그리스도와 그분의 몸을 위해 목숨을 걸고 나설 사람은 과연 누구인가? 아니면, 최소한 진정한 영적인 갈망과 열린 마음을 지닌 사람은 누구인가? 의에 굶주리고 목말라 하는 사람은 누구인가? 예수님과 그분의 제자들 그리고 존 웨슬리―하나님을 알기를 갈망하고 "다가올 진노를 피한" 사람들을 한곳에 모이게 했던―의 경우처럼, 바로 이것이 갱신의 출발점이다.

사람들의 문제에서 한 걸음 더 나아가, 생명을 주거나 혹은 유지시키는 구조는 무엇인가? 교인들 속에 그러한 구조가 존재하는가? 그것은 서로 만나서 영적인 뒷받침해 주는 특정 모임일 수도 있고, 몇몇 가족들로 구성된 연결망일 수도 있다. 그것은 또한 영적인 성장을 목표로 하는 위원회 등의 모임, 또는 심지어 성가대일 수도 있다. 갱신 전략 수립의 제1단계는 그러한 조직들을 확인하고 인정하는 것이다.

예를 들어, 프레드 목사가 자기 교회에서 하나님을 진정으로 알고 있는 것처럼 보이고 교회 일로 일주일에 두세 번씩은 반드시 만나곤 하는 사람 세 명을 알게 되었다고 가정하자. 프레드 목사는 그들을, 영적으로 서로 북돋워 주는 모임—비록 그들 스스로 그렇게 생각하지 않는다 하더라도—으로 판단한다. 그는 그들과 더불어 저녁시간을 보내면서 자신의 영적인 여정에 관한 이야기도 들려주고, 성경도 함께 읽고, 함께 기도도 한다. 이제 곧 프레드 목사는 어떠한 일이 일어나고 있는지 인식조차 못한 채 교인들 가운데 새로운 생명의 불꽃을 피우기 시작할—그리고 그를 격려하고 지원해 줄—제자훈련 모임을 갖게 된 것이다.

갱신은 종종 바람을 분별하는 것으로, 즉 하나님이 이미 역사하고 계신 곳을 알아내고 그분의 역사에 기꺼이 동참하는 것으로 시작되기도 한다.

기존의 제도를 공격하지 마라

갱신에 관한 토론을 하다보면 가끔씩 다음과 같은 질문들이 제기되곤 한다. 당신은 제도 존중주의 또는 하나님이 하시는 갱신 작업의 통로를 막는 전통이나 기존의 조직 형태에 어떻게 대처해 나가는가?

제도 존중주의가 지니고 있는 문제점에 관하여는 뒤에서 잠시 논하겠지만, 여기서 한 가지 분명하게 해 두어야 할 게 있다. 제도적인 장애물들을 정면으로 공격하지 말고, 가능하면 회피하라는 것이다. 제도는 본능적으로 자기 자신을 방어하려고 한다. 따라서 기존 제도를 공격하는 것은 갱신을 촉진하기보다는 오직 방어적인 태세만을 유발할 것이다.

그렇다고 해서 제도에 대하여 수동적인 자세를 취하거나 굴복하라는 뜻은 아니다. 제도적인 장애물이 갱신을 방해할 경우에는 그것과 정면으로 맞서 바꾸어 나가야 한다. 하지만 장애물 자체에 초점을 맞추기보다는 삶으로부터 시작함으로써, 제도 존중주의의 압력을 덜 받을 수 있는 길을 택해야 한다. 때로는 제도적인 장애물들이 저절로 시들어 사라져 버리기도 하기 때문이다. 아니면, 갱신의 물줄기로 댐(장애물) 주위에 새로운 물길을 터놓는 방법도 있다.

사람들은 누구나 안정을 추구하게 마련이다. 그리고 대부분의 그리스도인들에게 교회는 안전과 보호의 근원이므로, 변화에 대하여 말하는 것은 그들에게 위협이 될 수도 있다. 현명한 갱신 전략은 그 같은 현상을 기꺼이 인정한다. 그러므로 처음부터 전통과 기존의 제도에 큰 변화를 요구함으로써 반발을 유발하기보다는, 인내심을 갖고 좀 더 유기체적인 모델을 기초로 하여 교회의 삶을 재구성해 나가는 편이 바람직하다.

웨슬리와 독일의 경건주의자들은 이러한 원리를 실제로 적용한 좋은 본보기이다. 소규모 모임들과 개인적인 제자훈련을 적절히 활용함으로써, 이들 개혁자들은 제도적인 장애물들을 효과적으로 제거함은 물론 생명력이 넘치는 교회를 재건하였다. 영국 국교회 안의 많은 것들이 웨슬리를 괴롭혔지만, 그들 자기 주변의 생명력 없는 제도 존중주의를 공격하기 보다는 새로운 관계와 갱신의 구조를 형성해 나갔다.

교인 전체를 대상으로 사역하라

갱신 전략을 수립, 시행함에 있어 핵심적인 역할을 담당하는 목사와 장로는, 반드시 교인들 전체를 대상으로 사역해야 한다. 모든 사람이 다 갱신을 원하지는 않을 것이며, 그 중에는 적극적으로 반대하고 나서는 사람도 있을 것이다. 하지만 현명한 목회자는 모든 사람들에게 똑같이 사역을 행함으로써 전체적인 분위기를 새롭게 하고 냉담한 반대자들을 설득할 수 있을 것이다.

교인들이 위기적인 상황에 처해 있을 때 목회자가 그들과 함께 하면서 예수님이 보여 주신 섬기는 정신을 실천할 경우, 반대하던 사람들이 오히려 지지 세력으로 바뀔 때가 많다. 웨슬리는 자기를 노골적으로 비방하던 사람들 가운데는, 아프거나 위기에 부딪쳐 있을 때 그가 그들을 찾아가 친구가 되어 주었기 때문에 생각을 바꾼 사람들이 있었다고 일기에서 증거하고 있다. 따뜻한 보살핌은 설득력 있는 주장보다 강력할 때가 많다.

갱신을 추구하는 목회자들은 실제에 있어서, 그들이 나아가는 방향에 동조하는 사람들만을 위주로 하고 그렇지 않은 사람들은 무시해 버리고 싶은 유혹에 빠질 때가 많다. 예수께서 행하신 사역이 보여 주는 것처럼, 갱신에 동조하는 사람들에게 각별한 관심을 기울여야 함을 물론이다. 하지만 그렇다고 해서 어떤 사람을 무시하거나 제외시켜도 좋다는 뜻은 아니다. 갱신을 별로 원치 않는 사람들도 있고 아예 등을 돌려 버리는 사람들도 있겠지만, 신실한 목회자라면 모든 양들을 따뜻하게 돌보아 줄 자세를 갖추고 있어야 할 것이다.

예배·친교·복음전도를 조화시켜라

교회는 살아있는 유기체이고 그 삶의 핵심 요소는 예배와 친교 그리고 복음전도다.[1] 건강한 교회는 성장하게 마련이며, 교회의 건강은 예배 의식과 공동체 형성, 그리고 세상 안에서의 복음 전도가 균형을 이루고 있어야만 지켜질 수 있다. 우리의 교회에서 이러한 핵심적인 측면들을 위한 기회와 구조가 마련되어 있는가?

예배 교회의 가장 큰 소명은 하나님을 섬기는 것이다. 예배는 갱신의 열쇠가 될 수 있다. 신자들에게는 하나님의 언약과 행위를 기쁜 마음으로 찬양하고, 하나님의 말씀이 선포되는 것을 듣고 그것에 응답할 기회가 필요하다. 예배의 경식이나 스타일은 각기 다를 수 있지만, 백성들의 하나님을 진정으로 만날 수 있는 장(場)이라는 점에서는 공통된다.

친교(공동체) 교회는 정의상 하나님의 백성들의 공동체다. 하지만 영적인 진리는 일정한 시간과 장소와 구조 안에서 구현될 수밖에 없다. 우리는 "피차 매일 격려해야" 하며(히 3:13), 함께 만날 때면 "서로 돌아보아 사랑과 선행을 격려해야" 한다(히 10:24). 이것이 바로 공동체야말로 성령께서 역사하시는 장소라는 의미다. 성령의 사역은 근본적으로 공동체에서 싹터 나온다는 생각을 가지고, 활력이 넘치는 공동체를 건설하는 일에 역점을 둔다.

복음전도 교회의 갱신은 복음전도 만큼이나 필수적이고도 궁극적인 의미를 띤다. 건강한 교회는 봉사와 의로운 사역을 통해 복음을 증거한다. 이것이 바로 이 책 8장에서 '선교적 갱신'이라 불렀던 것이다. 그리스도인들이 자기 자신과 자기가 속한 교회에 대하여 어떻게 생각하건, 자신의 삶을 통해 끊임없이 복음을 증거할 수 없다면, 진정으로 성경적인 생명력을 지니고 있다고는 할 수 없을 것이다.

갱신 전략을 수립하기 위해서는 이상과 같은 분야들과 그것들 사이의 상호의존 관계를 면밀히 검토해야 한다. 갱신된 교회는 본질적으로, 예배와 친교와 복음전도가 기능적으로 건전한 조화를 이루게 마련이다.

다섯 번째, 소규모 모임과 가정모임을 계발하라

경건주의에는 '경건한 모임'이 있었고, 모라비아교도에게는 속회가 있었으며, 메서디즘에는 신도반 등의 소규모 모임이 있었다. 이처럼 생명력이 넘치는 갱신운동들은 공동체의 의미를 재발견했을 뿐 아니라, 성령 안에서의 친교를 위한 실제적인 구조를 계발해 내었다.

실제적인 갱신 전략은 회중들의 삶 가운데서 모종의 소규모 모임을 기본 구조로 활용할 것이다.[2] 그러한 모임들의 형태는 매우 다양할 수 있지만, 주위의 특정 환경에 꼭 들어맞는 것이어야만 한다. 갱신운동은 일반적으로, 기독교 공동체를 체험하는 데 적합한 비공식적이고도 '가족적인' 배경으로서 가정모임의 가치를 높이 평가하는 경향이 있다. 이러한 가정모임은, 어디에서든 쉽게 모일 수 있는 소규모 모임으로 보완되는 것이 실제적이다.

이에 관한 기본 원리는 다음과 같다. 즉 소규모 모임은 보편적이며 비교 문화적으로 적절하면서도 필요한 기본 구조라는 것이다.

시카고에서 재직하던 교회에서, 나는 소규모 구역모임의 연결망과 아울러 주중 가정교회 모임(우리는 그것을 '가정 친교'라 불렀다)이 기본적이고 필수적인 구조임을 알게 되었다. 80여 명의 교인을 둔 그 교회는 15개의 구역모임을 만들었다. 각 구역모임은 보통 3-4명으로 이루어졌는데, 일주일에 2시간 가량 모임을 갖곤 했다. 모이는 장소는 사무실, 다방, 개인 집의 거실 등 장소를 가리지 않았고, 모이는 시간 역시 아침부터 밤늦게까지 구애 받지 않았다.

나는 효과적인 가정모임과 소규모 구역모임의 핵심적인 요건으로 다음과 같은 것들을 들고 있다.

- 매주 한 번은 모인다.
- 충분한 시간을 갖는다(일반적으로 한 시간 내지 두 시간 정도).
- 구성원들이 모임에 최우선 순위를 두도록 일관성 있게 모인다.
- 공동체에 대해 신뢰와 치유 의식을 가질 수 있도록 꾸준히 모인다.
- 기도, 성경공부, 권면 그리고 서로 삶과 체험을 나눈다.
- 다른 교인들도 양육할 수 있도록 모임을 교회에 통합시킨다.

경험으로 미뤄 보건대, 이러한 기준에 부합하지 않는 모임일수록 활기가 부족했다.

모임의 규모는 목적과 기능에 따라 많이 다를 수 있다. 최근 시카고에서의 경험을 고려하면, 3~6명 정도의 소규모 구역모임과 15~30여 명의 가정교회 모임이 가장 적당한 것 같다. 앞에서 살펴본 것처럼, 초기 메서디즘의 속회는 평균 6~7명으로 구성되어 있었고, 신도반 모임은 10명 전후가 보통이었다.

갱신 전략을 수립하려는 교회들은 소규모 모임의 목적과 규모에 대한 실험을 해 보려고 한다. 하지만 마지못해서 또는 미진한 상태에서 그 같은 시도를 하는 것은 매우 위험하다. "소규모 모임들을 활발하게 하려고 했지만 잘 되지 않았다."라고 말하는 지도자를 볼 때마다, 나는 그 실패의 원인을 아주 쉽게 밝혀 낼 수 있었다. 근본적으로, 그들이 위에서 말한 원리들을 따르지 않았기 때문이다. 그러한 교회의 경우, 모임의 구성원들에게 진지한 참여 의식이 부족했고, 매주 모이지 않았으며, 비중이 덜한 다른 활동들을 그대로 놓아 둔 채 이미 빽빽한 일정에 다 그 모임을 추가하려고 했다. 웨슬리가 조직한 신도반 모임이 1백 년이나 성공적으로 움직여 나갈 수 있었던 것은, 그것이 다른 기존의 활동들에 첨가 된 것이 아니라 제자훈련을 목표로 하는 최우선적인 활동이었기 때문이었다.

만인사역의 원리를 적용하라

앞에서 살펴보았듯이, 초기의 경건주의는 '만인제사장직'에 대한 루터의 강조에 새로운 깊이와 현실성을 더했다. 그것은 또한 모든 사람에 대한 사역으로 부르심—서로 격려해 주고 제자훈련을 행하라는—을 의미했다. '만인제사장직'에 관한 교리는, 영적인 은사 및 예수님의 본을 받아 섬기를 일에 대한 신약의 가르침과 아울러 교회갱신의 중요한 열쇠가 된다. 모든 신자들은 사역으로의 부르심을 받고 있으며, 그 사역을 감당키 위한 자격과 능력을 갖추어야 한다.

대부분의 목회자들이 깨닫고 있지 못할지도 모르지만, 이같은 가르침에는 실로 엄청난 잠재력이 감추어져 있다. 마침내 신자들 자신이 교회 안의 진정한 복음의 사역자임을—단순히 수동적인 '평신도'가 아니라—깨닫게 되었을 때에는, 그들의 전체적인 의식이 변화함과 아울러 예수님의 종이자 사역자라는 새로운 책임감을 갖게 된다.

갱신 전략의 일부로서 이같은 일이 실현되기 위해서는 영적인 은사와 '만인제사장직'에 관한 가르침과 그 가르침을 말과 구조로 모델화하는 일과 리더십을 계발할 수 있는 훈련과 기회를 마련하는 일이 필요하다. 모든 신자들의 사역—'만인사역'—은 예배와 친교 그리고 복음전도라는 세 가지 영역에서 분명히 드러나야 한다. 이는 목회자의 기본적인 역할 가운데 하나가 신자들이 사역을 행할 수 있게끔 훈련시키는 것임을 강조하는 말이기도 하며(엡 4:11-12), 필연적으로 소규모 모임—제자훈련에 가장 효과적인 조직 구조로서—의 활용과 관련된 것이기도 하다.

'만인사역'은 이론으로부터 출발하여 회중들의 눈에 보이는 사실로 바뀌어져 간다. 나는 그렇게 되기 위해서는 예배 인도자들을 되도록 많이 훈련해 내는 일이 필요함을 알게 되었다. 그것은 우리에게 통일성 가운데서의 다양성을 제공함은 물론, 은사와 사역이 무엇을 의미하는지를 알게 해 준다.

성경적인 리더십 모델을 따르라

'만인사역'은 성경적인 리더십 모델에 따라 행해져야 한다. 신약이 영적인 리더십을 그토록 강조하고 있음에도 불구하고 오늘날의 교회들이 그것을 거의 무시하는 경향을 보면서, 나는 놀라움과 아울러 염려를 금할 길이 없다. 모든 신자들이 점차 성경적인 리더십을 구현해 나갈 때, 갱신은 더욱 깊이 있고 항구적인 것이 되어 가게 마련이다. 그러므로 이는 효과적인 갱신 전략에서 결코 간과될 수 없는 중요한 요인이 된다. 나는 성경적인 지도자 모델이 뜻하는 바를 다음과 같이 이해한다.

- 성경이 제시하는 성격과 은사를 갖춘 지도자.
- 사역을 위한 훈련을 효과적으로 실시할 수 있는 지도자.
- 여러 사람에 의한 협동적인 리더십을 추구하는 지도자.

여기에 관련되는 성경구절로는 다음과 같은 것들이 있다. 행 6:1-4; 20:28, 고전 12:1-28, 엡 4:7-16, 딤전 3:1-13, 딤후 2:2, 딛 1:5-9, 히 13:17 약 5:13-16, 벧전 5:1-3.[3]

효과적인 갱신 전략은 공동체로부터 사역이 싹터 나오고, 제자훈련에 의해 리더십이 성장한다는 사실을 분명히 이해한다. 그것은 또한 예수님 및 그분의 제자들 그리고 바울 및 그의 추종자들의 예를 따라, 영적인 차원에서 뿐만 아니라 전략과 방향 면에서도 예수 그리스도의 종으로서의 리더십을 본받으려고 노력한다.

그러므로 목회자들은 우선 신약의 가르침에 비추어 자신의 삶을 반성해 보는 일이 필요하다. 이어서 그들은 성경적인 리더십을 모델로 하는 영적인 지도자들 또는 주님의 제자들을 양성해 나가기 시작해야 한다. 그 최종적인 결과는 그 명칭이나 구조야 어떠하든 간에 회중들 가운데서 효과적인 사역을 행할 수 있는 지도자들이 되도록 많이 배출되어 나와야만 한다.

시카고에 있는 우리 교회에서 협동 리더십을 체험하는 가운데, 나는 이 모델이 지니고 있는 가치와 장점 그리고 문제점에 관하여 알게 되었다. 그 중에서도 특히 다음의 두 가지 사실이 나에게 특별한 인상을 남겼다. 첫째, 한 사람의 지도자에 의한 리더십은 결코 약한 모델이 아니라 강한 모델이었다. 둘째, 목회 지도자로서 남성 뿐 아니라 여성을 확보하는 일이 매우 중요했다. 우리의 목회 팀은 남성과 여성을 모두 참여시킬 수 있었으므로 더욱 강하고 민감하며 균형이 잘 잡힌 리더십을 확보할 수 있었다.

회중들로 하여금 자신의 정체성을 분명히 깨닫게 하라

위에서 제시한 사항들을 바탕으로 갱신 전략을 수립할 경우, 회중들은 그리스도의 몸이자 사역을 행하는 공동체로서의 정체성을 분명히 깨닫게 된다. 하지만 그들의 이같은 정체성은 목회 지도자에 의해 부여되는 것이 아니라 그들 자신의 개성과 문화와 은사에 바탕을 둔 것임을 이해할 필요가 있다.

목회자에게는 성경적인 모델을 기초로 양들을 이끌어 나갈 권위와 책임이 있다. 그 모델은 오직 예수님만이 교회의 머리이시며, 목회자는 다른 교인들과 더불어 그 몸을 이룬다고 가르치고 있다. 그러므로 목회자의 역할은 모든 신자들이 성장하여 머리이신 그리스도와 한 몸이 될 수 있도록 도와주는 것이다(엡 4:15).

갱신이라는 관점에서 이는, 목회자야말로 회중들로 하여금 하나님의 나라에 관한 성경적 복음을 틀 안에서 그들 자신의 독특한 정체성과 사명을 발견하게 함에 있어서 가장 중요한 촉매제임을 의미한다. 이는 제자훈련 임무의 일부로서, 앞장에서 설명한 '관념적인 갱신'과 관련된다.

자기 정체성을 발견하는 일은, 우리가 지금까지 여기서 논의해 온 내용들의 자연적인 부산물이라고도 할 수 있다. 회중들은 사역을 행하고, 성장하고, 그들에게 부여된 은사들을 발견해 나가는 과정에서 스스로의 정체성을 자연히 깨닫게 마련이다. 하지만 이 과정은 구역모임을 통한 교회에 관한 가르침, 가정 모임을 통한 성경공부, 수련회, 세미나 등을 통해서 좀 더 효과적으로 진행될 수 있다. 특히 예배, 친교, 성경공부, 휴식이 결합된 수련회는 교인들에게 일체감을 부여함에 있어 매우 효과적인 수단이 될 수 있다.

교회의 사명과 정체성이 반영되도록 예산을 세우라

돈의 사용에는 실제적인 일의 우선순위가 반영되어 있다는 말은 옳은 말이다. 교회의 재정은 그리스도의 인도하심 가운데 교회 교유의 사명과 조화를 이루지 않는 한, 교회의 갱신 및 정체성에 반하는 방향으로 집행될 수도 있다.

교회의 재정은 성경적인 교회의 모습과 신약이 제시하는 제자도에 비추어 검토되어야 한다. 산상수훈에서 예수께서는, 우리가 어디에 우선순위를 두어야 할지를 분명히 가르치셨다. 「마태복음」 6장 33절은 개인적인 삶에는 물론이려니와 교회의 재정에도 역시 마찬가지로 적용될 수 있는 매우 귀중한 교훈이다. 우리는 먼저 하나님의 나라와 그분의 의를 구해야 한다. 그러면 다른 문제들을 저절로 풀려 나갈 것이다.

다시 말해서, 교회 재정의 목표와 전략에는 영적·목회적인 우선순위가 반영되어 있어야만 한다는 것이다. 갱신이라는 목표와 사명은 점차 교회의 구심점이 되어 감에 따라 그 재정에 반영될 것이다. 이 과정에서 가끔 중요한 방향 조정(물질이나 프로그램으로부터 사역과 사람들로 우선순위를 조정하는 일)이 필요할지도 모른다. 교회의 우선순위가 올바르게 설정되어 있을 경우, 하나님은 어김없이 물질적인 자원을 공급해 주신다. 이 때 교회의 재정은 짐이나 문젯거리가 아니라, 기쁨과 축복의 수단이 된다. 재정 문제가 난항을 거듭하는 곳에서 세상을 향한 선교를 위해 하나님이 공급해 주시는 자원이 넘쳐흐르는 것을 보게 되는 것은 얼마나 기쁜 일이겠는가!

하나님 나라에 대한 비전을 갖게 하라

이는 앞에서 말한 모든 사항들과 모두 관련되면서도 가장 중요한 사항에 속한다. 신자들에게는 하나님 나라에 대한 비전—하나님이 어떠한 역사를 이루고 계시며 무슨 언약을 하셨는지에 관한—이 필요하다. 이 비전은 예배 및 공동체를 위한 것이자 제자훈련, 복음전도, 정의가 조화를 이루는 효과적인 사역을 위한 것이기도 하다. 교회의 생명력은 끊임없는 복음전도와 효과적인 사회개혁에 대한 비전과 실천으로부터 나온다. 하지만 회중들이 이같은 차원에 도달하기 위해서는 우선 하나님 나라에 대한 성경적 비전을 가져야만 한다.

여기서 다시, 가르침의 중요성이 대두된다. 가르침은 목회적 리더십의 핵심적인 역할 가운데 하나이다. 지도자들은 하나님의 통치에 대한 소망을 중심으로 한 삶을 가르치고, 또 그것을 구현해 나가기 위해 노력해야 한다.

하나님 나라에 대한 비전은 교회의 예배, 공동체, 증거에 생명력과 구심점을 제공한다. 예배는 교회가 눈에 보이는 모든 반대 세력에 대하여 하나님의 존재와 예수 그리스도의 궁극적인 승리를 확언하는 장소가 된다. 하나님 나라에 대한 비전은 예배를 교회의 삶 가운데 구심점이 되게 해 준다.

하나님 나라의 비전은 교회의 공동체적 삶에 대하여도 새로운 의미를 부여하며, 교회에 대하여 앞으로 다가올 평화(shalom)의 시대의 전조 및 전초기지로서의 의미를 부여한다. 이때 예수님이 다음과 같은 말씀은 생명과 불꽃이 된다. "적은 무리여, 무서워 말라. 너희 아버지께서 그 나라를 너희에게 주시기를 기뻐하시느라."(눅 12:32)

나아가 하나님 나라의 비전은 교회의 선교 사명에 대하여 자극과 결집력을 부여한다. 그리스도의 나라에 대한 소망은 교회의 사명 가운데 복음전도적인 차원과 예언자적 차원을 결합시키고, 교회로 하여금 아직은 확실히 보이지 않는 것을 향하여 계속해서 나아가게 만든다.

교회의 갱신은 상당히 주관적이고 자기도취적인 입장에서 이해되거나 체험될 수 있다. 따라서 하나님 나라의 비전은 이같은 위험성에 대한 대책도 될 수 있다. 균형 잡힌 장기적인 갱신운동에 관여하는 교회 지도자들은 하나님의 통치에 대한 비전을 갱신 전략의 일부로서 발전시켜 신자들에게 주입시키려 할 것이다. 경건주의, 모라비안주의, 메서디즘의 원동력은 그 상당 부분이 갱신의 하나님에 대한 비전을 바탕으로 하고 있었다.

제도 존중주의의 특수한 문제

다양한 형태로 나타나는 제도 존중주의가 갱신의 근본적인 장애물로 작용해 왔음을 역사는 분명히 보여 주고 있다. 필립 스페너로 하여금 1675년에 『경건한 열망』에서 개혁을 주창하게 만들었던 것은, 바로 갱신을 향한 노력에 대한 제도적인 장애물들이었다.

이런 점에서 교회는 다른 사회제도들과 매우 흡사한 면모를 보이고 있다. 제도는 변화를 거부하고 갱신을 방해한다.

그 이유는 무엇일까? 첫째, 제도는 기본적으로 예측불가능한 사태에 대한 지속성, 안정성, 관례성을 위해 조직된 것이다. 둘째, 제도는 인간과 함께 타락한다. 제도가 본질적으로 악한 것은 아니나, 인간의 죄의 도구 및 소굴이 될 수 있다. 셋째, 제도는 은혜가 아니라 기법에 의존한다. 은혜는 인가의 마음대로 할 수 없는 하나님의 관대한 선물이지만, 기법은 항상 똑같은 일을 똑같은 방식으로 행한다. 넷째, 사람들이 따라야만 하는 일정한 목표를 지닌 구조로서 제도는 사람들로 하여금 그것을 따르게 하되, 결코 그것에 대한 반대를 허용치 않는다. 다섯째, 제도는 기득권의 온상으로서, 제도적인 권력을 휘두르는 사람들에게 쉽게 포기할 수 없는 권력과 안전 영역을 제공한다. 여섯째, 제도는 사람들을 제도적인 권력과 지위에 따라서 분류한다. 대체로 제도는 사람들이 어떠한 위치에 있으며, 그 위 또는 아래에 있는 사람들과 어떻게 비교되는지를 매우 확실하게 밝혀낸다. 끝으로, 제도는 그 특유의 신화 도덕성을 만들어 내는 경향이 있다. 제도는 자신의 용어를 사용하여 현실을 규정짓는다. 그리고 그 규정에 따라 제도가 원하는 것은 옳은 것이 되고, 그것에 맞서는 것은 반역이 된다.[4] 이는 모든 제도에 공통적으로 해당되는 말이지만, 종교적인 후광을 띠고 있는 종교제도의 경우에는 특히 문제가 된다. 길버트 제임스(Gilbert James)의 말처럼, 어떤 제도, 특히 교회제도는 악마가 될 수도 있다!

한편, 제도적인 갱신을 위한 효과적인 방법들도 있다. 몇 가지 방법은 앞에서 이미 제시된 바 있으며, 앞 장에서 암시만을 띄운 것들도 있다. 그러나 나는 여기서, 제도적인 갱신을 위한 실마리들을 다음과 같이 요약, 부연코자 한다.

- 기존의 제도를 정면으로 공격하지 말라. 갱신을 위한 노력에 대한 반대, 갈등, 불신만을 초래할 뿐이다.
- 제도의 필연성과 긍정적인 가치를 인정하라. 각 제도는 나름대로의 기능을 지니고 있으며, 그렇지 않았더라면 이미 사라져 버렸을 것이다. 제도가 수행하는 정당한 기능들을 인정하라.
- 제도적인 갱신은 조직에 대한 공작보다는 삶 그 자체로부터 시작하라. 갱신 전략을 논할 때 지적했던 사항들을 여기에도 적용하라.
- 공동체를 갱신의 배경으로 삼으라. '작은 교회' 구조를 이용해 제

도 안에 공동체 또는 하부 공동체 의식을 창출하려고 노력하라.
- 가능한 곳이면 어디서든 제도적 기능을 공동체적 기능으로 바꾸어 나가라. 지나치게 격식을 차리고 제도화되었던 것들을 공동체적인 분위기로 바꾸어 나가라.⁵
- 성직 계급이나 위임된 권한보다는 공동체, 여론을 바탕으로 한 구조를 형성해 나가라. 즉, 모델 자체를 바꾸기 위해 노력하라.

결론

이 세상을 구원하기 위한 하나님의 위대한 전략은 예수 그리스도—그분의 탄생·삶·죽음·부활·통치—를 중심으로 한다. 또한 하나님 나라를 위한 예수님의 위대한 전략은 주로 기이하고 약하며 때로는 불성실하고 작은 무리, 곧 교회에 의존한다.

역사적으로 교회는 약한 모습과 배신의 증거를 많이 보여 왔다. 하지만 우리는 교회사를 통해서 매력적인 교회갱신 이야기를 듣고 있다.

그 이야기는 아직 끝나지 않았다. 예수께서는 바로 우리들 앞에 서 계신다. 그분의 영은 우리가 생명력을 되찾고 삶과 사명을 갱신하기를 원하고 계신다.

과거에는 많은 위대한 갱신이 일어났다. 하지만 갱신의 시대는 아직 끝나지 않았다. 예수께서는 여전히, 그분의 말씀에 귀를 기울이고 있는 그분의 몸 된 교회를 위해 놀라운 선물을 준비하고 계신다.

주

프롤로그

1) Dale W. Brown, *Understanding Pietism*, (Grand Rapids: Eerdmans, 1975), pp. 25-27 『경건주의 이해』(생명의 말씀사 역간).
2) 같은 책, p. 26.
3) John T. McNeill, *Modern Christian Movements*, (Philadelphia: Westminster, 1954), p. 13.

제1장 최초의 카리스마 운동

1) J. Armitage Robinson, *The Passion of St. Perpetua*, (Cambridge University Press, 1891). vii.
2) T. Herbert Bindley, *The Epistle of the Gallican Churches Lugdunum and Vienna*, (London: SPCK, 1900), p. 62. 「고린도전서」 12장과 「에베소서」 4장 11절 참조.
3) 같은 책, p. 72.
4) 같은 책, p. 76.
5) Frederick C. Klawiter, The Role of Martyrdom and Persecution, *Developing the Priestly Authority of Women in Early Christianity: A Case Study of Montanism Church History* 49 (1980년 9월), p. 257.
6) '새 예언' 운동은 몬타니즘으로 알려지게 되었다. 아미티지 로빈슨은 성 페르페투아의 수난가 특히 교회와 순교에 대한 성령의 역사를 강조했다는 점에서 분명히 몬타니즘의 색조를 띠고 있다고 보았다. 로빈슨은 터툴리안이 그 이야기를 편집했다고 생각한다. 상당수의 학자들이 이 견해에 동조하고

있지만 최근에 그 자료를 검토한 윌리엄 웨인리치(William Weinrich)는 페르페투아가 몬타니즘의 신봉자가 아니었을 가능성이 높으며, 터툴리안이 성 페르페투아의 수난을 편집했을 리가 없다고 결론지었다. 그는 이렇게 분석하였다. "그 책의 편집자가 몬타니즘의 신봉자였다든가, 아니면 그가 몬타니즘 쪽으로 기울고 있었다고 가정할 하등의 이유가 없다. 그 책이 보여주는 것은 카르타고교회 내부에 교회에 대한 성령의 역사가 지속되고 있느냐의 문제를 둘러싸고 모종의 갈등이 일고 있었다는 것이다. 한 부류의 사람들은 여전히 성령께서 초대교회 때와 동일한 방식으로 성령께서 역사하고 계신다는 사실을 부인했다. 또 한 부류의 사람들—아마도 그 수난 이야기의 편집자가 속해 있었을 것 같은—은 성령께서 예전처럼 교회에서 역사하고 계심을 굳게 믿었다. 몬타니즘이 이러한 갈등과 어떠한 관계에 있었는지는 정확히 규명할 길이 없다. 그러나 카르타고에 몬타니즘이 유입됨으로써 그러한 갈등이 야기되었다고 말할 수는 있을 것이다."(William C. Weinrich, Spirit and Martyrdom, [Washington D.C.: University Press of America, 1981], pp. 224-225, 235-236.

7) W. H. C. Frend, *The Rise of Christianity*, (Philadelphia: Fortress, 1984), p. 139.
8) 같은 책, p. 254.
9) 같은 책, p. 254.
10) F. L. Cross, E. A. Livingstone 공동편집, *The Oxford Dictionary of the Christian Church* 제2판 (London: Oxford University Press, 1974), p. 934.; Elsa Gibson, *The Christians for Christians Inscriptions of Phrygia*, (Missoula, Montana: Scholars Press, 1978), p. 125.; Klawiter, Martyrdom and Persecution p. 253.
11) Klawiter, *Martyrdom and Persecution*. p. 253.
12) 같은 책, p. 253.
13) Frend, *Christianity*, p. 255
14) David F. Wright, The Montanists, Tim Dowley 편집, *Eerdmans Handbook to the History of Christianity* (Grand Rapids: Eerdmans.1977), p. 74.

15) Frend, *Christianity*, p. 255.
16) Klawiter, *Martyrdom and Persecution*, p. 251.
17) Frend, *Christianity*, p. 255.
18) 같은 책, p. 256.
19) David F. Wright, The Montanists, *The Lion Handbook of Christian Belief*, (Hertfordshire, England: Lion, 1982), p. 427.
20) Paul Johnson, *A History of Christianity* (New York: Atheneum, 1976), pp. 49-50. 『2천년 동안의 정신』(살림 역간).
21) Roger Gryson, *The Ministry of Women in the Early Church*, (Collegeville, Minn: The Liturgical Press, 1976), pp. 77-78. 비록 (그리슨의 말처럼) "일부 학자들의 주장처럼 이러한 증거를 부인할 근거는 충분하지 않다" 하더라도 에피파니우스의 묘사에 얼마나 많은 비중을 두어야 할지는 알 수 없다.
22) Frend, *Rise of Christianity*, p. 256.
23) David Wright, The Montanists, *Lion Handbook of Christian Belief*, p. 428.
24) Frend, *Rise of Christianity*, pp. 349-350.
25) 같은 책, p. 350.
26) Tertullian, Against Praxeas, Alexander Robert, James Donaldson 공동편집, *The Ante-Nicene Fathers* (Grand Rapids: Eerdmans, 1976), 3:597.
27) *The Ante-Nicene Fathers*, 3:335, 337.
28) Paul Johnson, *A History of Christianity*, p. 50.
29) Gryson, *Ministry of Women*, p. 20.
30) 같은 책, pp. 17-19.
31) H. D. C. McDonald, Montanism, J. D. Douglas 편집, *The New International Dictionary of the Christian Church* (Grand Rapids: Zondervan, 1974), p. 674.
32) Henry Chadwick, *The Early Church* (Middlesex, England: Penguin Books, 1976), p. 52. 『초대교회사』(크리스챤다이제스트 역간).
33) Wright, The Montanists, *Eerdmans Handbook to the History of Christianity*, p. 74.

34) Frend, *Rise of Christianity*, p. 285.
35) Chadwick, *The Early Church*, p. 53.
36) Wright, The Montanists, *Eerdmans Handbook to the History of Christianity*, p. 74.
37) Johnson, *A History of Christianity*, p. 50.
38) Klawiter, *Martyrdom and Persecution*, p. 254.
39) John Wesley, The Real Character of Montanus, Thomas Jackson 편집, *The Works of John Wesley* (London: John Mason, 1829-31), p. 22, p. 47.
40) 실제로 몬타니즘은 교회가 제도와 은사, 위계질서 체제의 권위와 예언적 영감 그리고 엄격한 규율과 개방된 포괄주의―한마디로, 종파와 교회(트뢸치의 구분에 따르면)―사이에서 투쟁이 벌어지는 전쟁터이자 집중적인 공격 목표가 되었다.
41) Gibson, *Inscription of Phrygia*, p. 125.

제2장 교회갱신운동에 관한 연구

1) W. A. Vissert Hooft, *The Renewal of the Church* (London: SCM Press, 1956), pp. 67-68.
2) 에른스트 스퇴플러는 *The Rise of Evangelical Pietism* (Heiden: E. J. Brill, 1965), pp. 13-23에서 대륙 경건주의의 특징을 논한다.
3) 이 연구에서 의도적으로 역사적 연구와 분석, 신학적 연구와 분석을 엄격히 구별하지 않았다. 모든 신학은 그 역사적인 배경이 고려되어야 하고, 기독교 신앙은 기본적으로 역사적이며(하나님이 인류 역사 속에 스스로의 모습을 드러내시기로 결정하셨으므로), 신학적 분석은 대체로 교회가 그 자신의 역사를 성찰한 결과로 이해되어야 한다는 것이 나의 확신이며 이 책의 방법론은 바로 그러한 확신에 바탕을 두고 있다.
4) L. P. Gerlach, V. H. Hine 공저, People, Power, Change (New York: Bobbs-Merrill, 1970), pp. 370-377.
5) Martin Luther, *Luthers Works*, ed. Ulrich Leupold (Philadelphia: Fortress, 1965), pp. 53-54.

6) Gerhard Hilbert, *Ecclesiola in Ecclesia* (Leipzig: A. Deichert, 1920), p. 1.
7) 같은 책, p. 3.
8) 같은 책, pp. 3-4. Ludwig Thimme, *Kirche, Sekte und Gemeinschaftsbewegung* 제2판 (Schonberg: Friedrich Bahn, 1925), pp. 254-258.
9) Dietrich Bonhoeffer, *The Communion of Saints* (New York: Harper and Row, 1960) pp. 169-170.
10) Donald F. Durnvaugh, *The Belivers Church* (New York: Macmillan, 1968) p. 698.
11) Karl Barth, *Church dogmatics Vol. 41* (Edinburgh: T. and T. Clark, 1956), p. 698.
12) Dean M Kelly, *Why Conservative Churches are Growing* (New York: Harper and Row, 1972), p. 114.『왜 보수적인 교회가 성장하는가』(신망애 출판사 역간).
13) Jane E. Russell, *Renewing the Gospel Community* (박사학위 논문, University of Notre Dame, 1979), pp. 306-309, 337.
14) J. Massyngberde Ford, *Which Way for Catholic Pentecostals?* (New York: Harper and Row, 1976), p. 40.
15) Durnbaugh, *The Believers Church*; Franklin H. Littell, *The Origins of Sectarian Protestantism* (New York: Macmillan, 1967); Church (Scottdale, Pa.: Herald Press, 1969); Jane Russell, *Renewing the Gospel Community*. pp. 65-73.
16) Durnbaugh, *The Believers Church*, p. 33.
17) 여기서 제시된 유형론은 주로 Durnbaugh, Littell, Yoder, William, Estep 그리고 Ross T. Bender의 이론에서 추출한 것이다.
18) Donald W. Dayton, Revivalism, *New International Dictionary of the Christian Church* (Grand Rapids: Zondervan, 1974), p. 844; Timothy L. Smith, *Revivalism and Social Reform* (New York: Abingdon, 1957).
19) J. Edwin Orr, *The Second Evangelical Awakening in Britain, Evangelical Awakening in America* (London: Marshall, Morgan, and Scott, 1953); *The*

Light of the Nations (Grand Rapids: Eerdmans, 1965).

20) J. Edwin Orr. *Evangelical Awakening in Africa* (Minneapolis) 오르는 *Of Splendor* (Wheaton: Tyndale, 1986)에서 유사한 관점을 제시한다.
21) Orr, *Evangelical Awakening in Africa*, vii, viii.
22) 같은 책, x.
23) Perry Miller, *Jonathan Edwards* (William Sloane Associates, 1949), p. 307.
24) 같은 책, pp. 315-316.
25) Jonathan Edwards, *A History of the Work of Redemption* (Edinburgh, 1774: Philadelphia: Presbyterian Board of Education), p. 219.
26) 같은 책, p. 219.
27) 같은 책, p. 220.
28) Charles G. Finney, *Reflections on Revival*, Donald W. Dayton 편집 (Minneapolis: Bethany Fellowship, 1979).
29) Charles G. Finney, *Revivals of Religion* (Westwood, N. J.: Fleming H. Revell), pp. 2-3.
30) 같은 책, p. 5.
31) Finney, *Reflections on Revival*, pp. 17, 107. 113-119, 140-144, 151-160.
32) Richard Lovelace, *Dynamics of Spiritual Life* (Downers Grove, Ill.: Intervarsity Press, 1979) p. 16.
33) 같은 책, p. 17.
34) 같은 책, p. 12, 17.
35) Anthony F. C. Wallace, *Revitalization Movements American Anthropologist* 58 (1956년 4월) pp. 264-265.
36) 같은 책, pp. 265-266.
37) 같은 책, p. 267.
38) 같은 책, p. 268.
39) 같은 책, pp. 28-275.
40) William G. Mcloughlin, *Revivals, Awakenings, and Reform* (Chicago: University of Chicago Press, 1978).

41) 같은 책, p. 8.
42) 같은 책, pp. 22-23.
43) 같은 책, p. 2.
44) 같은 책, 제레미 리프킨은 그의 책 *The Emerging Order* (New York: G. P. Putmans Sons, 1979), pp. 127-148에서 미국의 복음적 각성운동에 대하여 다소 유사한 주장을 한다.
45) Charles H. Kraft, *Christianity in Culture* (Maryknoll. N. Y.: Orbis, 1979).
46) 같은 책, p. 368, 371-377.
47) 같은 책, p. 370.
48) 같은 책, p. 371.
49) Thomas S. Kuhn, *The Structure of Scientific Revolution* 제2판, *International Encyclopedia of Unified Science* (Chicago: University of Chicago Press, 1970), p. 111.
50) Ralph D. Winter, R. Pierce Beaver 공저, *The Warp and the Woof* (South Pasadena, Calif.: William Carey Library, 1970), pp. 52-62. Ralph D. Winter, *The Two Structures of Gods Redemptive Mission, Missiology* (1974년 1월), pp. 121-139.
51) Winter, *Two Structures*, pp. 121-130.
52) 같은 책, p. 127.
53) 같은 책, pp. 127-130.
54) Charles J. Mellis, *Committed Communities* (South Pasadena, Calif.: William Carey Library, 1976).
55) Gordon Cosby, *Handbook for Mission Groups* (Waco, Tex.: Word, 1975). p. 15.
56) Donald G. Bloesch, *Wellsprings of Renewal* (Grand Rapids Eerdmans, 1974), p. 19.
57) 같은 책, pp. 99-100.
59) Stephen B. Clark, *Unordained Elders and Renewal Communities* (New York: Paulist, 1976), p. 2.

59) 같은 책, p. 47.
60) 같은 책, p. 91.
61) Ford, *Which Way for Catholic Pentacostals?*, p. 1, 67.
62) Michael Novak, The Meaning of Church in Anabaptism and Roman Catholicism, C. B. Robinson 편집, *Voluntary Associations* (Richmond, Va.: John Knox, 1966), p. 91, 96.
63) 같은 책, p. 101.
64) 같은 책. p. 102
65) 같은 책. p. 99.
66) 같은 책, p. 101.
67) 같은 책, p. 105.
68) Rosmary Ruether, The Free Church Movement Contempory Catholicism, Martin E. Marty, Dean G. Peerman 공동편집, *New Theology* (New York: Macmillan, 1969), p. 286.
69) 같은 책, pp. 286-287.
70) 같은 책, p. 287.
71) 같은 책, p. 286.
72) Russell, *Renewing the Gospel Community*, pp. 14-15.
73) 같은 책, p. 412, pp. 391-393 참조.
74) 같은 책, p. 418.
75) Wallace, *Revitalization Movements*, p. 268.

제3장 경건주의

1) Theodore G. Tappert, Orthodoxism, Pietism and Rationalism, Harold C. Letts 편집, *Christian Social Responsibilily* (Philadelphia: Muhlenberg, 1957), 2:47.
2) 같은 책, pp. 42-43.
3) 아른트에 관하여는 다음의 책들을 참조하라. Peter Erd 편역, *Johann Arndt* (New York: Paulist, 1979); F. Ernest Stoeffler, *The Rise of Evangelical*

Pietism (Leiden: E. J. Brill, 1964), pp. 202-212; Wilhelm Koepp, *Johann Arndt* (Berlin, 1912).

4) Stoeffler, *Evangelical Pietism*, p. 204.
5) Johann Arndt, p. 5. 아른트는 말년에 『독일신학』의 서문 두 편이 포함된 책 두 권을 더 발간했다. 스퇴플러는 제1권 제21장과 제2권 제11장을 특히 중요시한다. 제2권 제11장에서 아른트는, 그리스도인은 믿음에 의해 만물을 다스리고 사랑으로 모든 사람의 종이 되어야 하며, 그리스도의 삶의 유형을 본받아야 한다고 주장하였다.
6) Erb, Stoeffler, *Evangelical Pietism*, p. 209.
7) John Arndt, Of true Christianity: Four Books, Anthony William Boehm (London: Joseph Downing, 1712), 1:2-3. 1714년에 제2권이 출간되었다. 이 책은 존 웨슬리와 코튼 마터의 아른트에 대한 이해를 높여 주었던 책이다.
8) 같은 책, p. 370.
9) 같은 책, p. 2, 300-301.
10) Bengt Hoffman 편역, *The Theologia Germanica of Martin Luther* (New York: Paulist, 1980), p. 30.
11) Erb, *Johann Arndt*, p. 19.
12) Stoeffler, *Evangelical Pietism*, p. 211.
13) Koeep, *Arndt*, p. 19.
14) Stoeffler, *Evangelical Pietism*, p. 228. 스페너에 관하여는 특히 다음 책을 참조하라. K. James Stein, *Phillip Jakob Spener* (Chicago: Covenant Press, 1986).
15) August Tholuck, Phillip Jacob Spener, F. A. Muhlenberg 역, *Evangelical Quartely Review* 14:53(1862): p. 69.
16) 방금 위에서 언급한 책들을 비롯하여 독일어로 번역된 몇 권의 영어 책들을 스페너는 어린 시절 아버지의 서재에서 읽었다. Theodore G. Tappert 역, *Phillip Jacob Spener*, (Philadelphia: Fortress, 1964, 1977) 역자 서문 p. 9.
17) Stoeffler, *Evangelical Pietism*, p. 231.

18) Tappert, *Pia Desideria* 서문, p. 9.
19) Stoeffler, *Evangelical Pietism*, pp. 228-229.
20) Tholuck, *Spener*, p. 70.
21) Stoeffler, *Evangelical Pietism*, p. 164.
22) Tholuck, *Spener*, p. 73.
23) Spener, *Erbauliche Evangelisch und Epistolische Sonntags Andachten* (Frankfurt, 1716), p. 638, 태퍼트의 『경건한 열망』 서문 p. 13에서 인용.
24) Tappert, *Pia Desideria* 서문, p. 15.
25) Richard F. Lovelace, *The American Pietism of Cotton Mather* (Washington D.C.: Christian University Press; Grand Rapids: Eerdmans, 1979), p. 220.
26) Spener, *Pia Desideria*, p. 220.
27) Stoeffler, p. 236.
28) F. Ernest Stoeffler, *German Pietism during the Eighteenth Centry* (Leiden: Eerdmans, 1979), p. 2.
29) 같은 책, p. 3.
30) Erich Beyreuther, *Geschichte des Pietismus* (Stuttgart: J. F. Steinkopf, 1978) p. 130.
31) Dale W. Brown, *The Problem of Subjectivism in Pietism* (Northwestern University 박사학위 논문, 1962), p. 86. Johann Arndt 외, *Derdeutsche Pietismus* (Berlin: Furche, 1921), p. 109.
32) Beyreuther, *Gechichte*, p. 132; Stoffler, *Evangelical pietism*, p. 4. 프랑케는 키일에 있을 때, 소규모 성경공부 모임들이 특정 주제를 놓고 정기적으로 만나곤 하는 것을 보았을 것이다. Brown, The Problem of Pietism, p. 4.
33) Stoeffler, *Evangelical Pietism*, p. 4.
34) 같은 책, p. 12.
35) 같은 책, p. 6.
36) Brown, *The Problem of Pietism*, p. 2, 88.
37) 같은 곳.
38) 같은 책, p. 91.

39) 같은 책, p. 92.
40) Beyreuther, *Gechichte*, p. 147.
41) Tappert, *Orthodoxism, Pietism, and Rationalism*, p. 73.
42) Stoeffler, *Evangelical Pietism*, pp. 34-35; Ernst Benz, *Pietist and Puritan Soures of Early Protestant World Missions* (Cotton Mather and A. H. Francke), Luise Jockers 역, Church History 20:2 1951년 6월): pp. 28-55. Lovelace, *The American Pietism of Cotton Mather*.
43) Benz, *Pietist and Puritan Sources*, pp. 29-35; Martin Schmidt, Ecumenical Activity on the Continent of Europe in the Seventeenth and Eighteenth Centuries, Ruth Rouse, Stephen C. Neill 공동편집, *A History of the Ecumenical Movement* 1517-1948, 제2판 (Philadelphia: Westminster, 1967), p. 100; James S. M. Anderson, *The History of the Church of England in the Colonies and Foreign Dependencies of the British Empire* 제3권 (London: Francis and John Livingston, 1848-56), 2:71, p. 629. 여기서도 우리는 프랑케에 대한 스페너의 영향력이 어떠했는가를 알 수 있다. 이들은 코펜하겐에서 궁정목사로 일하고 있던 프란츠 줄리우스 루트켄스(스페너의 제자이사 친구)를 통해 선발했다. 파송 요청을 받은 프랑케는 즉시 두 명의 선교사를 선발했다. Geoffrey F. N. Nuttall, Continental Pietism and the Evangelical Movement in Britain, J. Van Den Berg, J. P. Van Dooren 공동편집, *Pietismus und Reveil, Kerkhistorische Bijdragen*, 7 (Leiden: E. J. Brill, 1978), p. 216.
44) Stoeffler, *Evangelical Pietism*, p. 35.
45) 같은 책, p. 31.
46) John Weborg, *Spener's Doctrine of the Church* (North Park Theological Seminary 학사학위 논문, 1961), p. 38.
47) Spener, *Pia Desideria*, p. 67.
48) 같은 책, p. 76.
49) Spener, *Of The Christian Church*, K. James Stein 역, p. 2. 이 설교는 원래 *Die Evangelische Glaubenlehre* (Frankfurt am Main: Zunner, 1688)에 게

재되었던 것이다.
50) 같은 책, p. 10.
51) 같은 책, p. 2.
52) 같은 책, p. 3.
53) 같은 책, p. 4.
54) 같은 곳.
55) 같은 책, p. 9.
56) 같은 책, p. 5.
57) 같은 책, p. 10. Weborg, *Spener's Doctrine of the Church* p. 36 참조.
58) 같은 책, pp. 15-16.
59) Allen C. Deeter, *A Historical and Theological Introduction to Phillip Jakob Spener's Pia Desidria* (Princeton University 박사학위 논문, 1963), xii.
60) 같은 책, pp. 15-16.
61) 같은 책, p. 74; Arthur W. Nagler, *Pietism and Methodism or The Significance of German Pietism in the Origin and Early Development of Methodism* (Nashville: M. E. Church, South, 1918), p. 18.
62) Martin Schmidt, *Wiedergeburt und Neuer Mensch* (Witten: Luther-Verlag, 1969); Jakob Spener, *Pietismus und Neuzeit, Jahrbuch 1976 zur Geschichte des Neueren Protestantimus*, Andreas Lindt와 Klaus Depermann 공동편집 (Bielefeld: Luther-Verlag, 1977), pp. 7-31; Beyreuther, *Geschichte*, pp. 16-19; Manfred W. Kohl, Wiedergeburt as the Central Theme in Pietism, *The Covenant Quarterly* 32: 4(1974년 11월호), pp. 15-35.
63) Kohl, *Wiedergevurt*, p. 16.
64) Schmidt, *Wiedergevurt und Neuer Mensch*, p. 24.
65) Weborg, *Spener's Doctrine of the Church*, p. 49.
66) 스페너에 의해 *Der Hockwichtige Articul* 등에서 윤곽이 잡힌 내용이다. Kohl, Wiedergeburt, p. 16; Wallmann, *Wiedergeburt und Erneuerung*, p. 22 참조.

67) Wallmann, *Wiedergeburt und Erneuerung*, p. 24.
68) Spener, *Pia Desideria*, pp. 76-81; Johannes Wallmann, *Pietismus und Chiliasmus, Zur Kontroverse um Philipp Jakob Speners Hoffnung besserer Zeiten* 78:2(1981), p. 235 이하 참조.
69) Spener, *Pia Desideria*, p. 81.
70) Kohl, *Wiedergeburt*, p. 18.
71) Wallmann은 *Wiedergeburt und Erneuerung*에서, 스페너가 '중생'과 '갱신'을 분명히 구별했다고 지적한다.(p. 13). 그의 주장이 그릇된 것은 아니지만, 이 두 개념이 모두 교회에 대한 유기체적 견해, 제도적·법적인 견해가 아니라는 점을 반영한다는 점에서 공통적인 성질을 띠고 있다. 스페너가 이해한 '갱신'은 교인들이 폭넓은 영적인 거듭남을 통해서 교회가 새로운 활력을 되찾는 것을 의미했다.
72) Spener, *Pia Desideria*, pp. 92-93.
73) Spener, *Of the Christian Church*, p. 6.
74) John C. Weborg, Philip Jacob Spener, *The Covenant Quarterly* 25:1 (1967년 2월호), p. 21; Stoeffler, *Evangelical Pietism*, p. 244.
75) Spener *Das Geistliche Preistertum* (1677), A. G. Voight 역, *The Spiritual Priesthood* (Philadelphia: The Lutheran Publication Society, 1917), p. 15. 여기서 스페너는 계 1:6; 5:10, 벧전 2:9를 증거 구절로 인용한다.
76) 같은 책, pp. 15-16. 벧전 2:9를 갈 3:28에 결부시킨 것에 주목하라.
77) 같은 책, p. 17.
78) 같은 책, pp. 20-23.
79) 같은 책, p. 27.
80) 같은 책, p. 290.
81) 같은 곳.
82) 같은 책, p. 29. 스페너는 여기서 권면·치리의 의무 그리고 안수 받은 목회자가 없을 경우의 죄를 용서하고 면책시킬 의무를 첨가한다(같은 책, p. 30).
83) 같은 책, p. 30.

84) 같은 책, p. 31.
85) 루터와 마찬가지로, 스페너에게는 세례가 '왕 같은 제사장'이 될 수 있는 전제조건이었다. "그리스도인은 세례 의식을 통해 제사장 직분을 갖고 계약의 백성으로서의 삶을 시작하게 된다."(Weborg, Speners Doctrine of the Church, p. 19, 22).
86) Spener, *The Spiritual Priesthood*, p. 29.
87) Weborg, *Spener's Doctrine of the Church*, p. 33.
88) 같은 책, p. 29. Paul Grunberg 편, *Spener, Hauptschriften* (Gotha: Friedrich Andreas Perthos, 1889), 3:163.
89) Spener, *Pia Desideria*, p. 89.
90) 같은 책, p. 91.
91) Spener, *The Spiritual Priesthood*, pp. 31-32.
92) Weborg, Speners Doctrine of the Church, p. 52
93) Stoeffer, *Evangelical Pietism*, pp. 238-239. 스퇴플러는 여기서, 스테너가 이 점에 있어서 종교개혁자들의 영향을 받았으며 프랑스 개혁교회를 모델로 삼고 있었다고 한다(같은 책, p. 237).
94) Stoeffler, *Evangelical Pietism*, pp. 236-237; Deeter, *Historical and Theological Introduction*, p. 220, Weborg, *Speners Doctrine of the Church*, p. 33.
95) Francke의 교회론에 관하여는 Stoeffler, *Evangelical Pietism*, pp. 22-23을 참조하라.
96) Gary R. Sattler, *God's Glory, Neighbors Good* (Chicago: Covenant Press, 1982), p. 108.
97) Dale W. Brown, *Understanding Pietism* (Grand Rapids: Eerdmans, 1978), p. 72.
98) Martin Schmidt, *John Wesley*, Norman Goldhawk 역 (New York: Abingdon, 1962), 1:141.
99) 같은 책, pp. 142-143. 슈미트는 스페너에게서처럼 어떤 '원초적인 동기'를 프랑케에게서 발견한다.

100) Kohl, *Wiedergeburt*, p. 21.
101) Sattler, *God's Glory*, p. 102.
102) 같은 책, p. 103.
103) August Hermann Francke, *The Doctrine of our Lord Jesus Christ concerning Rebirth* (1697), *Sonn-Fest und Apostle-Tags-Predigten* (Halle: Waysenhause, 1704). Sattler, Gods Glory, p. 135.
104) Brown, *Understanding Pietism*, p. 118.
105) Sattler, *God's Glory*, pp. 199-237에 수록된 프랑케의 *Scriptural Rules of Life* (1695).
106) Kohl, *Wiedergeburt*, p. 21.
107) 같은 책, pp. 21-22.
108) 같은 책, p. 23. 여기서 우리는 칼 바르트가 어째서 처음에 경건주의를 반대했는지 그 이유를 발견하게 된다.
109) 같은 책, p. 25.
110) Manfred Waldemar Kohl, Pietism as a Movement of Revival, *The Covenant Quarferly* 33:3 (1975년 8월), p. 6.
111) John T. McNeil, *Modern Christian Movement* (Philadelphia: Wetminstler, 1954), p. 72.
112) 경건주의가 영향력을 키워나갔던 정치적·경제적 배경에 관하여는 다음의 글을 참조하라. W. R. Ward, Power and Piety, *Bulletin of the John Rylands University Library* 63:1 (1980년 8월), pp. 231-252.
113) Deeter, *Historical and Theological Introduction*, xxi.
114) 같은 책, pp. 147-148.
115) 같은 책, p. 148. John T. McNeil, *A History of the Cure of Souls* (Harper and Brothers, 1951), pp. 182-183.
116) Spener, *Erzehlung vom Pietismo*, pp. 47 이하, Deeter, *Historical and Theological Introduction*, p. 149에서 인용됨.
117) 같은 곳.
118) Deeter, *Historical and Theological Introduction*, pp. 150-151.

119) 같은 책, p. 151.
120) Kohl, *Pietism as a Movement of Revival*, p. 9.
121) 같은 책, p. 9.
122) Tappert, *Orthodoxism, Pietism, and Rationalism*, p. 72.
123) Kohl, *Pietism as a Movement of Revival*, p. 9.
124) Sattler, *God's Glory*, p. 63.
125) Ward, *Power and Piety*, p. 237.
126) Sattler, *God's Glory*, p. 62.
127) 같은 책, p. 63.
128) 같은 곳.
129) W. A. Wissert Hooft, *The Renewal of the Church* (London: SCM Press, 1956), pp. 83-84.
130) McNeil, *Modern Christian Movements*, pp. 72-73. 하지만 우리는 할레 경건주의로부터 싹터 나온 세계 선교활동을 반드시 기억할 필요가 있다.

제4장 모라비안주의

1) F. Bovet, *The Banished Count* (London: E. T. J. Gill, 1865), p. 16.
2) August Gottlieb Sprangenberg, *The Life of Nicholas Lewis Count Zinzendorf, Bishop and Ordinary of the United or Moravian Brethren*, Samuel Jackson 역 (London: Samuel Holdsworth, 1838), pp. 1-2.
3) F. Ernest Stoeffler, *German Pietism during the Eighteenth Century* (Leiden: E. J. Brkll, 1973), pp. 132-133.
4) Hans-Christolph Hahn과 Hellmut Richel 공동편집, *Zinzendorf und die Herrnbuter Bruder* (Hamberg: Wittig, 1977), p. 21.
5) Spangenberg, *Life of Nicholas*, p. 10.
6) A. J. Lewis, *Zinzendorf the Ecumenical Pioneer* (Philadelphia: Westminster, 1962), p. 27.
7) 같은 책, pp. 18-19.
8) 같은 책, pp. 31-32; Stoeffler, *German Pietism*, pp. 135-137; Spangenberg,

Life of Nicholas, pp. 31-32, 36-37.
9) Spangenberg, *Life of Nicholas*, pp. 27-28.
10) 같은 책, p. 28.
11) 같은 책, p. 36.
12) Nehemiah Curnock 편집, *The Journal of the Rev. John Wesley* (London: Epworth, 1938 2판), 2:30. [이하 Wesley, *Journal*로 약칭함].
13) 같은 곳.
14) '연합형제단'은 1457년 보헤미아에서 로마 가톨릭 교회 내부의 갱신 공동체로 설립되었다. 그들은 자신들을 그리스도와의 친교 가운데 살아가는 무리라 생각했으며, 1464년에 열린 최초의 종교회의에서 계약의 백성으로서 서로 권면하고 잘못을 바로잡아 줄 것을 서약하였다. 그들은 심한 박해를 받았으나, 로마 가톨릭 교회의 부패와 미신적 관행을 타파할 개혁 운동의 중심 세력으로 자처했다. 1467년, 그들은 교회로 발족하여 그들 나름대로의 성직제도와 지도체계를 확립했다. 그들은 1616년의 운영 원리에서 조직 구조를 수정했다. '연합형제단'은 1500년 무렵 보헤미아에만도 3백여 개의 교회와 10만여 명의 신도들을 갖고 있었다고 한다. 16세기에 접어들어 '연합형제단' 지도자들은 루터, 부처, 카피토, 칼빈 등 주요 종교개혁자들과 접촉했다. 16-17세기의 혹독한 박해를 이기지 못하고 '연합형제단'은 폴란드로 건너갔다. 루이스는 이렇게 말한다. "믿음에 관한 '연합형제단'은 루터와 유사했고, 질서에 관한 한 칼빈과 흡사했다. 그러면서도 그들은 가톨릭에 대하여 문을 열어 놓았다." Lewis, *Zinzendorf*, pp. 35-44; Donald F. Durnbaugh, *The Believers Church* (New York: Macmillan, 1968), pp. 57-63; E. R. Hasse, *The Moravians* 제2판 (London: National Council of Evangelical Free Churches, 1913), pp. 10-13.
15) Wesley, *Journal*, 2:31.
16) Edward Langton, *History of the Moravian Church* (London: George Allen and Unwin, 1956), pp. 55-62; Spangenberg, *Life of Nichlas*, pp. 39-41; Wesley, *Journal*, 2:28-32; Stoeffler, *German Pietism*, pp. 137-138.
17) William George Addison, *The Renewed Church of the United Brethren*

1722-1930 (London: SPCK, 1932), p. 22.

18) Lewis, *Zinzendorf*, p. 49.
19) Spangenberg, *Life of Nicholas*, p. 79.
20) Addison, *Renewed Church*, p. 41.
21) Spangenberg, *Life of Nicholas*, p. 83.
22) Addison, *Renewed Church*, p. 41.
23) Stoeffler, *German Pietism*, p. 139.
24) Spangenberg, *Life of Nicholas*, pp. 90-91.
25) 같은 책, p. 84.
26) Arvid Gradin, *A Short History of Bohemian Moravian Protestant Church of the United Brethren* (London, 1743), p. 43. Lewis, *Zinzendorf*, p. 59에서 인용. Wesley, *Journal*, 2:47-49 참조.
27) Lewis, *Zinzendorf*, p. 59.
28) Spangenberg, *Life of Nicholas*, p. 136.
29) Martin Schmidt, *John Wesley*, Norman Goldhawk 역 (New York: Abingdon, 1972; 독일어판, 1966), 2:267.
30) Schmidt, *John Wesley*, 1:232-233.
31) Addison, *Renewed Church*, pp. 61-62.
32) Schmidt, *Wesley*, 1:232.
33) Wesley, *Journal*, 2:50.
34) *The Moravian Magazine* (London, 1854), p. 337; Lewis, *Zinzendorf*, pp. 111-114.
40) Stoeffler, *German Pietism*, p. 165.
41) Charles J. Mellis, *Committed Communities* (South Pasadena, Calif.: William Carey Library, 1976), p. 96 이하.
42) Addison, *Renewed Church*, p. 59.
43) 여기서 진젠도르프의 교회론을 다소 집중적으로 다룬다고 해서, 1760년 그의 사망 이후 슈팡엔베르그의 행정적·신학적 리더십을 과소평가할 생각은 없다. 그 후의 모라비안주의는 주로 슈팡엔베르그에 의해 발전되어 나갔다.

하지만 모라비아 형제단의 갱신에 불을 붙이고 그것을 하나의 운동 차원으로 끌어 올린 원래의 신학적 비전은 분명 진제도르프로부터 온 것이었다. 갱신 운동의 원동력에 관한 한, 슈팡엔베르그는 모라비안주의를 하나의 선교 운동이라기보다는 정착된 교파로 안정시키는 역할을 했다. 그는 신학에 관하여는 다음의 책을 참조하라. Spangenberg, *Exposition of Christian Doctrine* 영어판 제3판 (Winston-Salem, N.C.: Board of Christian Education of the Southern Province of the Moravian Church, 1959).

44) Lewis, *Zinzendorf*, pp. 138-139.
45) Nikolaus von Zinzendorf, *Twenty One Discourse of Dissertations upon the Augsburg Confession, Which is also the Brethrens Confession of Faith*, F. Okeley 역 (London: W. Bowyer, 1743), p. 246.
46) 같은 곳.
47) 같은 책, p. 237.
48) 같은 책, p. 237-238.
49) Nikolaus von Zinzendorf, Maxims, *Theological Ideas and Sentences by J. Gambold* (London: J. Beecroft, 1757). pp. 210-211. [이하 *Zinzendorf, Maxims*로 칭함.]
50) 같은 책, p. 139.
51) 같은 책, p. 183.
52) Addison, *Renewed Church*, p. 64.
53) Lewis, *Zinzendorf*, p. 17.
54) J. Taylor Hamilton, Kenneth G. Hamilton 공저, *History of the Moravian Church* (Bethlehem, Pa.: Interprovincial Board of Christian Education, Moravian Church in America, 1967), pp. 101-102.
55) Lewis, *Zinzendorf*, p. 152.
56) 같은 책, p. 140.
57) 같은 책, p. 102.
58) 같은 곳.
59) Zinzendorf, *Maxims*, p. 93.

60) 진젠도르프는 이 문제와 관련하여 종종 '하나님의 경륜'이라는 말을 썼다. Zinzendorf, *Sixteen Discourses upon Important Subjects in Religion, Preached in Fetter-Lane Chapel at London, in the Year MDCCXLVI* (London: James Hutton, 1748), p. 23. 루이스에 의하면, '오이코우메네'라는 헬라어를 전 세계의 그리스도 교회를 뜻하는 말로 사용한 것은 진젠도르프가 처음이라고 한다. Lewis, *Zinzendorf*, p. 13.
61) Zinzendorf, *Maxims*, p. 205.
62) 같은 책, pp. 332-333.
63) Addison, *Renewed Church*, pp. 35-36.
64) Lewis, *Zinzendorf*, p. 141: Addison, *Renewed Church*, p. 34.
65) Addison, *Renewed Church*, p. 159.
66) Lewis, *Zinzendorf*, p. 159.
67) 같은 책, pp. 117-120.
68) 같은 책, pp. 119.
69) 같은 곳.
70) 같은 책, p. 121.
71) 같은 곳.
72) 같은 책, p. 120.
73) Addison, *Renewed Church*, pp. 56-57; Hamilton, *Moravian Church*, p. 73.
74) Lewis, *Zinzendorf*, p. 116.
75) 같은 책, pp. 116-117. 진젠도르프 자신은 매우 부유한 사람이었음에도 불구하고 모라비아 사업으로 인해 빈번히 재정적인 곤란에 부딪치곤 했다. 그의 개인적인 재정은 모라비아교도들의 재정과 거의 구분할 수 없을 정도로 혼합되어 있었다. 1760년 세상을 떠날 당시, 그는 모라비아 교회에 15만 파운드의 빚을 남겨 놓았다. 모라비아교도들이 이 빚을 갚는데 무려 40년 이상이나 걸렸다. Lewis, *Zinzendorf*, pp. 36-37.
76) 같은 책, p. 117.
77) Spangenberg, *Life of Nicholas*, p. 428.
78) Lewis, *Zinzendorf*, p. 428.

79) Zinzendorf, *Maxims*, p. 73.
80) Zinzendorf, *Twenty One Discourses*, pp. 243-244. 여기서 진젠도르프는 갈라디아서 6장 1-2절과 야고보서 5장 16절을 인용한다.
81) Nikolaus Zinzendorf, *Nine Publick Discourses upon Important Subjects in Religion, Preached in Fetter Lane Chapel at London, in the Year MDCCXLVI* (London: James Hutton, 1748).
82) 같은 책, p. 45.
83) Kenneth G. Hamilton 편역, *The Bethlehem Diary, 1: 1745-1744* (Bethlehem, Pa.: The Archives of the Moravian Church, 1971), p. 106.
84) 같은 책.
85) Zinzendorf, *Maxims*, p. 301.
86) 같은 책, p. 275.
87) Zinzendorf, *Twenty One Discourses*, p. 111.
88) 같은 책, p. 257.
89) 같은 책, p. 111.
90) Zinzendorf, *Maxims*, p. 97.
91) 같은 책, p. 215.
92) 같은 곳.
93) 같은 책, pp. 212-213.
94) Valdis Mezezers, *The Herrnhuterian Pietism in the Baltic and Its Outreach into America and Elsewhere in the World* (North Quincy, Mass.: Christopher, 1975), pp. 90-100.
95) Zinzendorf, *Maxims*, p. 144.
96) 같은 책, p. 91.
97) 같은 책, p. 91-92.
98) J. E. Hutton, *A History of the Moravian Church* 개정 제2판 (London: Moravian Publication Office, 1909), p. 308, 314.
99) Lewis, *Zinzendorf*, pp. 179-181.
100) 같은 책, p. 181.

101) Zinzendorf, *Twenty One Discourses*, p. 229.
102) 같은 곳.
103) 같은 책, p. 227.
104) 같은 책, p. 130.
105) 같은 책, p. 152.
106) 같은 곳.
107) 같은 책, p. 147.
108) 같은 곳.
109) 같은 곳.
110) Zinzendorf, *Sixteen Discourses*, p. 158.
111) 같은 책, p. 157.
112) 같은 책, p. 26.
113) Zinzendorf, *Nine Public Discourses*, p. 24.
114) 같은 책, p. 25.
115) 같은 책, p. 25, 26.
116) 같은 책, p. 24.
117) Manfred W. Kohl, Wiedergeburt as the Central Theme in Pietism, *The Covenant Quarterly* 32:4 (1974년 11월): 25.
118) Gillian Lindit Gollin, *Moravians in Two Worlds* (New York: Columbia University Press, 1967), p. 18.
119) 같은 책, p. 68.
120) 베들레헴 공동체 초기에는 대체로 부부가 함께 살지는 않았으나 일주일에 한 번은 만날 수 있었다. 하지만 헤른후트에서는 전혀 사정이 달랐다. (같은 책, p. 85); Beverly Prior Smaby, *The Transformation of Moravian Bethlehem From Communal Mission to Family Economy* (Philadelphia: University of Pennsylvania Press, 1988), pp. 101-103.
121) 같은 책, p. 67.
122) 골린은 다음과 같이 말한다. "초기의 '조'(Choir) 체제는 비록 종교적 열정이 그 밑바탕이 되었다고는 하나, 남성과 여성을 분리시켜야 한다는 진젠도

르프의 주장이 구조에 반영된 것으로 보아야 한다. 이 동기는 1728년 첫 번째 '조'—독신 남성들의 '조'—의 형성의 형성에 분명히 드러나 있다."(같은 책, p. 70).

123) John Jacob Sessler, *Communal Pietism Among Early American Moravians* (New York: Henry Holt, 1933), p. 93.

124) 같은 책, p. 84.

125) Elizabeth Lahman Myers, *A Century of Moravian Sisters* (New York: Fleming H. Revell, 1918), pp. 35-36. 여기서 안나 니츠슈만은 헤른후트에서의 독신 자매들의 '조'형성에 관하여 일인칭 주어를 사용하여 기술한다. 그녀는 1740년 말 경 베들레헴 공동체에 도착한 이후 이 공동체 초기의 핵심적인 지도자로 활동했다.

126) Gollin, *Moravians*, pp. 71-72.

127) A. Bost, *History of the Bohemian and Moravian Brethren* (London: Religious Tract Society, 제2판, 1838), p. 237.

128) 같은 책, p. 234.

129) 같은 책, p. 235-236; Spangenberg, *Life of Nicholas*, pp. 90-91.

130) Bost, *Moravian Brethren*, p. 236.

131) Gollin, *Moravian Brethren*, p. 236.

132) 같은 곳.

133) P. J. Acrelius, A Visit to the American Cloister at Bethlehem, Jun, 1754, *A History of Sweden*, pp. 403-404. Gollin, *Moravians*, p. 76.

134) 같은 책, p. 79; Smaby, *Transformation*, 여러 곳.

135) Gollin, *Moravians*, p. 80.

136) 같은 책, p. 81.

137) 같은 곳.

138) Sessle, *Commumal Pietism*, p. 194.

139) Gollin, *Moravians*, p. 82.

140) 같은 책, p. 88.

141) 같은 책, p. 89.

142) Kenneth G. Hamilton, *John Ettwein and the Moravian Church During The Revolutionary Period, Transactions of the Moravian Historical Society* 12 (Nazareth, Pa.: Whitefield House, 1940), p. 141.
143) Gollin, *Moravians*, p. 101.
144) 같은 책, p. 97.
145) 같은 책, pp. 104-105.
146) 같은 책, pp. 108-109.
147) Lewis, *Zinzendorf*, p. 91. 오늘날에 있어서는 이 분야에 있어서의 모라비아교도들의 업적을 능가하는 청년 지향적인 운동이 몇몇 존재한다. 예를 들어, 1970년대의 '예수 운동', OM 선교단, 예수전도단 등이 거기에 해당한다. Mellis, *Committed Communities*, p. 72.
149) David Allen Schattschneider, *Souls for the Lamb* (Chidago Divinity School 박사학위 논문, 1975), p. 1.
150) 같은 글, pp. 50-52.
151) 같은 곳, 1973년 현재 전 세계 모라비아 교회의 수는 710개이고 (니카라구아에만 108개), 교인수는 총 413,932명이다.(같은 책, pp. 56-58).
152) Lewis, *Zinzendorf*, p. 92.
153) 같은 책, p. 94.
154) 같은 책, p. 120.
155) 같은 곳; Mezezers, *Herrnhuterian Pietism*, pp. 61-75.
156) Lewis, *Zinzendorf*, p. 169.
157) 같은 책, p. 164.

제5장 메서디즘

1) John Wesley, *The Journal of the Rev. John Wesley*, Nehemiah Curnock 편집, 제8권 (Londod: Epworth, 1909-1916; 1938 2판, 1:16. (이하 Wesley, *Journal*로 약칭함.) 웨슬리는 1732-34년 기간 중 프랑케의 책을 읽었으며, 그 책들을 '거룩한 모임'에서 사용하기도 했다. Richard Poul Heitzenrater, *John Wesley and the Oxford Methodists*, 1725-35 (Duke University 박사학

위 논문, 1972), p. 504.
2) Wesley, *Journal*, 2:186, p. 190.
3) A. W. 보메는 아른트의 『진정한 기독교』를 1712년과 1714년에 두 권의 영어판으로 출간하였다. 1734년에 웨슬리는 보메의 *Several Discourses and Tracts for Promoting the Common Interest of True Christianity*에 관하여 언급한다. (Heitzenrater, John Wesley, p. 497).
4) F. Ernest Stoeffler, Pietism, the Wesley, and Methodist Beginnings in America, F. Ernest Stoffler 편집, *Continental Pietism and Early American Christianity* (Grand Rapids: Eerdmans, 1976), p. 185.
5) Richard Kidder, *The Life of the Reverend Anthony Horneck, D. D. Late Preacher at the Savoy* (London: B. Aylmer, 1698), pp. 3-5.
6) Stoeffler, *Continental Pietism*, p. 186. 스페너보다 여섯 살 가량 나이가 적었던 호네크는 스페너가 제네바에서 공부하고 있는 동안 만났다. 하이델베르그에서 호네크의 지도교수였던 프레드릭 스팬하임은 한 때 라바디의 추종자였다. 네글러는 웨슬리가 독일에 오기 전, 호네크의 글을 통해서 경건주의에 관해 많은 것들을 알게 되었다고 한다. Arthur Nagler, *Pietism and Methodism, or The Significance of German Pietism in the Origin and Early Development of Methodism* (Nashville: M. E. Church, South, 1918), p. 147.
7) 호네크와 스미시즈가 이끈 공동체들이 1678년에 시작되었다는 기록이 많다. 하지만 그보다 더 일찍 시작되었을 가능성이 훨씬 높다. *World Christian Encyclopedia*는 1671년에 경건주의 복음전도자 안톤 호네크가 최초의 '교회부설 공동체'를 영국에 세웠다고 보고한다. (David D. Barrett 편집, *World Christian Encyclopedia* [Wheation, Ill.: Tyndale House, 1986], p. 57). 이 연도가 맞다면 호네크는 그러한 공동체를 사보이에 온 첫 해에 시작한 것이 된다.
8) Kidder, *Horneck*, p. 42.
9) 같은 책, p. 10. 이 유형은 스페너의 유형과 흡사했으며, 그의 책 『경건한 열망』이 주장하는 개혁과 맥을 같이 하고 있었다.

10) 같은 책, pp. 12-13.
11) Josiah Woodward, *An Account of Rise and Progress of the Religious Societies in the City of London, Etc., and of their Endeavours for Reformation of Manners*. 제4판 (London: J. Downing, 1712), p. 4.
12) Kidder, *Horneck*, pp. 13-16. 다음의 책들에도 이와 비슷한 규칙들이 실려 있다. *Woodward, Account; John S. Simon, John Wesley and the Religious Societies* (London: Epworth, 제2판, 1955), pp. 10-11.
13) Simon, *Religious Societies*, p. 17.
14) Woodward, *Account*, p. 43, 46, 65.
15) 위의 인명과 지명은 1694년 영국 국교회의 런던과 웨스트민스터 시의 몇 협의회에 근거한 것이다. *Bodleian Library*, Oxford(Rawl, MS. D. 1312). Heitzenrater, *John Wesley*, pp. 10-11에 인용.
16) Woodward, *Account*, p. 120.
17) Heizenrater, *John Wesley*, pp. 8-9.
18) Woodward, *Account*, p. 125.
19) Martin Schmidt, *John Wesley*, Norman Goldhawk 역 (New York: Abingdon, 19623), 1:33.
20) Richard F. Lovelace, *The American Pietism of Cotton Mather* (Grand Rapids: Eerdmans, 1979), p. 220.
21) Simon, *Religious Societies*, p. 19.
22) SPCK, F. L. Cross와 E. A. Livingstone 공동편집, *The Oxford Dictionary of the Christian Church*, 제2판 (London: Oxford University Press, 1974), p. 1298.
23) Heizenrater, *John Wesley*, pp. 17-18.; Woodward, *Account*, pp. 67-68.
24) Martin Schmidt, *John Wesley*, 2:175-176; Heitzenrater, *John Wesley*, p. 9, 19-23; John Henry Overton, *Life in the English Church* (London: Longmans, Green, 1885), pp. 211-212.
25) *Propagation of the Gospel to the East, being an Account of the Success of Two Danish Missionaries lately Sent to the East Indies for the Conversion*

of the Heathens in Malabor (London, 1709). 비록 덴마크 왕의 후원을 받기는 했지만, 선교사들은 모두 독일인이었다. 그들의 선교사역에 관하여는 다음 책을 참조하라. Kenneth Scott Latourette, *A History of the Expansion of Christianity, Three Centuries of Advance* (Grand Rapids: Zondervan, 1970), pp. 278-279.

26) Heizenrater, *John Wesley*, p. 3, 526.
27) Wesley, *Journal*, 3:33, Schmidt, *John Wesley*, 1:62.
28) John Whitehead, *The Life of the Rev. John Wesley*, M. A. (London: Stephen Churchman, 1793; Boston: Dow and Jackson, 1845), pp. 38-42.
29) Wesley, *Journal*, 1:467.
30) John Wesley, A Plain Account of Christian Perfection, *The Works of John Wesley* (London: John Mason, 1829-31), 11:367.
31) C. E. Vulliamy, *John Wesley* (London: Geoffrey Bles, 1931), p. 60.
32) Heizenrater, *John Wesley*, pp. 86-135.
33) 같은 책, pp. 199-200.
34) Arnold Dallimore, *George Whitefield* 제2권 (London: Banner of Truth Trust, 1970), 1:61-77.
35) Heizenrater, *John Wesley*, p. 229, 232.
36) 같은 책, p. 233.
37) Vulliamy, *John Wesley*, p. 55.
38) R. Denny Urlin, *The Churchman's Life of Wesley* (London: SPCK, 1905), p. 27; Luke Tyerman, *The Life and Times of Rev. John Wesley*, M. A., Founder of Methodists, 제4판 (London: Hodder and Stoughton, 1876), 1:14.
39) 벤자민 잉햄의 일기. Tyerman, *John Wesley*, 1:121에서 인용.
40) Wesley, *Journal*, 2:70.
41) Frank Baker, *John Wesley and the Church of England* (Nashville: Abingdon, 1970), p. 52.
42) 같은 책, p. 51.

43) 같은 책, p. 44.
44) 같은 책, pp. 51-52.
45) Richard Butterworth, Wesley as the Agent of the SPG, *Proceedings of the Wesley Historical Society* 7:5 (1910년 3월), p. 101.
46) 같은 책, p. 102.
47) John Telford, *The Life of John Wesley* (New York: Phillip and Hunt, 1899), pp. 95-96.
48) Wesley, *Journal*, 1:442.
49) William G. Addison, *The Renewed Church of the United Brethren 1722-1930* (London: SPCK, 1932), p. 623.
50) 같은 곳.
51) Weley, *Journal*, 1:458.
52) J. E. Hutton, Methodist Bands, *Wesleyan Methodist Magazine* 134 (1911년 3월), p. 200.
53) Addison, *Renewed Church*, p. 82.
54) A. Skevington Wood, *The Burning Heart* (Grand Rapids: Eerdmans, 1967), p. 67.
55) Wesley, *Journal*, 1:476.
56) 같은 책, p. 482.
57) 이 때 웨슬리가 만난 사람은 A. H. 프랑케가 아니라 그보다 젊은 G. A. 프랑케였다. A. H. 프랑케는 이미 11년 전에 사망했다.
58) Wesley, *Journal*, 2:16-17, 57-61.
59) 같은 책, pp. 19-56.
60) 같은 책, 2:70.
61) Wesley, *Works*, 13:55.
62) Albert E. Outler 편집, *John Wesley* (New York: Oxford University Press, 1964), p. 353.
63) Simon, *Religious Societies*, p. 194.
64) 같은 책, p. 195.

65) Vulliamy, *John Wesley*, p. 90.
66) Elie Halevy, *The Birth of Methodism in England*, Bernard Semmel 역 (Chicago: University of Chicago Press, 1971), p. 69; Bernard Semmel, *The Methodist Revolution* (New York: Basic Books, 1973), p. 13.
67) Wesley, *Journal*, 2:168.
68) 같은 책, pp. 172-173.
69) 웨슬리는 1748년 A Plain Account of the People Called Methodists (*Works*, 8:248-268)라는 메모에서, 이같은 형태들이 어디서 유해한 것인지에 대해 설명했다.
70) Baker, *John Wesley*, p. 141.
71) Wesley, *Works*, 8:258.
72) 같은 책, p. 253.
73) 같은 곳.
74) 같은 책, p. 254.
75) Wood, *Burning Heart*, p. 191.
76) Wesley, *Works*, 8:307.
77) Charles Wesley, *The Journal of the Rev. Charles Wesley, M. A.* (London: John Mason, 1849; Grand Rapids: Baker, 1980), 1:221.
78) Wesley, *Journal*, 2:370; Addison, *Renewed Church*, p. 84; Vulliamy, *John Wesley*, p. 140.
79) Vulliamy, *John Wesley*, p. 102; Tyerman, *John Wesley*, 1:214, 271-273; Wesley, Journal, 2:319.
80) Frank Baker, *The People Called Methodists. 3. Polity*, Rupert Davies, Gordon Rupp 공동편집, *A History of the Methodist Church in Great Britain* (London: Epworth, 1965), 1:220.
81) Nolan B. Harmon 편집, *The Encyclopedia of World Methodism* (Nashville: United Methodist Publishing House, 1974), 2:1444.
82) Frederick C. Gill, *In the Steps of John Wesley* (London: Lutterworth, 1962), p. 43.

83) Robert G. *Wearmouth, Methodism and the Common People of the 18th century* (London: Epworth, 1945), pp. 177-178.
84) Baker, *John Wesley*, p. 2.
85) John Wesley, *Explanatory Notes upon the New Testament* (London: Epworth, 1958 재판), p. 680(갈 1:13), p. 430(행 9:31), p. 850(히 12:23). (이후로는 Wesley, *ENNT*로 약칭함.)
86) 같은 책, p. 411.
87) Wesley, *Works*, 6:371.
88) 같은 곳.
89) 같은 책, p. 372.
90) Wesley, An Earnest Appeal to Men of Reason and Religion, *The Works of John Wesley* 제11권, Gerald R. Cragg 편집 (London: Oxford University Press, 1975), p. 77.
91) Wesley, *Works*, 6:375.
92) Wesley, *Works*, (Oxford, 1975), 11:518.
93) Outler, Dow Kirkpatrik 편집, *The Doctrine of the Church* (New York: Abingdon, 1964), p. 19.
94) Wesley, *Journal*, 4:436.
95) Wesley, *Works*, 6:378.
96) Wesley, *Journal*, 4:436.
97) 같은 곳.
98) 같은 곳.
99) John Wesley, *The Letters of the Rev. John Wesley*, A. M., John Telford 편집 (London: Epworth, 1931), 2:96.(이후로는 Wesley, *Letters*로 표시함.)
100) 1739년 3월 20일자 James Hervey에게 보내는 편지. Wesley, *Letters*., 1:286.
101) Wesley, *Works*, 7:245-276.
102) 같은 책, p. 277.
103) John Wesley, *Ought We to Separate from the Church of England?* Baker,

John Wesley 부록, p. 333. 웨슬리가 1755년에 쓴 글.
104) Wesley, *ENNT*, p. 478-479.
105) Wesley, Scriptural Christianity, *Works*, 5:38, The More Excellent Way, *Works*, 7:27; *ENNT*, p. 713. 「에베소서」 4장 8-11절을 본문으로 한 설교.
106) Wesley, *Works* 7:27.
107) Wesley, *Works* 5:38.
108) Wesley, *Works* 7:26-27.
109) Wesley, *Works* 5:38.
110) Wesley, *ENNT*, p. 625(고전 12:31).
112) 1747년의 의사록, John Bennet's Copy of the Minutes of 1744, 1745, 1747, and 1748: with Wesley's Copy of Those for 1746, *Publications of the Wesley Historical Society*, p1. (London: Charles. H. Kelly, 1896) p. 48. 진 젠도르프 '대'(Tropus) 개념에도 이와 비슷한 입장이 깔려 있다.
113) Wesley, *Journal*, 3:230.
114) 1785년 8월 19일자 편지, *Letters*, 7:284.
115) 1780년 6월 8일자 편지, *Letters*, 6:21.
116) 1784년 9월 10일자 편지, *Letters*, 7:238.
117) F. Ernest Stoeffler, Tradition and Renewal in the Ecclesiology of John Wesley, Barnd Jaspert 와 Rudolf Mohr 공동편집, *Traditio-Krisis-Renovatio aus theologischer Sicnt* (Marburg: N. G. Elwert, 1976), p. 310.
118) 같은 책, p. 312.
119) Wesley, An Earnest Appeal to Men of Reason and Religion, *Works* (Oxford), 11:78.
120) Wesley, A Treatise on Baptism, *Works*, 10:92.
121) Wesley, *Journal*, 1:465.
122) Irwin Reist, John Wesley's View of the Sacraments, *Wesleyan Theological Journal* 6:1 (1971년 봄), p. 48.
123) John Chong-nam Cho, John Wesley's View on Baptism, *Wesleyan Theological Journal* 7:1 (1972년 봄), p. 62.65.

124) Wesley, *Journal*, 2:135.
125) E. Douglas Bebb, *Wesley* (London: Epworth, 1950), p. 123.
126) 같은 책, pp. 121-122.
127) 같은 책, p. 127; John S. Simon, *John Wesley and the Methodist Societies* (London: Epworth, 1923, p. 312.
128) Wesley, *Works*, 8:253.
129) 같은 책, pp. 253-254.
130) Wesley, *Journal*, 5:84.
131) William B. Lewis, The Conduct and Nature of the Methodist Class Meeting, Samuel Emerick 편집, *Spiritual Renewal for Methodism* (Nashville: Methodist Evangelistic Materials, 1958), p. 25.
132) Abel Stevens, *The History of the Religious Movement of the Eighteenth Century, Called Methodism, Considered in Its Different Denominational Forms, and Its Relations to British and American Protestantism* (New York: Carlton and Porter, 1858), 2:454-455; Schmidt, *John Wesley*, 2:100. 1742년에서 1765년 사이에 38개의 상이한 유형의 카드가 사용되었다.
133) Wesley, *Journal*, 3:71, 380; Bebb, Wesley, pp. 128-130.
134) Bebb, *Wesley*, p. 129.
135) Wesley, *Journal*, 3:284-285.
136) Stevens, *History*, 2:454.
137) 같은 책, p. 461.
138) Wesley, Rules of the Band-Societies, *Works*, 8:272.
139) 같은 책, p. 273.
140) 1758년의 의사록, Minutes of Conference for 1749, 1755, 1758. Reprinted from John Wesleys Ms. Copy. *Proceedings of the Wesley Historical Society* (1904)의 부록, 4:72.
141) Frederick M. Parkinson, Methodist Class Tickets, *Proceedings of the Wesley Historical Society* 1:5(1898), pp. 129-135; Joseph G. Wright, Class and Band Tickets, *Proceedings of the Wesley Historical Society* 5:2 (1905),

pp. 33-44.
142) 발급된 속회 카드와 신도회 카드의 비율은 1대 5였다. "Note by Mr. George Stampe, *Proceedings of the Wesley Historical Society* 1:5(1898), pp. 135-137.
143) John Bennet's Copy of the Minutes of Conference, p. 14.
144) 같은 곳.
145) Wesley, *Works*, 6:240. The General Spread of the Gospel이라는 제목의 설교를 참조하라. *ENNT*, pp. 401-402. 408-409(사도행전 2장과 4장).
146) Wesley, *ENNT*, p. 401.
147) Stevens, *History*, 2:461.
148) Bebb, *Wesley*, p. 140. 웨슬리는 여성들에게 설교를 허락하면서 처음에는 무척 주저하지 않을 수 없었다. 하지만 이 분야에도 역시 하나님이 역사하고 계심을 그 결과를 통해 확신할 수 있었다. 마치 '평신도' 설교자들의 타당성을 처음으로 인식하게 되었던 때처럼 말이다. Leslie F. Church, *More About the Early Methodist People* (London: Epworth, 1949), 제4장.
149) Bebb, *Wesley*, p. 139.
150) Sydney G. Dimmond, *The Psychology of the Methodist Revival* (London: Oxford University Press, 1926), p. 112.
151) David L. Watson, *The Origin and Significance of the Early Methodist Class Meeting* (Duke University 박사학위 논문, 1978), p. 175.
152) Baker, *John Wesley*, p. 137.
153) Wesley, *Works*, 7:164.
154) 같은 책, p. 166.
155) 같은 곳.

제6장 교회갱신운동의 원동력
1) F. Ernest Stoeffler, *The Rise of Evangelical Pietism* (Leiden: E. J. Brill, 1965).
2) 블레이즈 파스칼. 프랑스의 과학자이자 수학자이며 당대의 문필가로서 얀

세니즘과 관련되어 있었다.

3) Richard Paul Heitzenrater, *John Wesley and the Oxford Methodists, 1725-35* (Duke University 박사학위 논문, 1972), p. 417.

4) F. Ernest Stoeffler, *Continental Pietism and Early American Christianity* (Grand Rapids: Eerdmans, 1976); Lovelace, *The American Pietism of Cotton Mather* (Grand Rapids: Eerdmans, 1979).

5) Geoffrey F. Nuttall, Continental Pietism and the Evangelical Movement in Britain, J. Van Den Berg와 J. P. Van Dooren 공동편집, *Pietismus und Reveil* (Leiden: E. J. Brill, 1978), p. 209.

6) Bernard Semmel, *The Methodist Revolution* (New York: Basic Books, 1073), p. 21.

7) 같은 책, p. 33.

8) Arthur W. Nagler, *Pietism and Methodism* (Nashville: M. E. Church, South, 1918), p. 15.

9) Martin Schmidt, *John Wesley*, Norman Goldhawk 역 (New York: Abingdon, 1962), 1:141.

10) 1520년에 루터가 쓴 글 "To the Christian Nobility of the German Nation 서두 참조. Ulrich Leopold 편집, *Luther's Work* (Philadelphia: Fortress, 1965); Martin Luther, *Three Treaties* (Philadelphia: Fortress, 1964, 1977), pp. 92-93.

12) Howard A. Snyder, *Liberating the Church* (Downers Grove Ill.: Inter-Varsity Press, 1983), pp. 168-180.

13) Robert F. Wearmouth, *Methodism and the Common People of the Eighteenth Century* (London: Epworth, 1945), pp. 217-238; 같은 저자, *Methodism and the Working Class Movements of England 1800-1850* (London: Epworth, 1937).

제7장 교회갱신 신학을 향하여

1) 이 장은 다음 책 제10장의 주요 내용을 좀 더 상세하게 전개한 것이다.

Howard A. Snyder, *The Radical Wesley and Patterns for Church Renewal* (Downers Grove, Ill.: InterVarsity Press, 1980).

2) L. P. Gerlach와 V. H. Hine 공저, *People, Power, Change* (New York: Bobbs Merrill, 1970), xvi-xvii.

3) 같은 곳.

4) Anthony F. C. Wallace, Revitalization Movements, *American Anthropologist* 58 (1956년 4월): pp. 268-275.

5) Isaac Dorner, *History of Protestant Theology*, George Robinson, Sophia Tucker 공동번역 (Edinburgh: T & T Clark, 1871), 2:211.

6) 로마 가톨릭 신학자 로즈마리 류터는 다음의 글에서 이 모델을 제시하고 있다. The Free Church Movement in Contemporary Catholicism, Martin E. Mary, Dean G. Peerman 공동편집, *New Theology* No. 6 (New York: Macmillan, 1969), pp. 269-287.

7) 이는 갱신 공동체들이 "자동적으로 그리고 특정한 제도적인 연관 없이" 존재한다는 류터의 주장과 대조를 이룬다. (Ruether, *Free Church Movement*, p. 286). 하지만 나는 분열(또는 그 가능성)을 피하기 위해서는 그 같은 연관이 반드시 필요하다고 본다.

8) Norman Cohn, *The Pursuit of the Millennium*, 개정판 (New York: Oxford University Press, 1970).

제9장 교회갱신을 위한 전략

1) Howard A. Snyder, *Liberating the Church* (Downers Grove, Ill.: InterVarsity Press, 1983), pp. 68-93. 나는 이 책에서 이 세 가지 요인을 기초로 한 모델을 상세히 제시했다. 『참으로 해방된 교회』(IVP 역간).

2) Howard A Snyder, *The Problem of Wineskins* (Downers Grove Ill.: InterVarsity Press, 1975), 제11장. 『새 술은 새 부대에』(생명의 말씀사 역간).

3) Howard Snyder, Daniel Runyon 공저, *Foresight* (Nashville: Thomas Nelson, 1986), pp. 81-94. 『2000년 재동향』(아가페출판사 역간).

4) 이 점에 관해 쟈크 엘륄은 매우 명석한 대안을 제시한다. *To Will and To*

Do, C. Edward Hopkin 역 (Philadelphia: Pilgrim Press, 1969), p. 185. 『원함과 행함』(솔로몬 역간).

5) 이는 "계층 조직으로부터 연결망으로"이라는 오늘날의 새로운 추세와 관련된다. John Naisbitt, *Megatrends* (New York: Warner Books, 1982, 1984), pp. 211-229. 『대변혁의 물결』(동광출판사).

교회사에 나타난 성령의 역사

2010년 2월 10일 초판 1쇄 인쇄
2010년 2월 17일 초판 1쇄 발행

지은이 | 하워드 스나이더
옮긴이 | 명성훈
펴낸이 | 심정환

도서출판 정연
경기도 부천시 원미구 상동 459-2번지 송내프라자 504호
Tel: 1644-7868 Fax: 032-322-7861
홈페이지 www.jybook.co.kr
wesly558@paran.com
등록 2008년 11월 25일 제16-2222호

ISBN: 978-89-963094-1-3 03230